JN190164

英国の出版文化史

書物の庇護者たち

清水一嘉［著］

Shimizu Kazuyoshi

勉誠出版

序

イギリス出版文化史を語るにあっては、まず中世のパトロンについて語る必要があるだろう。パトロンを辞書で引くと第一義的な意味として「(芸術、事業などの)後援者、保護者、パトロン」と書かれている。英語でいうと「patronage of arts and literature」ということになろう。これは本文にも書いたとおり中世期のイギリスに始まり一八世紀まで存続したものである。中世においては王や貴族がパトロンになり、芸術家に保護と生活費を与え、その見返りに特別の尊敬と敬意をはらい、かれの家庭や顧客をもてなした。もっとも盛んな世紀は一六世紀であったが、一八世紀の末まで重要な文化的社会的制度として存続する。

中世期においては作者や学者は宗教的な秩序の庇護のもとで仕事をしたが、チョーサーの如きはジョン・オブ・ゴーントのパトロンから自らを独立させる。一八世紀以後は貸本屋や定期刊行物(雑誌やパンフレット)の大幅な発達によって作者は徐々に読者大衆の支持を得るようになるが、一六世紀から一八世紀にかけてパトロンを持たない作者は忘却され、チャタートンのように飢え死にを意味した。一六世紀においてパトロンはありふれた光景であり、貴族階級がいまだ大邸宅を持っており自分たちを楽しませる役者の一団や教育的秘書的な仕事ができる人達を住まわせることができた。どの貴族にも保護を受けない者は浮浪者と見なされ、ひどい扱いを受け、矯正院に強制収容されたりした。エリザベス一世の時代サセックス伯（ベン・ジョンソンのパトロン）、サウサンプトン伯（シェイクスピアのパトロン）、シドニーの姉妹ペンブルック伯爵夫人マーガレットなどが偉大なパトロンであったが、最も尊敬すべきパトロンは女王そのひとであった。

パトロンの不愉快な結果といえばへつらいの「献辞」であろう。それは文学作品の前に書かれ、パトロンを特別に褒め喜ばせる詩が多い。その例はジョン・ダンの第一および第二アニヴァーサリであり、かれのパトロン、サー・ロバート・ドルーリーの娘エリザベス・ドルーリーの死を歌ったものである。しかし、ダンは必ずしも不誠実であったとは限らない。

文学者の社会的地位が上がるにつれ、屈辱的な扱いが少なくなっていく。ベン・ジョンソンは作者の権威と独立を主張した最も精力的な作者であった。にもかかわらず、エリザベス女王と後継ジェームズ一世の時代にはシドニーやローリーのようなアマチュアのジェントルマンや、パトロンが必ずしも不可欠ではない。ジョンソンやシェイクスピアのように職業的な作者がいたことはたしかである。一八世紀になって増大する読者層と、アディソンの『スペクテーター』やジョンソンの『ランブラー』のような定期刊行物のおかげで、パトロンの必要性がなくなってゆき、サミュエル・ジョンソンのような金のない作者が自分の主要な作品（『英語辞書』）を作成するようなときだけ必要としたのである。ジョンソンのチェスターフィールド卿宛の有名な書簡は不注意なパトロンに対する拒否反応を示すものである。

さて、わたしはパトロンの歴史をサミュエル・ジョンソンまで述べてきたが、有名なこの書簡の主要部分を引用しておこう。

閣下、かくして、七年の歳月がすぎました。お控えの間に伺候して以来です。お目通りを遠ざけられて以来です。その七年の間に、小生は困難を冒して小生の事業（『英語辞書』編纂）を推進してきました。その困難はいま嘆いても仕方のない困難でした。そしてついに上梓出版の彼岸にさしかかりました。誰ひとり助力してくれず、誰一人激励の言葉を掛けてくれる人もなく、好意の微笑を見せてくれる人もありませんでした。（中略）閣下、庇護者というものは、水におぼれてもがいている男を風馬牛の如く眺めていて、その男が岸にすがりつこうするや、手をさしのべて邪魔をするものでしょうか。閣下が小生の労作に注意を向け賜ったことは、もしそれがもっと早い前のことでありましたら、親切でありました。しかるにそれは時機を失したのです。小生はそれを恩顧と考えず、それを享受することはできません。……ご恩顧をうけずと申しても、また世間が、小生の仕事を庇護者に負うものであると考えてほしくないと申しても、それは大して皮肉な無愛想ではありますまいと存じます。何ら便益を頂いているわけではないのですから、そして神意は小生に命じてこの仕事を独力でさせてくださったのですから。

（研究社「福原麟太郎著作集」第二巻より）

これが書かれた一七五五年をさかいに徐々にパトロンが消えてなくなり、貴族や聖職者からじじつ上のパトロンは一般読者に変質していった。読者層の拡大がかつてのパトロンを必要としなくなっていったのである。

したがって、以後は読者や出版業者、書籍販売業者のはなしを中心に述べてゆくことになる。それを扱うのが第二部のテーマである。

一八世紀といえばサミュエル・ジョンソンを思い出す。いまジョンソンとパトロンの決別について述べたところだが、ジョンソンについてこの序との関係でもう少し述べておこう。

そもそも、ジョンソンは何を隠そう、ブックセラーの息子だった。イギリス中部地方リッチフィールドで生まれ、三歳のとき、時の女王アンに治療のため手で触れられ、リッチフィールド・グラマースクールに学び、オックスフォードのペンルック・カレッジに進学するが、貧困ゆえに中途退学する。その頃、リッチフィールドの近くのユートキシターで開かれる屋台で本屋の手伝いをするようたのまれるが、それを拒否したジョンソンは後に後悔し、雨の降るなか同じ市でひとりで立ち尽くしたことがある。父の死後しばらくバーミンガムで生活するが、その間『バーミンガム・ジャーナル』にエッセイを寄稿する。これが作者として書籍業界に関係を持った初めての試みだった。さらに一七三五年にはロボ神父の『アビシニアへの旅』のフランス語版を英訳して出版するが、自費出版かどうかわからない。いずれにしてもこれが初めての出版である。同年年上のエリザベス・ポーターと結婚、リッチフィールドの近くエディアルで私塾を始めるが、生徒が三人しか集まらず、まもなく生徒の一人と青雲の志を抱いてロンドンに上京する。その生徒とは後にロンドン劇界で最高の地位を獲得するデイヴィット・ギャリックである。

貧しいブックセラーの息子がその後どう出世の道をたどるか。まずエドワード・ケイブのもとで仕事を始める。ケイブが一七三一年に『ジェントルマンズ・マガジン』を創刊し、この雑誌に投稿しはじめる。エッセイ、詩、ラテン語の詩、伝記、議会の議事録などである。

これらの仕事はかれが作者として書籍業界に寄与した役割が大きかったことを物語る。とくに議会の議事録は政治の云就に影響を与えたという。

雑誌の寄稿の他に詩『ロンドン』を書き、ついで『リチャード・サヴェッジの生涯』を発表する。貧困時代をともに生きた友人の心のこもった伝記である。一七四九年には彼の最高の詩『人生の希望の虚しさ』を発表、その二年前には有名な辞書の企画を発表する。しかし、パトロンを求めたチェスターフィールド卿にあてた請願書の結果はすでに述べた通りである。一七五五年『辞書』は完成する。彼の名は一段と高まるが、それに満足するジョンソンではなかった。一七五九年には『アビシニアの王子ラセラス』(小説)を完成する。一七六二年には年三〇〇ポンドの年金を与えられる。ちょうどその頃、彼の伝記作家ボズウェルに会う。「クラブ」(のちに「文学クラブ」)を作り、「タークス・ヘッド」で定期的に開合し、会員同士で論壇風発する。一七六五年になり、シェイクスピア全集を出版、その注と語彙の修正で高い評価を受ける。以後一七八五年の死の年までジョンソンの活躍は衰えることがなかった。

ジョンソンの友人知人は有名人が多かったので、読者を見つけるのはたやすかっただろう。しかし『辞書』のような本はロンドンだけではなく地方のブックセラーを期待するしかなかった。そのばあい注文を受けたロンドンのブックセラーが本を送る。大きくて重い本だから運河を利用するか、ターンパイクのワゴンを利用するかどちらかであっただろう。急ぐお客には馬を使う。地方の新聞は、ロンドンから届いた本を馬でお客に届けるか馬車を使うかした。この辞書は地方の読者も多かったに違いない。かれらは本代に加えて運送代も払わねばならなかった。

地方の読者は不便だったに違いないが、それ以外にロンドンの本を手に入れる方法はなかった。郵便という方法もあったが、これは値段が高くて重い本には向かなかった。

さて、本書はロンドンの書籍業界を扱ったものではない。ロンドンを扱ったものは他にいくらでもある。地方の業界がどうであったかを扱うには、地方の町の業者や名前が多出する。時には煩わしいこともあっただろうが、それらを無視して地方の業界の真実は捕らえられないのである。なかには私が実際によく行ったリッチフィールドやバンベリーやレディングなどがある。その町のたたずまいは懐かしいが、とくにわたしが愛着を覚えるのはバンベリーである。そこの印刷業者チーニーはチャップブックやバラッドを印刷し（私も手に入れたことがある）、その他さまざまな半端物を印刷した。本といえばさきの小冊子チャップブックぐらいのものである。それでいてチーニーの力は大きかった。この街へ行けばいまでもその余韻が残っているような気がする。文化のある地方都市とはこういうものである。

もうひとつはリッチフィールドである。ジョンソンの家は今も残っているがその面影はない。その前の教会はジョンソン時代を思いださせるが教会ばかりではない。近くには在庫豊富な古本屋が店をかまえジョンソンの本屋を彷彿とさせる。この街もまた地方都市の文化を残した懐かしい町であった。

ロンドンの書籍業界が存在したのはこうした地方都市のおかげであり、そこで発行された新聞や半端物の印刷物であったことを忘れるわけにはいかない。

目次

目　次

第一部　パトロンの時代

第一章　写本時代の本の出版

本の出版とパトロン

まず、基本的なことから始めよう。印刷術発明以前（つまり写本時代）の出版とはいかなるものだったのか。

いまだ不明の点も多いが、さいわいここにひとつの論文がある。ロバート・K・ルートの「印刷以前の出版」（一九一三）と題する論文である。これはそれなりに手堅く実証的で内容も啓発されるところが多いので、とりあえずこれをもとに（その他の文献も適宜参照しながら）印刷以前の出版という問題に一応の解答をだしておきたい。それを踏まえてからでないと話が先に進まないということもある。

さて、ここでいう「出版」とはもちろん現代におけるそれをいうのではない。作者が原稿を書き、出版者に渡し、編集者が手をいれ、印刷業者が活字を組み、ゲラ刷りを出し、著者が校正し、印刷

Giovanni Boccaccio（1313-75）
ジョヴァンニ・ボッカチオ

し、製本し、書店で売りに出すという出版流通形態とは大幅に異なるのである。印刷以前の出版においては、写本はどのような状況でだれが作ったのか。そしてどんな風に流布（流通）させたのか。ここではとりあえず一四世紀から一五世紀、つまり印刷前夜の時代を中心に考えておきたい。

ルートはこの時代を調べるのにたいへん便利な文献があるという。イタリアの文人ペトラルカとその友人ボッカチオの手紙がそれである。ということは、そこからわかることは中世後期のイタリアの出版事情ということになるが、たぶんそれはもっと北のフランスやイギリスにも適用できるものだろう。

写本時代の出版事情を知るのにボッカチオの書いた一通の手紙は便利である。一通は『著名人の死について』を献呈する際に添えられたマジナルド・ディ・カヴァルカンティ宛の手紙である。ボッカチオによれば、手元に長らくとどめおかれたこの作品をだれに献呈すべきかずいぶん迷ったという。「というのは、作品が称賛をうけ、その価値に何らかの貢献をし、そのひとの庇護のもとで、自分でするよりもはるかによく一般読者にアピールしてくださる方をきめかねたからです。」

教皇、皇帝、君主など、あれこれ可能性を考えてみたが、どれもふさわしいとは思えず、古くからの友人マジナルドのことを思いだし、かれに献呈し暇なときに読んでもらうことにした。「読みながら適切でないところがあれば遠慮なく訂正してください。そしてこれでよかろうということになれば、どうか知り合いの方々にお勧めください。最後はあなたの名前で読者に送りだしてくださ い。」

ボッカチオが『著名夫人について』をマドンナ・アンドレア・アチアイオリに献呈したときの手紙にもほぼ同様のことが書かれている。かれはいう。

わたしの手元で無駄にとどめおかれず、だれかの好意に助けられて、この作品がより安全に一般読者の手にわたるのには最初どなたに献呈すべきか思いめぐらしました。……その結果、著名な女性について書いたこの作品をあなたに送り、あなたの名前に献ずることにしました。……最後に、もしこの作品を読者に手渡してよいとお考えなら、あなたの庇護のもと悪意あるひとびとの中傷からまもられるでしょう。

この二通の手紙からわれわれは中世の出版についていくつかの側面を垣間見ることができる。まず書かれた作品は正式の献呈がおこなわれるまで作者の手元にあって世間の目にふれるチャンスがない。しかし献呈されたあとは献呈を受けたひと（パトロン）がその作品を好きなようにあつかう

Francesco Petrarca（1304-74）
フランチェスコ・ペトラルカ

ことができる。友人に貸し与えることもできればコピーを作ることもできる。パトロンは作品の流布（流通）にも手を貸すことができたし、ときには手を貸さねばならなかった。作品はひとたび作者の手を離れれば、もはやかれの力のおよぶところにはない。その評価は批評家の手にゆだねられるのである。

　ボッカチオの友人ペトラルカのばあいはどうか。かれは叙事詩『アフリカ』の出版を最後まで躊躇し、結局それは死後になって出版された。一三五二年この作品を読みたいというソルモナの友人バルバトに宛てた手紙でかれはいう。――この作品は世に送り出すにはまだ早すぎる。もし日の目を見ればまず君のところに送るつもりだが、作品が熟するまで待ってほしい。ひとたび読者の手にわたればとり返しがつかないことになるのだから。

　コルバラの修道院長も同じ本をペトラルカにもとめたが、まだ多くの改稿が必要だという返事をもらっている。ペトラルカのように評判を極端に気にする作家にとって、作者の手を離れた作品がもはやそれまでというのはかなりの重圧となっておしかかったようである。

叙事詩『アフリカ』については他にもある。一三六三年のボッカチオ宛ての手紙でペトラルカは書いている。数年前から『アフリカ』の評判が自分の望むよりはるかに早く世間にひろがり、やむなく最も好きな三四連を前記友人バルバトにコピーすることをゆるした。バルバトはけっしてひとには見せぬと約束したのに、約束を反故にして別のひとにコピーさせた。以後、文学好きの友人の書斎をたずねて自分のつたない詩を発見しないことがなく、悪いことに作品は前よりひどくなっていたという。

この点ボッカチオはもっとひどい目にあっている。一三七二年、モンテフォルトのピエトロ宛ての手紙でかれはいう。わたしは道中改稿や修正をほどこしたいと思って自作『神々の系譜』をたずさえて旅にでた。その間友人のヒューゴ・デ・サンクト・セレリノに原稿の閲覧を許し、気はすすまなかったがそのコピーを許した。ヒューゴは約束した。ボッカチオが修正した個所を自分のコピーでも修正するまでだれにも見せないと。しかし約束は守られなかった。間違いだらけのコピーが世に出回っていたのである。ボッカチオはいう。「それ以上にわたしを悲しませたのは、この作品がわたしからではなく他人からの贈り物として多くのひとびとに配られていることである。かくのごとき不本意な作品を修正する希望はもはや消え失せた。」

以上のことからわかるように、作品はふつう出版する前から友人たちのあいだでその存在が知られていたようである。友人たちの前で自作を朗読することもあったし、コピーをしてはならぬという（暗黙の）了解のもとに友人に下書きを送って批評や助言をもとめることもあった。たとえばペトラルカは自作『田園詩』をオルミューツの司教ジオヴァンニに送って、これまで多くのひとに見せたことはあるが、作品全部を見せるのはこれが初めてだといっており、パルマのドディオには二編の小品を送り、気に入らない個所があれば指摘し賛同する個所には星印をつけてくれるようにとたのんでいる。

ボッカチオの「不本意な作品を修正する希望はもはや消え失せた」というのがじじつだとしても、作品が手を離れたあとでも（とくに近い友人がその写本をもっているばあい）作者は不満な個所を修正しようと努力した。一三五九年、ボッカチオ宛ての手紙のなかでペトラルカは書いている。『田園詩』のなかに拙劣な描写があるのが判明した。また自分でもそれと知らずにウェルギリウスとオウィディウスを模倣した個所があるのに気づいた。そこで君のところにある写本（作者の校正を経て外にだされた写本のひとつ）の筆写をいそがずゆっくりやってくれたまえ。そういってペトラルカは剽窃の可能性のある個所に入れる新しい詩句をボッカチオに送った。

つぎのようなこともあった。あるときボッカチオとペトラルカが一緒に仕事をしていた。ボッカチオの助けを借りてペトラルカは『田園詩』の写本の校正を始めた。ボッカチオがオリジナルの原稿を声を出して読み、それを聞きながらペトラルカが自作に手をいれていった。ところがボッカチオは途中帰らなければならなくなった。その際一冊の写本を持ち帰ることを許された。多分それは校正済みの本、つまりそれをもとにして他の写本を作ってもよいとされる本であった。ボッカチオが去ったあとペトラルカは別の友人にたのんで朗読してもらった。その友人は口ごもりながらとつとつと読んだ。するとボッカチオが流暢に読んだとき気づかなかった描写の拙劣さに新たに気づいた。さっそく自分の手元にある写本をすべて修正し、ボッカチオにもかれが持ち帰った写本に修正を加えるよう要請した。

この間の事情はペトラルカがバンドルフ・マラステスタに宛てた手紙を見るともっとよくわかる。この手紙はパンドルフに求められた作品を送ったときのもので、ペトラルカはいう。

これら若書きの駄作が世に出回っているのはまことに残念である。かといってもはやどうすることもできない。世に出てすでに何年にもなるのだから。すでにみんなが持っている作品を君にだけ拒否するわけにはいかない。君の希望にもっと早くそいたかったが、スクライブ（写本筆写士）の数が足りず、仕事がのろくてだめだった。その上書体も拙劣である。製本も期待したほどのできばえではない。本文のあちこちに間違いがあれば、それはわたしが忙しすぎて校正をひとにまかせ、自分ではわずかに走り読みした程度にすぎないからである。

どうやらこれは正式の出版の様子を描いているもののようである。作者が原稿を書き、それをスクライブが筆写する。校正をするのはふつう作者である。校了ずみの写本は製本業者が製本し、作者はできあがった作品をパトロンや友人に贈る。この時点で出版（パブリッシュ）という行為が完了するのである。

ペトラルカはしばしばスクライブを獲得する困難さとかれらの仕事の杜撰さを嘆いている。せっかく獲得したスクライブも「筆写しようとせず、自分の前に置かれた本とはまったく違ったものを書こうとする」。若者を見習いとして自分の家に住みこませることもあれば、職業的スクライブに仕事を依頼することもある。あるとき、ペトラルカはヴェニスから友人モディオに手紙を送り、『孤独な生活について』の写本の進み具合を問い合わせていう。「もしわたしの期待どうりできあがっていたら、ベネディクト親方に彩色と製本の立派なのをたのみ、写本と原本を一緒にしてワックス塗りの布につつんで送ってくれたまえ。」作者はときに自ら筆写しなければならないこともあった。

作者が自分で校正したことはルシアン作『中傷』のガリノ訳写本についている注記からもわかる。この本は一四二四年に書かれ、一四二七年に「ガリノのところで」校正がおこなわれたとある。また一四五二年のロレンティウス・ヴァラ訳ツキディデスの最後のところにもつぎのようなメモがある。「このツキディデスの本は……わたしロレンティウスがこれを美しく筆写したジョンとともに校正した。したがって、これをわたしの翻訳の元本とし、これをもとに他の写本を修正してもよろしい。よってわたしはここに署名する。」

以上のべたことを要約するとつぎのようになる。作者の書いた作品は友人の不信行為によって外にもれることがあっても、正式には作者の校正を経て製本され、パトロンないし友人に献呈されて初めて公表（出版）されたことになる。ただし多くのひとは事前に作品の存在を知ってはいたが。一四、五世紀のイタリアにおいては作者はかれ自身の出版者であった。かれはスクライブをやとい、その仕事を監視し自ら校正する。彩色職人に彩色を依頼し、製本業者に製本を依頼する。初版が何冊であったかはわからない。パトロンと友人に贈るための数冊であったかもしれないし、パトロンのための一冊であったかもしれない。かくして公表（出版）された作品は献呈を受けたひとによって自由にコピーすることができた。つまりかれは二番目の出版者となりえたのである。ときに作者はかれと連絡をとって作品に修正を加えることもあったが、修正の機会は友人の求めに応じて改訂版をつくるときより多くおとずれた。そのときこれまでの間違いが最大限修正されるのである。

ところで当時書籍業者は存在したのだろうか。イタリアやフランスでは一四世紀の初めごろからその存在は認められる。『書物への愛』の作者、イギリスのダラムの司教リチャード・ド・ベリが新刊本をとりよせたのはフランス、ドイツ、イタリアの書籍業者たちからであった。そのような書籍業者はどのようにして本を手にいれたのか。おそらく世に出た本をどこからか借りてきて顧客の注文に応じてコピーをつくったのであろう。初期の書籍業者はこのようにして本の流通に寄与したのである。しかし、ペトラルカとボッカチオに関するかぎり、かれらが書籍業者と関係をもったという形跡はない。

フランスとイギリスの事情

イタリアにくらべてフランスやイギリスは封建的な色彩が濃い国であったから、作者がパトロンに依存する度合いも強かったと考えられる。しかし出版の事情そのものについては大差はなかったとルートはいう。

まず、フランスやイギリスにおいても作者はスクライブの仕事の現場に立ち会っている。たとえばクリスティーヌ・ド・ピザンは自ら現場で指示しつつ自作の豪華本を作った。この本はベリ公とババリアのイザベルのたっての希望によるもので、ふたりへの献呈の謝礼はその労に充分むくいるものであった。また一三九五年にフロワサールが過去三四年間に書きためた恋愛とモラルに関する論文を一本にまとめたとき、写本のみならず、縁飾り、彩色にも立ち合い、できあがった作品を自らリチャード二世に献呈している。

スクライブの作った写本を作者が自ら校正したことは、チョーサーがかれのスクライブ、アダムに宛てた数行から知ることができる。アダムにもういちど『ボウイーセ』や『トロイラス』を筆写させても原稿通りには書けないだろうといって愚痴を述べる。

日に何度もわたしはお前の仕事を改めねばならぬ、
訂正し、削除し、かき消さねばならぬ。

すべてお前の手落ちと略奪のせいなのだ。

ジョン・ガワーのラテン詩の編者G・C・マコーリーが『内気な男の声』の写本四編について調べたところ、つぎのようなことがわかった。これらの写本はいずれもガワーと同時代のものだが、それぞれ相当数の詩文が削除され、そこに別の詩文が挿入されている。しかもそれらは必ずしも同一個所ではなかった。これはなにを意味するのだろうか。マコーリーによれば、四編の写本はすべて同じスクリプトリアム（写本工房）で作られたものである。作者はできあがった写本を手元において自ら校正した。四編とも修正の個所が異なっているのはおそらくガワーがそれらを別々に献呈するときそのつど手を加えたからではないかと。

作品の完成と献呈までのあいだには一定期間があったから、その間作者は作品に手を加えることができたし、友人に助言を求めることもできた。一三九九年に書かれたリチャード二世宛ての教訓詩（作者不明）では作者が王の顧問官や役人に向かって間違いを訂正してくれるようにといっている。

これは公表しないでこのままにしておきます、
学識すぐれたひとが見て、
もう大丈夫、まちがいないといってくれるまで。

ギヨーム・ド・ドグイユヴィユはその『人生の巡礼』の序文でいう。自分は一三三〇年に見た夢を書き記した。その後改稿しようと思ったが、だれかが盗んで世間に流布してしまった。泥棒は作者の利益などまったく考えないのだ。盗難前であれば好きなように削除も追加もできたが、不正な出版がおこなわれたあとではそれもかなわぬ。そして二五年たったいまようやく改訂版を作り、不本意に出回ったすべての国にこれを送ることにした。やはり作者の許可なしに世にでるべきではなかったのだ。

できあがった作品はパトロンに献呈される。一四世紀の写本には、王座にすわった王様や貴族（ともにパトロン）の前に膝まづいた作者が自作を恭しく献呈しているミニアチュアがよくある。くりかえすがパトロンにたいするこのような献呈の儀式がまさに公的な出版を意味していたのである。チョーサーが『善女列伝』のプロローグで詩人に向かって、

この作品が完成したら、女王に献呈しなさい
わたしに代わって、エルサムかシェーンの土地で。

とアルセスティスの口を借りていうとき、このような献呈の情景を頭に描いていたのだろうとルートはいう。

作品を献呈するとき、パトロンの前で作品を朗読することもあった。たとえば、フロワサールは

『メリアドール』をフォア侯爵の屋敷で朗読しているし、デシャンプは友人のマショーの依頼で『言行一致』をフランダース伯に献呈したとき伯爵の面前でその詩を朗読している。チョーサーの『トロイラス』や『善女列伝』にはこのような聞き手を念頭においたと思われる個所がいくつかある。

以上のように、中世後期におけるフランスやイギリスの出版はイタリアのそれとほとんど変わらない。作者は自身の編集者兼出版者であり、作品はひとたび作者の手を離れると間違いや訂正個所があってもいかんともしがたい。チョーサーはかれのスクライブ、アダムを罵ったが、あとは、

だれもまちがってお前を引き合いにだしたり、
お前の犯した言葉への凌辱をあやまり伝えることのないよう

神に祈るしかなかった。訂正ができる唯一のチャンスがあるとすれば、それは改訂版がでるときである。そのときかれはスクライブたちを叱咤激励し、自らも校正に専念しつつ最良の版を作ろうとするだろう。

中世の写本はこのようにしてできあがった。本文の厳正さを望む作者の意向が反映すればするほ

ど細部に少しずつ異同が生じてきた。それらがそれぞれに「校訂本」の性格を帯び、本文校訂学者の見過ごせない貴重な資料となっている。

写本時代の本の値段

以上が印刷以前、写本時代の出版の概要である。つぎにそれに付随するもうひとつの基本的な問題に触れておきたい。写本時代の本の値段についてである。いったいこのころ本に値段はあったのだろうか。あったとしたらそれはどれくらいだったのか。少なくともペトラルカやボッカチオにはそれへの言及はなかった。

これを考えるのにたいへん便利な論文がある。H・E・ベルの「中世英国の書物の値段」（一九三六）というのがそれで、これは先のルートの論文と同じく印刷術発明前夜の一四、一五世紀をあつかっている。正直いってそれ以前の本の値段は資料も少なくほとんどわかっていないというのが実情である。いわゆる書籍業が始まるのは一四世紀になってからのこと。やがて書籍業における分業化もすすみ、職業的なスクライブ、彩色職人、羊皮紙製造業者、製本業者が姿をあらわすようになる。たとえば、一三二四年にはクレア伯爵夫人がスクライブを自宅に住まわせ写本をさせているし、チョーサーがやとっていたスクライブについてはさきにのべた。ある場所にはスクライブと交わした契約書も残っており、筆写と彩色のためにきまった額の賃金を払ったという記録がある。意外なことに修道院でも職業的スクライブをやとった形跡があり、たとえばアビングトンの修道院では「もし修道院長と聖歌隊先導者が外部のスクライブに写本させるばあいは、前者が食費をもち後者が賃金をもつ」という規約があった。ヘンリー四世の治世（一三九九～一四一三）になるとロンドンに書籍製作に従事するひとたちの同職組合ができ、ヨークにも同じころスクライブと羊皮紙製造業者の同職組合ができた。オックスフォードやケンブリッジには製本師の存在が認められ、『書物への愛』の作者リチャード・ド・ベリはスクライブ、製本師、校正者、彩色職人を自らやとっていた。

そこで本の値段を考える前に書物製作の各部分においてかかった費用について見ておこう。まず写本に要した費用について。写本代を調べるのにやっかいなのは賃金計算の単位が大幅に異なっていたことである。一方では羊皮紙一葉つき（あるいは二四葉につき）いくらといった出来高払いが採用され、他方ではスクライブが費やした日数単位で計算される。しかしこのような賃金基準を相互に照らしあわせることによって一シリングにつき何語という最大公倍数が出てくる。それでだいたいの写本代が推定できるだろうとベルはいう。

礼拝用の本（サーヴィス・ブック）についてはどうか。一三八三～四年にウェストミンスターで作られた『リトリングトン修道院長のミサ典書』についていえば二年間のあいだ写本にたずさわったスクライブに全額で四ポンドを払っている。この本はほぼ二五万語でできているから、一シリングにつき約三一〇〇語の計算になる。他の礼拝用の本もだいたい同じで、一五一九年（つまりさきの本の一世紀半のち）にもウスターの修道院長ムアが一冊のミサ典書をスクライブのリチャードに筆写させてほぼ同額の賃金を払っている。礼拝用の本の写本ではこの他に楽譜の筆写代が余計にかかることを考慮にいれなければならない。ウィンザーのセント・ジョージ教会の参事会員ジョン・プラストの会計簿にはそのような支払いの記録が残っている。しかしこれをもってただちに一般化するには資料が不充分すぎる。

大学用のテキストは礼拝用の本にくらべるとかなり安くできた。一五世紀に寄贈されたピーター・ハウス写本コレクションを見るとそれがわかる。この写本にはその製作に要した羊皮紙、製本、彩色、写本の各代金の詳細が書き込まれており、スクライブへの支払いは二四葉単位の出来高払いであったことがわかる。そこで写本の本文を計算してみると、一冊の例外をのぞき一シリングにつき平均六二〇〇語の割合であることがわかった。これは礼拝用の本のちょうど二倍である。こういった数字をもとに他の関連文献を調べてみると、これがほぼ一五世紀における大学用テキストの写本代だったことがわかる。

日数払いと出来高払いを比較するとき、ひとりのスクライブが一日に筆写できる数を算出しておく必要がある。コールトンの計算によれば、クレア伯爵夫人のスクライブは三一万七〇〇〇語の『教父たちの生涯』の写本に一六週間を要したというから、この種の本では一日三三〇〇語というのが平均だったようである。礼拝用の本はこれより少なかったと考えられるが、ともあれこれをもとに日数払いと出来高払いを比較すると、前者は後者より一見不利だったように見える。しかし日数払いのばあい、スクライブに提供する衣食住を計算にいれる必要がある。それを計算にいれると両者の開きはそれほど大きくはない。たとえばウィンザーのセント・ジョージ教会で一八週間働いたあるスクライブの賃金は一三シリング四ペンスにすぎなかったが、教会はこの期間の食事代として一五シリングを費やしている。イーリーの教会ではスクライブひとりの食事代として週平均九ペンスから一シリングを要したという。スクライブは食事だけでなく衣服も提供されたから、出来高払いのスクライブと比較して大幅に賃金が安かったとはいえないのである。

彩色代

つぎは彩色に要する費用である。一四世紀の初めにひとりのドミニコ会の作家が書いている。「かくして本は挿絵と彩色がなければ価値なきものである。しかし青と金の文字があれば価値あるものとされる。」彩色には手の込んだ模様や縁飾りから頭文字に色を塗る程度のものまで様々であった。それによって経費も異なってきた。たとえば礼拝用の本はきわめて精緻に彩色されることが多かったから当然経費も法外にかかった。ノリッジ教会では一三七四年にミサ聖歌集と儀式次第書の彩色のために二二ポンド九シリングを支払い、さきにあげた『リトリングトン修道院長のミサ典書』の頭文字の彩色には二二ポンド三ペンス（加えて「挿絵代」として一〇シリング）を支払っている。しかし同じ礼拝用の本でも金をかけないものもあった。おそらくこれは写本に金をかけすぎて彩色代をきり詰めざるをえなかったせいであろう。たとえば一三九三年にヨークの彩色職人リチャード・ド・スタートンが二冊のミサ聖歌集の彩色代として受け取ったのはわずか二ポンドだったし、二年後にも三冊の聖歌集の彩色で同額を受け取っている。別なミサ典書の「彩色文字」では一八シリング支払われ、三冊の行列聖歌集の彩色で二シリング九ペンスしか支払われていない例もある。地方の一教区教会が作る礼拝用の本と金持ちの大教会や修道院が作るそれとでは自ずから異なってきたのだろうが、彩色にかける経費に大きな差があったことはたしかである。

礼拝用の本にくらべ神学や哲学書などのテキスト類の彩色は安くすんだ。ピーターハウス写本コレクションによると、オーガスティンやアンブローズの写本の彩色には六ペンスから一シリングをかけ、別な写本コレクションのオーガスティンその他の書簡では一シリングをかけている。後者の一シリングのなかにはキー・ワードの強調、冒頭の頭文字ひとつ、それぞれの書簡の最初の頭文字二一二個、本の半ばにある目次ページのやや小さめの頭文字一五〇個の彩色代金が含まれていた。彩色に使用される色は青と赤が主体で黄色がところどころにまじっていた。テキスト類の彩色代はそれほど高くなかったにもかかわらず、頭文字が彩色されないまま残されている例が多くあるのを見ると、やはり彩色もそう簡単にはできなかったということだろう。スクライブがときに彩色を手がけることもあり、とくに頭文字だけというようなばあい筆写用のペンを使ったと考えられる。

羊皮紙代

つぎは羊皮紙、ヴェラム（子牛皮紙）、紙の代金である。中世期の本の素材については多くの言及があるが、値段については必ずしもはっきりしたことはわからない。これらは一枚、一ダース、ときには二ダース単位で売られたと考えられるが、それらの決まった値段がはっきりしないのである。そこで一案として本の製作費のなかで羊皮紙やヴェラムが占める割合を既存の資料で調べて見たらどうかとベルはいう。たとえばさきの『リトリングトン修道院長のミサ典書』では写本代金が四ポンドであったのにたいして羊皮紙代が四ポンド六シリング八ペンスかかっている。つまり両者はほとんど同額なのである。それにたいして大学用テキストのばあいはピーターハウス写本で調べてみると写本代と羊皮紙代の割合はほぼ五対一であることがわかった。以上のことから類推できるのは、写本の質、形態、用途によって羊皮紙やヴェラムに費やす経費の多寡がきまったということである。

写本の時代を通じて最も重要な本の素材は羊皮紙とヴェラムであった。一五世紀になると漉いた紙を使った例も見られるようになるが、その評価はまだ低かった。一四八〇年のケンブリッジ大学の規約には、金庫係は紙に書いたり印刷した本は貸付金の担保物件として受け取ってはならぬとある。なおインク代や絵具代はあまり大した額ではなかったらしい。

最後は製本にかかる費用である。もちろん製本代は本の大きさや性質によって異なった。高価な製本の例では何度も引き合いにだす『リトリングトン修道院長のミサ典書』があげられる。「製本に二一シリング、表紙に八シリング四ペンス、装飾に六シリング一〇ペンス、留め金六つに一二シリング、飾り鋲ひとつに四シリング六ペンス」を支払ったと記録にある。これらがすべて製本に係わる経費だとすればしめて二ポンド一二シリング八ペンスを払ったことになる。しかしこれほど多くの装飾品を使った製本はまれである。一四、一五世紀においては製本代にあまり金をかけないのがふつうだったが、やはり典型的な製本ではそれ相応に金をかけた。まず羊皮紙やヴェラムの歪曲を防ぐために分厚い木の板（ボード）が必要であり、それを羊皮、豚皮、子牛皮、ときにはアザラシの皮などで覆い、さらに金具類をいくつか取りつける。ピーターハウス写本ではいまのべたのとほぼ同じ型の製本で約二シリングかかっている。ベルによれば、これまで手に入れた資料から一三四〇年から一五四〇年までの製本代についてつぎのことがわかった。八一冊の礼拝用の本の平均が一冊につき三シリング三ペンス、それ以外の二八冊の本の平均がその半額以下、もしくは一シリング六ペンス以上である。ときに製本師は日数計算で賃金をもらうこともあった。これは一五世紀の半ばごろから見られるが、やはり出来高払いの方が一般的であった。

製本師の仕事には製本のほかに修復の仕事があった。中世期の図書館の必要経費のなかにしばしば本の修復代というのがある。たとえばヒルのセント・メアリー教会では一五〇一年から二年にかけて「ねずみが食い荒らした」聖歌集の表紙の修復のために一シリングを払っている。この額から判断すると多くのばあい本の修復は新たに製本しなおすことを意味したらしい。製本に必要な、例えば木の板、皮、留め金、飾り鋲などを部分的に取り代えることもあった。そのようなばあいはそれぞれの代金を個々に支払っている。一三九七年にウィンチェスター・カレッジは鹿皮六枚に一三シリング四ペンスを払い、その一年後にはヘドンの聖オーガスティン教会がアザラシ皮四枚に七ペンスを支払っている。「ウスター教会のミサ書の修復に必要な銀と金の留め金二個」の代金として六シリング八ペンス払ったという記録もある。

本の値段

以上で本の製作にかかる経費の大略がわかった。これらを参考にしながらつぎに一冊の本の値段について考えてみよう。それを調べるのにいくつか役立つものがあるが、まず修道院の本の見返しに書き込まれた所有者名と購入価格がある。当時の習慣として、所有者が変わればつぎの所有者とその購入価格が記入されたのである。ちょうどそのころ修道院の図書館は重複本を手放しつつあり、大学やカレッジでは本を購入し始めていた。後者では本の購入カタログが用意されそれぞれに購入価格が記入された。購入価格を記入したのは主として借り手の責任の多寡を確認するためである。オックスフォード大学図書館の一四三九年の規約によれば「前述の本の管理をよりよくするために実際の価格よりいく分高めにつけることにする。本を借りて紛失させた者はすべてその額を大学金庫に支払わねばならぬ……」とある。実際より多少高めの数字を書き込んだのである。

以上の他、遺書や財産目録も本の値段を知るのに役にたつ。オックスフォードでは学者が死んだり引退したあと蔵書を査定するのは書籍業者の仕事であった。

大学町の書籍業者の仕事は他にもあった。後援者の後楯で大学金庫が設立されると大学の管理で学生への貸付金がおこなわれるようになる。金を借りた学生は担保をおかねばならず、一五〇〇年ごろまでそのために最も多く本が使われた。書籍業者はそれを査定し、査定した付け値つまり「質料」は本の見返しに書き込まれる。興味深いのは大学の図書館の本がしばしば担保に使われたことである。修道院ではありえなかったが、オックスフォードやケンブリッジでは黙認され、見過ごされていたらしい。おそらくこれは大学の本は学生が「手元においているあいだはどのように使ってもよい。牧師がかれの生活費をいかように使ってもよいのと同じである。したがって、カレッジが貸付金にたいする担保として自分の本を受け取ることもできる」という考え方が背景にあったからだろうという。

このような付け値で注意しなければならないのは、「質流れ」になるときのことを考えて実際より低くつけていたことである。担保として受けとった本は（大学の本はともかくとして）最後には売りにださねばならなかったからである。その本を売るのは書籍業者の仕事であった。ときには同じ本が何度も担保に入れられることもある。たとえばマートン写本のある本は一四六二年から七〇年にかけて八回もそのために使われ、そのたびに付け値が下がっている。何冊かの本をまとめていれることもあったが、このようなばあいなかの一冊に全部の付け値が記入されたので、それぞれの本の値段を知るのがむつかしい。一四、一五紀においてもまだまとまった本を一冊の写本と同じ価値基準で考える習慣があったようで、リチャード・ド・ベリがセント・オーバンズの図書館から三〇ないし三五冊の本をまとめて買った話はよく知られている。

ヘンリー八世による宗教改革以前の教会の会計簿も本の値段を知るのに役に立つ。カンタベリでは一三〇五年ウィンチェルシー大司教が作ったという規約によって、教区民が聖歌集、ミサ聖歌、聖人伝、叙階定式書、詩編、礼拝式書、ミサ典書、進句集を教会のために買うことが義務づけられ、本の修復もかれらの仕事とされた。ヨークでもその五〇年前にグレイ大司教が同様の規約を作っている。金の使途の記録が義務づけられそれが普及すると、他の値段とともに本の値段も記録されるようになる。さきに挙げた礼拝用の本の記録が残っているのはそのためである。これによって当時読まれた本の値段がわかるが、前述した本の製作費にくらべると思ったより安い。おそらくこれはこんにちいうところのセカンドハンド・ブック（古本）だったのではないか。極端に破損されていないかぎり、本そのものの希少さも手伝って古本と新本の区別はほとんどなかった。しかし値段にはそれが反映されていたようである。新本についていうと、その値段は製作費と同様本の種類によって異なっていた。礼拝用の本が一方の極にあり他方の極には大学用のテキストがある。その中間にくるのが聖書である。時代も性格もちがう資料にもとずいて本の値段を云々するのは無意味のように思われるが、どの程度が標準的な値段であったか見当をつけることはできる。

まず礼拝用の本はどうか。これは製作費がそうであったように装飾や製本の仕方によってちがっていた。同じ聖務日課書でもあるものは一ポンド以下、あるものは二〇ポンドにも達した。しかし中世期における最も高い本が（ページ数は比較的少ないにもかかわらず）礼拝用の本であったことはたしかである。ベルの調査によれば、三九冊のアンティフォナーのうち一七冊が五ポンドから一〇ポンド、二冊がそれよりさらに高く、三五冊のミサ聖歌集のうち三二冊が二ポンドから四ポンドであった。予算によって本の作り方がきまるのはもちろんだが、それを最もよく物語る例がミサ典書のばあいである。これははっきりとふたつのグループに分けられ、ベルの調査によれば一方の値段は二ポンドから四ポンド（三九例）、他方のそれは四ポンドから一〇ポンド（同数）であった。

この種の本はしかし（そのいずれにしても）ヘンリー八世の宗教改革のとき大暴落をしている。歴史の皮肉とはいえ、あるミサ典書などはただ「無価値」として片づけられ、製本師がばらして別の本の製本に使い、食品雑貨商や商人が包み紙に使ったともいわれる。

聖書はときに礼拝用の本に近く、ときに簡素な大学用テキストに近かったので値段もその中間に位置していた。ベルによれば、一三〇〇年から一五三〇年までに値段の分かっている聖書三九冊のうち三冊を除き、残った三六冊を調べたところ二三冊が二ポンドから四ポンド、八冊が四ポンド以上、五冊が二ポンド以下であることがわかった。聖書の最高額で判明しているのは、一二七六年にクロクスデンの大修道院長が支払った五〇マルク（三三ポンド五シリング八ペンス）である。しかしこれは九巻からなり製本代だけでも相当値段がかかったと考えられる。聖書の標準価格は前述のとおり二ポンドないし四ポンドであった。この値段はウルガタ聖書（四〇五年に完訳したラテン語訳聖書でカトリック教会の公認聖書となった）の語数が四四万七〇〇〇語であったことを考えれば特別に高くも安くもない。このほか聖書はしばしば部分的に製本されることがあり、四福音書、各福音書、使途行伝、旧約聖書などがそれぞれ単独に製本された。これにはしばしば注釈付きというのがあったので、語数で計算するとき注意を要する。

つぎに大学用のテキストはどうか。テキストでよくおこなわれたのは作品の一部分を他の（ときにまったく）関係のない作品と合わせて一冊にするというやり方である。それが神学や哲学のテキストの値段の資料的価値を損なう結果をまねいた。中世で最もよく使われたテキストはペトルス・ロンバルドゥスの『命題集』とトマス・アクィナスの『神学大全』で、両者ともその値段が多数残されているにもかかわらず資料として使えないのはそのためである。作品の全部なのか一部分なのか、もしくは他の作品が合わさっているのか判明しないからである。しかしこのような問題はありながら、いくつかの標準的な値段をあげることはできる。アウグスティヌス『神の国』九冊のうち六冊は一ポンドから二ポンド、グレゴリウス一世『パストラリア』一〇冊のうち七冊は二シリングから四シリングであった。ペトルス・コメストル『ヒストリア・スコラスティカ』のばあいは一九の値段がわかっており、そのうち一一冊が一ポンドから一ポンド一〇シリングであった。テキスト類はその製作費と同様値段も比較的安かったのである。

しかし他の品物とくに生活必需品とくらべるとたとえテキスト類といえどもけっして安いとはいえなかった。概して中世期の本は高価な贅沢品であった。チョーサーに登場する学者が「赤と黒で装丁された二〇冊の本」を持っていたのは例外中の例外であったといってよい。なかには特別に安い本がなかったわけではない。原本を自らコピーして作った本がそれで、これは修道院で早くからおこなわれていた。一四、一五世紀になってもその習慣が残っており、大学では本を買う金のない学生がこれをおこなったと思われる。オックスフォードにはこの種のものと思われる一五世紀の例が三つ残っている。ひとつは一四四八年に査定されたサイモン・バーリントンという名の学者の持ち物にある一二冊で、全部で四ペンスという値がつけられ、同じ年、別の学者の本は三冊で二ペンスという値がつけられている。このおどろくべき安さはいったい何を意味するのだろうか。おそらくだれかが自分用にきたない字で筆写した、しかも未製本の紙束ではなかっただろうか。もうひとつの例はセント・エドモンド・ホールの学者ジョン・ハートの持ち物で、そのなかにある数冊の本のうち一、二冊は「ノート・ブック」とはっきり記されていた。このような本（?）を大学が貸付金の担保として受け取ることはありえなかっただろう。大学以外でも同様の例はあった。グロースターのトマス・デュークの財産目録にあるロマンスは一冊六ペンスから一シリングの値がつけられており、たぶん同種の本だったにちがいない。

このような例外はあっても本の値段が途方もなく高かったことに変わりはない。中世期を通じて「辛うじてひとり一冊」本を持てればいい方だったのである。

第二章　パトロンの系譜

高位聖職者

初期の聖職者はひとつの重要な文化サークルを形成していた。かれらは魂の管理のみならず、文学や教育の維持発展にも大きく寄与した。中世初期の文学のほとんどが教会や修道院で作られているのを見てもそれはわかる。そのような状況のもとで高位の聖職者がパトロンとしてはたす役割は大きかった。

最初期のイギリスで注目されるのは北部のノーザンブリア王国である。この国では七世紀のエクグフリッド王の時代に修道院が建設され、「敬愛すべき」ビード（六七三〜七三五）がまだ子供のころ、ベネディクト・ビコップやウィルフリッドのごとき聖職者がすでにウエア川とタイン川の岸辺で学問の火を灯していた。イタリアからは建築、音楽、彩色画の知識・技術が伝来し、この地に定着しつつあった。ウィットビーの大修道院では詩人キャドモン（六七〇年頃）が女子修道院長セント・ヒルダ（六一四〜八〇）の庇護のもとで詩作に専念していた。

ビードの『英国民教会史』によれば、キャドモンは晩年天来の恩寵によって詩作の才をえて、数行の賛美歌をうたい、のちに長詩『創世記』その他を書いたという。このイギリス最初の女性庇護者《パトロン》セント・ヒルダについては同じビードがつぎのように書いている

神の恩寵をひとのなかに見て、かれに世俗の習慣を去り、修道院での生活を送るよう説得した。それが実現すると修道院の仲間に紹介し、かれらに教会の全歴史を教えるようにと命じた。


同じころ、ヨークの大司教ウィルフリッド（六三四〜七〇八）も学問のパトロンとして知られていた。ビードやアルクィンを送り出した学校を軌道にのせたのはかれの功績である。つぎの世代ではヘクサムの司教アッカがパトロンとして名を残している。ビードはかれに多くの作品を献呈した（ビードはジョンやエアドフリッドなどにも献呈している）。エディウス・ステファヌスが『ウィルフリッド司教の生涯』を書いたのもアッカのためであった。その後、フォルカルドゥスは大司教アルドレッドの依頼で『司教ヨハネの生涯』を書いている。

一〇世紀半ばのイギリス南部に目を移すと、カンタベリーのオドーが学者兼パトロンとして知られた。オドーがカンタベリーにウィルフリッドの遺品を運んだとき、フリッジゴードは韻文の『ウィルフリッドの生涯』をかれのために書いている。聖ダンスタン（九二五頃）が活躍をはじめた

のもそのころである。青年時代、エドマンド一世やエドレッド王やエドガー王のもとですごしたかれが、カンタベリー大司教管区にきて建てた多くの修道院は重要な学問の府となった。そのため多くの文学作品がかれに献呈されている。ノルマン・コンクェスト後にカンタベリー大司教になったランフランもまたパトロンとして著名である。その気前のよさ、愛想のよさは多くの修道僧から感謝され、マルムズベリのウィリアム（一〇九五?～一一四三?）はその『イギリス教会史』でつぎのようにいう。

大司教は高位の身分でありながら貧乏人に食物をほどこすことを恥じなかった。またあまり生活の豊かでない学者たちを呼んで討論させることを恥じなかった。討論が終わると両者はよろこんで立ち去った。勝者は知識の賞をもらい、敗者は恥の駄賃をもらって。

ランフランは聖バーティンのゴスセリンから『聖イーディスの生涯』を献じられ、同時代人のなかには同じゴスセリンから本を献じられた者は多い。たとえばアンセルムは『聖オーガスティン翻訳史』を献じられ、ノリッジの司教ハーバート・ド・ローゼンガは『聖アイヴスの生涯』を献じられている。もっとも後者はローゼンガが執筆を依頼した作品ではあったが。

このようにカンタベリーの大司教（アーチビショップ）たちはパトロンとして重要な役割を演じたが、この伝統はのちの時代までつづいた。ジラルドゥス・カンブレンシス（一一四六?～一二二〇?）

は大司教の力を充分承知し、期待を込めてかれらに自作を献呈している。エクセターのジョゼフが『ベロ・トヤナについて』をボールドウィン大司教に献じたのも同じ理由からであった。じじつ、大司教の周辺にはこの国の前途有為な若者たちがあつまり、そのひざ元で秘書や礼拝堂勤務牧師としてはたらいた。そのような若者のなかから文学的才能がそだっていったのである。

しかし、パトロンとして貢献したのは最高位の聖職者ばかりではなかった。たとえば、リンカーンやウィンチェスターの司教（ビショップ）はパトロンとして名高かった。ジョフリー・オブ・マンモス（一一〇〇?～五四）の『マーリンの予言』はリンカーンの司教アレクサンダーに献じられ、作者不明の『マーリンの生涯』はその後継者ロバート・ド・チェズニー司教に献じられている。ハンティングトンのヘンリー（一〇八四?～一一五五）は初めリンカーンの司教ロバート・ブロートのもとにいたが、その後ブロートの後継者アレクサンダーに庇護され、アレクサンダーのために『歴史』を書いている。同じリンカーンの司教ロバート・グロステスト（一二五三没）は文芸の愛好家として知られている。ロバートは音楽も好きで、書斎のとなりにハープ奏者専用の部屋をつくらせたという。あるひとはかれを「学問の庇護者」と呼んで敬愛した。これ以外にも多くの司教がパトロンであった証拠として書物を献呈されている。シャーボンの司教オズマンドは書物を献呈され、それでコレクションをつくったばかりでなく、学問にひいでた若者を歓迎し、屋敷内に住むよう説得したという。

修道院長（アボット）もまたパトロンとしてよく引き合いに出される。かくして、教会内におけるパトロン的援助は文芸の制作に大きく寄与した。しかし歴史上その役割はやがて国王を中心とする宮廷にとって代わられる。といっても、ただちに教会におけるパトロン的援助が消滅したわけではない。たとえば、のちの詩人ガワー（一三三〇?～一四〇八）は、自作『呼ばれる者の声』のなかでかれのパトロンはカンタベリーの大司教であるといっている。

国王とその宮廷

国王と宮廷のパトロン的行為をのべるにあたっては、話をふたたびイギリス北部のノーザンブリアに戻さなければならない。七世紀のころ、この国の多くの教会が学問の拠点、文学の温床として活躍をはじめたころ、ノーザンブリアの王たちもまた文芸のパトロンとして名を馳せつつあった。アルドフリス王が国に平和と秩序をもたらすと、学芸の好きな王は自分の愛好する学問をとくに保護した。王はアルドヘルムから『韻律論』を献じられているが、この作品の長さからして王が文学に関心をもったことは明らかである。昔の家庭教師アダムナンは王にアルキュルフの聖地案内の写本を献じている。これは王の依頼によるもので、アダムナンは多額の謝礼を受けとったという。「かくしてノーザンブリアには逸早く文芸の花が開き、ヨーロッパにおける文芸の中心の観を呈しつつあった。アルドフリス王はすぐれたパトロンの資格を充分具えていたので、『ベオウルフ』や『ウィドシス』誕生の背景にかれの存在を指摘する者もいる。『ベオウルフ』の制作年代は七〇〇年ごろとされており、アルドフリス王の治世と一致するから、その宮廷で書かれた可能性は充分にある。また『ベオウルフ』の作者は宮廷生活の諸事情をよく知っており、アングリアンの宮廷となんらかの関係があったと考えられる。さらに王や宮廷人を読者として想定して書いたふしがあり、王の性格の特徴を登場人物に取りいれた痕跡がある。つまり王自身が『ウィドシス』の作風にならってこの作品を書くよう仕向けたのではないかというのである。両作品に同名の人物がいく人か登場するのも同じ時期の制作を説明するものだろう。たとえ作者は同一人でなくてもである。その真偽はともあれ、この時期のノーザンブリアにおける文芸活動の活気はだれの目にも明らかである。ビードはノーザンブリア王に献じた『英国民教会史』の結論でつぎのようにいう。

時代はかくのごとく平穏であったから、ノーザンブリアのひとびとは貴族も平民もみな武器を捨て、自分たちはもちろんのこと子供たちも頭を剃髪して修道院の生活にわが身をささげた。それがなにを生みだすか、つぎの時代がしめしてくれるだろう。

しかし、つぎの時代を待たずしてそれはしめされた。同時代に詩人キュネウルフ（八世紀末）があらわれ、ビードの孫弟子アルクィン（七三五?～八〇四）はヨークの大司教エグバートとエセルバートの庇護のもとにいた。のちにかれはシャルルマーニュ大帝の招きでその家庭教師となり、フランスの学芸復興に貢献する。つぎの九世紀になるとイギリスは偉大なパトロンの出現を見る。ウェセックスの名君アルフレッド大王（在位八七一～九〇一）である。初期のころアルフレッドはデーン人との戦いにあけくれたが、世のなかが安定すると国内に残存するマーシア人学者をあつめ、大陸からも学者をまねいて文教の再興に力をつくした。国王自身も文を愛し（イギリス散文の祖と称せられる）、ビードおよびボエティウスの英訳のほか、法王グレゴリウスの『牧者の心得』の英訳などを手がけた。後者につけた序文では翻訳にたいする自らの態度を表明して、イングランドの学問の衰退をなげき、自らラテン語の本を英訳して国民文化の再興をはかろうとしたという。暗黒時代にあっても学問の火を灯しつづけたのである。

やがて、イギリスはノルマン・コンクェストの時代を迎える。征服王ウィリアム（在位一〇六六〜一〇八七）のパトロン的行為については意見が分かれる。一方では「征服王は文学を保護・愛好し、イギリスの司教管区と修道院長管区をパリの大学で教育を受けた最も学識のある同国人で満たした」というし、他方では「ウィリアム一世の詩人にたいする無関心については娘アデラの庇護をうけた詩人たちが書きのこしている。国王は学問を庇護するよりも実務能力に長けた人物を利用することに腐心した」という。後者のばあい、国の新しい公職についた者のほとんどは学識者であり、しかも国王自身がえらんだひとたちであった。

インガルフはその年代記のなかで自分がウィリアム王のスクライブ兼秘書であり、王の寵愛を一身にうけ、わがもの顔に宮廷を闊歩したと書いているが、その地位を獲得したのはかれの文学的才能のゆえではなかったらしい。また、ウィリアム王おかかえのミンストレル（吟遊詩人）バーディックが戦勝の祝儀として国王からグロースターシャーの三教区をもらったのもとくに学問と関係があったわけではない。おそらく、実務的なウィリアム王にとって、文芸や学問は利用するものであって、学んだり楽しんだりするものではなかったようである。
しかし、娘のアデラはちがっていた。彼女は歴史学者や詩人と交友を結び、ヒューリーの修道士ヒュー・ド・サント・マリに依頼して『年代記』を書かせている。作者はそこでアデラの文学趣味を高く評価し、つぎのように称賛した。

しかしながら娘が父親より優れている点がひとつある。
彼女は詩を熱愛し、暇な時間を読書に当てることを知っていた。
また彼女の行為が詩人たちのためになることを心得ていた。
彼女の誠実さの故に誰も空しく立ち去ることはなかった。
加えて彼女のもとには誦すべき詩稿が滝のごとく集まり、
多くの詩のなかから良い詩をより分けることができた。

弟のウィリアム二世（在位一〇八七〜一一〇〇）はしかし同じ趣味のもち主ではなかった。その教育はもっぱら軍事教育であり、文芸のパトロンとして期待するにはその治世はあまりにも混乱つづきであった。
むしろ期待できたのはその弟ヘンリー一世（在位一一〇〇〜一一三五）である。ここにいたってイングランドは初めて文芸を保護する宮廷の出現をみる。先にのべたアルフレッド王のばあいは国王個人のパトロン的色彩がつよいものだったが、ヘンリー一世のばあいは国王と王妃の周辺に文芸グループが形成され、宮廷全体が文芸的雰囲気につつまれていた。ヘンリーがもたらした国の平和が文学的パトロンの成熟という大きな果実を生んだのである。このように宮廷全体が文芸を歓迎したが、じつをいって歓迎したのは王自身というよりむしろ王妃たちの方であった。文芸の最大の推進者は女性たちだったのである。最初の王妃マチルダ（王妃モード）は詩を愛した。といっても吟遊詩人の詩ではなく、学者の書く詩である。詩人ガイ・オブ・アミアンは彼女の施物分配吏として宮廷に仕えている。彼女はまた声のうつくしい詩人に格別の愛着をしめした。マルメルベリのウィリアムはいっている。「王妃の寛大さは世にひろく知れわたり、詩で名の聞こえた学者も、歌で名の聞こえた学者もともに彼女の宮廷めざしてやってきた。」

マチルダの死後ヘンリー一世の二番目の妻となるルーヴァンのアデレイドもさきの王妃に似て文芸の愛好家であった。もっとも彼女の好みはよりロマンティックな作品にあったというが。デイヴィドは彼女のために自国語（フランス語）でヘンリー王の業績をたたえる韻文を書いたが、残念ながらのこっていない。フィリップ・ド・タウンは『動物寓話』を献呈し、ベネデイトは『聖ブレンダンの航海』を献呈している。パトロン的援助を惜しまなかったのは王妃だけではない。ラフル・フィツ・ギルバートの妻「やさしいクスタンス」はジェフリー・ゲマールから『イギリス国民史』の献呈をうけており、作者はそのなかで先のデイヴィッドが当の夫人から銀貨一マルク（三シリング四ペンス）を受け取ったといっている。もうひとりの宮廷夫人アデレード・ド・コンデはサンソン・ド・ナントィユからフランス語訳『ソロモンの諺』の献呈を受けている。当時王妃をはじめとする宮廷夫人のあいだでパトロン的行為はひとつの流行となっていたようである。しかし、宮廷の男たちが無関心だったわけではない。ヘンリー王の私生児グロースターのロバート（一一六〇？〜一三〇〇）はイギリスにおける傑出したパトロンのひとりであった。自身もイギリス年代記を書きその文学性は高く評価されている。マズメルベリのウィリアムは『英国王年代記』のなかでロバートの文芸趣味を称賛しその名を後世にのこした。男たちのなかでもヘンリー王自身の文学趣味はどうだったのか。かれの学識については同じくマズメルベリのウィリアムが称賛している。おそらくヘンリーは「無学な王は王冠をかぶったロバ（馬鹿）である」という自らの格言をわが身においては否定しようとしたのだろう。しかし、文学にたいする関心は妻たちのそれにはくらべようがなかった。われわれはかれがバールのシュヴァリエ・リュクの目を抉出したという話を知っている。リュクが王にたいする風刺文を書いたという理由からである。このことは逆に自分の名声を気にし、賛辞にはそれ相応の謝礼をあたえたことを傍証するものかもしれない。ともあれ、かれの学問はあくまでも国を治めてゆく手段であり、文学にたいしてまったく無関心であったとはいえないまでも、国の統治という実務的な仕事のために積極的なパトロンにはなりえなかった。

ヘンリー一世のあとを継いだスティーヴン（在位一一三五〜一一五四）はその母アデラに似ず、すぐれたパトロンとはいえなかった。その治世は混乱つづきで、マティルダとの確執も手伝い、詩は衰退に向かう危険性をみせた。しかし、つぎのヘンリー二世（在位一一五四～一一八九）はちがっていた。詩人たちの希望の星であり、時代のあたらしい詩人はかれのなかに恰好の保護者を見出したのである。

ヘンリー二世

当時フランスの作家のほぼ三分の二はイギリスの宮廷と関係をもっていた。中世文学を特徴づけるロマンティック運動は一二世紀後半のイギリスを中心におこったのである。ワース（一一〇〇?～七四?）やブノワ・ド・サント・モール（一一七五頃）は詩をひとつの重要なジャンルとして評価し、ヘンリー王の宮廷が（王自身はつづけて二、三日と城にいなかったが）知的な会話や文芸の中心であったことはたしかである。また王のオックスフォード滞在はその地に大学をつくるきっかけをつくったという。自らの家庭は混乱と不協和音を奏でていたが、そういったこととは全く無関係に、周囲に文学好きの仲間がいれば、文芸の話題に興じ心からの交友をたのしんだ。かくして、ヘンリーはヨーロッパで最も学識のある王としての名声をほしいままにした。

その趣味はひろく、ロージャー・ド・ホヴドン、ギラルドス・カンブレンシス、ブロアのピーター、ソールズベリーのジョンなどの歴史家から、ワース、ブノア、ボロンのロベールのような事実と神話の折衷者、ウォルター・メイプスやナイジェル・ワイヤカーのような才人にいたるまで王をとりまく文人学者は多彩であった。ヘンリーのパトロン的援助を証明するもうひとつは、オズバート・ド・クレアが『詩とヘンリー二世』のなかでヘンリーを古典詩人にならって「マエケナス」と呼んでいるじじつである。いうまでもなくマエケナスはローマのオーガスタス帝の友人で、すぐれた学問・文芸のパトロンであった。ホラティウス、ウェルギリウス、プロペルティウスなど錚々たる人物を庇護したことで知られる。

ヘンリーの妻アキテーヌのエレナも趣味を同じくし、トルバドゥール（一一～一三世紀ごろ主にフランス南部で活躍した抒情詩人）たちへの惜しみない保護者としてその名を知られた。多くのプロヴァンスの詩人たちが宮廷をおとずれ、彼女をしばしばかれらの詩の主題にしたとしてもふしぎではない。かくして、ヘンリー治世のあいだイギリスはフランスと密接な関係をたもち、宮廷で使われることばはフランス語であり、趣味もフランス流であった。おそらくこの関係が以後のイギリス国民およびイギリス文学に豊かさと洗練をもたらしたことはたしかであろう。

ヘンリー二世とその妻エレナの生涯は波瀾に満ちていた。イギリスはもちろん、ノルマンディ、アンジュー、アキテーヌなどで宮廷を開き、絶え間ない旅、政治的陰謀、夫婦間の葛藤にもかかわらず、自国語（フランス語）、ラテン語による文学作品を多数献呈され、その理想的な読者となった。かれらの庇護のもとに多くの作品が生まれたたしかな証拠――献辞やかれらの依頼によって作品が執筆されたというじじつをわれわれは知っている。それ以外の作品についてもそのことをしめす状況的証拠がある。ヘンリーの宮廷が一二世紀半ばの最も傑出した詩を生み出し、とくに一一五四年の王位継承から一一七三年のエレナの謀叛と投獄にいたるまでの二〇年間、「一二世紀ルネッサンス」の中心地であったことは明らかである。

　ヘンリーは幼少時代に、すでに偉大な学者バースのアデラードから天体観測儀に関する論文を献呈され、別の学者クリックレードのロバートからはとくにヘンリーのために編纂されたプリニウスの博物学概説を献呈されている。その後三五年の治世のあいだにヘンリーに献呈された作品の数は多い。君主の鑑、年代記、政治・経済・法律書、地理・鷹狩り・速記論、賛辞、道徳的金言、教訓を旨とする伝記等々である。とくにヘンリーとエレナの宮廷で顕著だったのは、自国語（フランス語）の韻文年代記やロマンスが書かれたことである。そこではノルマン民族の歴史への愛着が特別の方法で描かれている。つまり虚実おりまぜた先祖の歴史的・伝説的出来事を語ることによって、アンジューとノルマンの王国に文学的栄光を付与しようとしたのである。過去は英雄的で華麗なものでなければならず、それがためには他国の伝説的世界の栄光も自らの土俵に引き入れなければならなかった。

　たとえば、ヘンリーとエレナに献呈された三編のフランス「ロマンス」、すなわちブノワ・ド・サント・モールのトロイ物語、作者不明の『エネアス』、テーベ物語がその例である。ワースの『ブリュ物語』もそれに似て、ジョフリー・オブ・マンモスの『イギリス列王史』を自由に潤色したもので、年代記とロマンスの中間をゆくものであった。これは一一五五年にエレナに献呈されている。同じころワースは王から特別の仕事を依頼されていた。伝説的な先祖ロロから始まりヘンリー二世にいたる歴代のノルマンディ公年代記を韻文で書く仕事である。過去を再創造し、それを栄光に満ちた現在に結びつけようとする試みであった。しかし、王は一一七四年頃ワースをこの仕事からしりぞけ、代わりにライバルの詩人ブノワ・ド・サント・モールを採用する。ワースがあまりにも王妃エレナと親しくしすぎたためだとか、ワースの仕事がおそすぎるためだとか、あるいはまた鋭い美的センスをもつヘンリー王がブノアの優秀性を見抜いた、つまり、ブノアの豊穣なトロイ物語がかれを深く印象づけたためではないかなどと諸説紛々である。ともあれ、華麗で栄光に満ちた過去――その虚実はともかくとして――に対するつよい愛着は他の多くの韻文年代記にも見られた特徴である。これ以外の叙事詩やロマンスについての、宮廷との結びつきは推測の域をでない。しかし『ロランの歌』のオックスフォード写本はヘンリー二世と関連づける有力な根拠をもつ。この写本にしかあらわれないいくつかの部分が王への「賛辞」として説明できるからである。またアングロ・ノルマンの作品『角物語』は一一七一年のクリスマスにおけるヘンリー二世のダブリン滞在と関連づけて書かれたと考えられるし、ゴーティエ・ダラのふしぎなロマンスも大陸に滞在したときのエレナと関連づけて考えることができる。のちに詩人ゴーテェはエレナの養子になっている。

ヘンリーとエレナの宮廷と深く係わった詩人はゴーティばかりではない。吟遊詩人ベルナール・ド・ヴェンタドゥーズは愛人――彼女をアジマン（天然磁石）と呼んでいる――を追ってイギリスにやってきた。このアジマンはエレナ王妃そのひとではなかったかという憶測さえある。そのような憶測をさし引いても、プロヴァンスの恋愛詩人中最もすぐれた詩人といわれるベルナールがその抒情詩のほとんどを英国王に献じたことはじじつであろう。ヘンリーは五編の詩で言及され、「ノルマンの妃」エレナは一編の詩で言及されている。マリ・ド・フランス（一一七五?〜九〇）の『詩集』もヘンリー王に献じられたものとされるが、細部をみるとエレナと係わっている。この詩集のなかで歌われた場所のいくつかはマリが一一六二年から五年にかけてエレナの側近としておとずれた場所と関係があるからである。エレナの宮廷で書かれたと思われる詩はほかにもある。トマス・オブ・イングランドの『トリスタン』、『エレックとエニド』にいたるシェレティアン・ド・トロワの初期の詩などがそれである。じじつ、シェレティアンの詩には一一六九年のクリスマスにナントでヘンリーとエレナが開いた贅沢な宮廷が背景にある。作中のヒーローとヒロインの即位式はナントを舞台にしておこなわれるのである。

以上述べたベルナールの抒情詩、マリの『詩集』、トマスやシェレティアンのロマンスのなかに、われわれは二世紀のもっともオリジナルな詩のいくつかを発見する。かれらはつぎにくる世代の想像力や表現方法、技法やジャンルをかぎりなく広げたばかりでなく、以後何世紀にもわたって英国詩の形式や内容に大きな痕跡をのこしたのである。

宮廷に出入りするラテン詩人についていえば、あまり傑出した詩人は見あたらない。しかしつぎの四人は言及に値する。すなわち、ジョーゼフ・オブ・エクセター、ナイジェル・オブ・ロンシャン、ウォーター・オブ・シマティロン、それにピーター・オブ・ブロアである。

ともあれ、吟遊詩人が吟じる詩は食卓や夜のひとときに欠かせないものであった。戸外の娯楽のすくなかった時代に文学のはたす役割は大きかったのである。ノルマン・コンクェスト以後二〇〇年以上にわたって、上流階級のことばはフランス語であったし、文学はフランス語で書かれていなければならなかった。本国フランスで書かれたあらゆる文学がはいってきたが、それだけに依存するわけにはいかなかった。一二世紀の初めころからフランスの詩人がイギリスの宮廷をめざして渡来し、一二世紀と一三世紀の中世フランス語による重要な作品の多くはイギリスで書かれた（これらはアングロ・ノルマン文学といわれる）。そのような詩人たちにとって宮廷のパトロン的援助は生命の糧であった。寛大なパトロンのいるところにはかならず文学があったのである。

ヘンリーとエレナの子供たちは立派な教育をうけ、文芸にたいする良質の趣味をもっていた。娘たちは、それぞれ教養ある文芸のパトロンである君主と結婚しているが、それ以外のことはあまり知られていない。長女のマティルダはサクソニーのヘンリーと結婚し、エレナはカスティルのアルフォンソと、ジョアンナはシシリーのウィリアムと結婚している。息子たちについては、長男ヘンリーは武術と文芸の両方に通じ、ティルベリのジャーヴェスがかれのために『滑稽本』を書いたというが現存しない。次男のリチャード（在位一一八九～一一九九）は両親の趣味を最もよく受けつぎ、自身詩人であると同時に詩人たちの寛大なパトロンであった。つぎの息子ブリタニーのジョフリーはジロード・ド・クランソンやバートラン・ド・ボーンなどと交友を結び、ゲイス・ブルーレが詩を数編献じた「ジョフリー伯爵」というのはこの王子のことであったらしい。最後の息子ジョン（在位一一九九～一二一六）の学問と文学趣味については、かれがジラルダス・カンブレンシスの『アイルランド征服』の献呈を受けたこと、一度セント・オーバンの修道院長から本を借りたことぐらいしかわかっていない。ジョンについで王位についたヘンリー三世（在位一二一六〜一二七二）の宮廷でも文運は盛んであった。宮廷内で仕えたと思われるデニス・ピラマスによると、フランス風の宮廷詩や粗野なロマンティック物語が大いに歓迎された。ピラマスは若いころ宮廷人をよろこばせることに献身したが、いまはそれを後悔し、以後はまじめな作品を書くつもりだという。かれによれば、『ブロアの神殿』の作者は多くの野蛮なフィクションを書き、その点ではマリ・ド・フランスも変わらない。それなのにかれらの書く詩は国王や宮廷人のあいだで大いにもてはやされたという。ヘンリー三世は絵画にも関心があり、かれの命令によって宮廷やその他の場所で多くの絵が描かれた。かれはまた「国王付きの詩人」を抱えた最初の王であり、かれらを保護し年金を給付した。王妃プロヴァンスのエレナについては、彼女が自国プロヴァンスの詩人や詩を愛好したことは想像に難くない。

エドワード一世（在位一二七二〜一三〇七）もまた文芸への関心をしめした。ピエール・デュボアは『回復について』をエドワードに献じ、ギド・デラ・コロナは王の命令で『ベロ・トヤナについて』を書いている（ただし作品の献呈先は別のひとである）。王妃のカスティレのエレナがパトロンであったことは、アミアンのジラールが作品のテーマを「スペインの王女でイギリスの王妃」であるひとからもらったといっていることからも判明する。

息子のエドワード二世（在位一三〇七〜一三二七）はものごとにまじめに専念するような性格の持ち主ではなかった。しかし吟遊詩人を愛し、シュルーズベリの修道院長にすぐれたバイオリン弾きを寄こすよう懇願したのは詩人を多数集めるためであった。芝居も好きだったようである。

つぎのエドワード三世（在位一三二七〜一三七七）の宮廷には多くの詩人があつまった。王妃フィリッパがフロワサール（一三三七?〜一四一〇?）を宮廷に招いたことは有名である。じじつ彼女のパトロンとしてのはたらきは顕著であった。作家を物質的に援助し、執筆に必要な資料収集の手助けをし、その他さまざまな形で援助をおしまなかった。それを大いに多としたフロワサールは「彼女はわたしを生み育てた」といっている。同じころランカスターのブランシュ公夫人もフロワサールやチョーサーを援助した。エドワード王本人については、かれが文学に興味を示したという証拠は残念ながらのこっていない。建築の天才ウィッケナムのウィリアムを援助し、礼拝堂勤務の牧師に登用した記録はあるが、このばあいも王妃フィリッパがなんらかの形で関与したらしい。かくして、エドワード自身はすぐれたパトロンとはいえなかったが、そのつぐないは昔の家庭教師リチャード・ド・ベリ（一二八七〜一三四四）によって充分はたされた。ベリの『フィロビブロン（書物への愛）』にそのことが書かれている。ベリはエドワードの家庭教師をつとめ、宮廷のもろもろの高職を歴任したのち王室大法官、大蔵大臣となり、最後はダラム司教として生涯をおえた。エドワード王をのぞいてかれの右にでる者のない実力者であった。イタリアの文人ペトラルカと交友を結んだことでも知られる。

リチャード・ド・ベリ

ベリは『フィロビブロン』の序章で書いている。――功なり名をとげたいま、全能の神に最もよろこばれ、この世の教会に最も大きく貢献する善行とは何であろうかと考えた。そこで頭に浮かんだのは不幸な学者の一群であった。かれらは貧窮をきわめる生活を送っている。「青春時代のよく耕された畑ではじつに豊かな実りをあげるこれらの才能も、逆境のなかで必要な雨水もあたえられぬまま、枯れることを余儀なくされている。」教会の強力な支柱となるべきこれら優秀な学徒が、必要な援助をあたえられぬまま生計をたてるために手工芸の道に走り、学問の道をはなれてゆくのはいかんである。かれらにふさわしい援助をあたえるならば、かならずや全キリスト教共同体に貢献することになろう。ベリはかれらの悲惨さに「心からの援助」をさしのべる決心をした。「それも、日常生活の面のみならず、かれらの研究に貢献するところの大きい書物に関してとくに援助を惜しまないことにした。」ベリの蔵書は一五〇〇冊くらいあったといわれる。「辛うじてひとり一冊」もてればいい方といわれた時代にあってこれは驚嘆すべき蔵書

Richard de Bury（1287-1344）
リチャード・ド・ベリ（ベリー）

数であった。それをあつめるのにベリはあらゆる手段を駆使した。第八章「書物収集の機会は多かった」にはそのことが書かれている。

かれは若いころから学識者や愛書家との交際をたのしみ、のちにこの世の栄誉を獲得し、宮廷に迎え入れられてからは、エドワード王の好意によって、個人、公共、修道院、教区司祭の書斎はどこにでも自由に出入りする便宜をあたえられた。そのような場所で長いあいだ「死書」として眠っていた「学問の聖器」を発掘し、これらを贈物、購買、あるいは一時的貸出しという形で自身の蔵書に収めた。ベリは書いている。

時を経ず、私の書物に対する愛は外国のいたるところまで知れわたり、書物、特に古書に対する強い関心をもっていたことから、私の好意を得るに金銭をもってするよりも、書物のほうがよいということになった。国王の善意にささえられて、地位のいかんを問わずだれをも賞罰で報いることができたので、私のもとには贈物や報酬、進物や宝石の代わりに、見る目にも心にも喜ばしい、手あかのついた論文や使いふるされた写本が送られてきた。

ベリはまた国王の特使としてしばしばヨーロッパ諸国をおとずれたが、その機会を利用し、ときに応じて「金庫を開き、財布のひもをゆるめ、喜んで金銭をばらまき……書物を買った。」そればかりではない。フランス、ドイツ、イタリアの書籍商、図書館員たちとも面識をえて書物の購入につとめ、かれらの代金請求を待たずして正確に送金し、「利子をつけてじゅうぶんに支払った。」ゆえにかれらの信頼は大きく、あらゆる便宜をはかってベリのもとに本をとどけてくれた。国内にあっては托鉢修道会の清貧に惜しげもなく援助をあたえ、修道士たちは「私の願望をかなえようと海陸を越え、諸国の高等学校、大学を駆け回って書物をくまなく捜してくれた。」また自らの屋敷内にはスクライブ、校正者、製本師、彩色職人、その他書物に関する仕事のできるひとびとを常時住まわせ、買うことのできない書物の写本をつくらせた。

ベリの書物への執心はかくのごときものであった。そのあまりの執心ゆえに多くのひとから叱責され、嫌悪の対象にもされた。「過度に好奇心が強いとか、書物に貪欲だとか、文学へのふしだらな快楽だなどとなじられ、非難された」のである。しかし、それは見当ちがいであるとベリはいう。自分はけっして自己満足のために書物を収集しているのではない、あくまでも「学徒の公益」のためなのだと。

私はかねてから、心の奥深く、堅い決意をしてきた。すなわち、摂理により望むままの機会が与えられたなら、全人文科学の世界における中心的慈母である尊敬すべきオックスフォード大学に、変わらぬ慈愛をもって、一学寮（カレッジ）を創設し、必要な経費を基金として寄付し、多数の学徒に住居を提供して私の所蔵する書物で豊かにし、学寮の学徒のみでなく、彼らを通じ他の大学の全生徒にも……これらのすべて、また、各書物を共同に使用、研究できるようとりはからいたいと決意してきた。

その方法についてもベリは詳しくのべている。蔵書のすべてはカタログをつけて前記オックスフォードの学寮に寄付し、学問の進展と研究に資するためにあらゆる学徒に貸し出し、使用を許可する。学寮長は学寮内の学徒のなかから五人をえらび、全書物にたいする責任を負わせ、そのうち三名あるいはそれ以上――それ以下であってはならない――に貸し出しの責任を負わせる。学寮内の学徒にたいしてはどんな書物でも貸し出すことができるが、その際前記の三人が書名と貸出日を記録しなければならない。書写を目的とする寮外貸出しは禁じる。学寮外の学徒については、前記五人の保管者が写本の有無をたしかめ、写本があればその本の価値を越えると思われる保証金をとった上で貸し出すことができる。そのあとすぐに保証金の額、貸し出す書物のタイトル、貸出し年月日、貸出し人と貸受け人の名前をノートに記入する。写本がないばあいは、学寮内の閲覧しかゆるさない、等々。四世紀のちの一八世紀の貸本屋の貸出規則をほうふつとさせる。

ベリはこの『フィロビブロン』を「司教職の一一年目が終わろうとしている紀元一三四四年一月二四日、オークランドにある荘園邸宅で書きおえた」とあるが、翌年の四月一〇日にこの世を去っている。死後蔵書はかれの意図に反してことごとく散逸してしまった。一説によれば死後にのこった借金返済のために競売に付されたかもしれないという。かくして、貧乏学徒に救済の手をさしのべようとしたベリの意図は挫折におわった。まことに残念としかいいようがない。しかし、生前のかれはあらゆる機会をとらえて学徒たちに物心両面の援助を惜しまなかった。つぎの一節をみてもそれは明らかである。

若年のころより、私はその鋭い知性と学識であまねく知られた優秀な教授、学者、諸部門の教師たちを細心の配慮をもって、全く公平に選び、私の回りに集めた。……彼らは一生をとおして常に協力者であり、勉強を始めたときは同士、寮では同僚、旅では道連れ、食卓の客であった。

いかにも親しい友人のような書きぶりだが、かれらがベリに仕えその庇護のもとにあったことはたしかである。かくしてベリはエドワード王の最も信頼できる側近として、王の不足を十二分におぎなったのである。

第三章　偉大なるパトロンたち

グロースター公ハンフリー

エドワード三世のあとを継いだリチャード二世（一三七七〜一三九九）はあきらかに英詩を奨励した最初の英国王であった。ガワーに詩を書くことを勧め、フロワサールに美しい本を献呈されていたくよろこび、おそらくチョーサーも王をパトロンにしたと思われる。かれの詩の二編は王に直接献呈されたものとされているし、『善女列伝』はあきらかに王妃アンのために書かれている。

ヘンリー四世（一三九九〜一四一三）の治世は波瀾ぶくみであったが、王は詩人たちとの交友を楽しんだ。詩人スコーガンを息子たちの家庭教師にし、ガワーは何度か王に献辞を呈し、『愛の告解』の縮約版のひとつを献呈している。しかしヘンリー王の最大の功績は宮廷にクリスティン・ド・ピザンを招聘したことである。そのほかかれのパトロン的行為を物語るものとしては、ヨーク公エドワードの『狩猟のマスター』を初めとして、他の作家による作品が献呈されている。

ヘンリー五世（一四一三〜一四二二）と文学とのかかわり合いも無視できない。チョーサーにつづく詩人たちの多くが比較的野心的な作品をかれのために書いている。リドゲートは『トロイの本』を、ホックリーヴは『君主列伝』を書き、ジョン・ド・ガロップスはボナヴェンチュラ作『魂の遍歴』をフランス語から英訳している。王の周辺の宮廷人たちのなかにも文芸にたいする関心をもつ者がいた。

そのひとりがグロースター公ハンフリー（一三九一〜一四四七）である。ハンフリーはヘンリー四世の第四子で、ヘンリー五世とは兄弟の関係だが、王にもまして文芸を愛好し、パトロンとしての名声も高かった。当時イタリアを中心にルネサンスの機運はたかまりつつあり、イギリスにもその波は押し寄せつつあったが、そのこととハンフリーは少なからぬ関係がある。

当時のイギリスはヨーロッパ大陸の北にある辺境の地であった。枢機卿ボーフォードはイタリアからポギオを招いたが、間もなくかれはいや気がさして帰国している。イタリア人から見るこの国は無知と野蛮の国であったろうし、イギリスにはイタリアにおけるような様々な知的覚醒の萌芽があったとは思われない。しかし、イギリス人は食べることと飲むことしか頭にない国民だというポギオの痛烈な批判は多分に誇張だと考えられる。かれの発言で注目すべき点があるとすれば、それはつぎのようなことばである。「イギリスの貴族は都会に住むことを不名誉なことと考え、引退して田舎に住むことを望む。かれらは高貴さの度合いをその土地の大きさによってはかる。」おそらく、こうしたことが文学にたいする関心を限られた小グループ内にとどまらせた理由だと考えられるが、しかし、偉大なイタリアのパトロンたちに匹敵するようなパトロンがイギリスにもいなかったわけではない。それがグロースター公ハンフリーである。

同時代のイギリス人がハンフリーの新学問への関心に共感を覚えていたとは遺憾ながらいいがたい。ヴィカーズがその『ハンフリー卿伝』でいっているように、かれはルネサンスへの興味と理解はあったが、そのイギリスにおける意義については充分把握していなかった。かれの心はもっぱらイタリアの方に向いていたからである。ルネサンスの理念がようやくイギリスでも理解されるようになるのは公が死んだあとであった。しかし、ハンフリーがイギリスにおけるルネサンス運動の先駆者であったことに変わりはない。兄のヘンリー五世は文学を愛好し、リドゲートやホックリーヴや神学者たちを可愛がったが、古典文学には無関心であった。他方ハンフリーはギリシャやローマに関心をしめし、あたらしい学問の模範をイタリアにもとめた。

ハンフリーの重要性はかれがルネサンスの息吹にいち早く感応したことである。

Humphrey Duke of Gloucester (1391-1447) グロースター公ハンフリー

しかもこの運動がイギリスへ押し寄せるずっと以前にそうであった。かれより以前イギリスにそれを導入するものはだれもいなかったのである。ヴィカーズはいっている。「ペトラルカが世界にたいしてなしとげたことをハンフリーはイギリスにたいしてなしとげた。」

ハンフリーは周囲に多くの秘書や雄弁家をあつめ執筆や翻訳に従事させ、イタリアからは学者をまねいた。ベロナ人アントニオ・デ・ベッカリアはギリシャのディオニシウスの『地球の位置について』とアテナシウスの論文六編をハンフリーのためにラテン語に翻訳した。その一冊には卿自身の手によるつぎのような書き込みがある。

「この本はわたくしグロースター公ハンフリーのものである。わたしはこの本を秘書であるベローナ生まれのアントニオ・ベッカリアにギリシャ語からラテン語に翻訳させた。」また、チト・リヴィオ・ダ・フォルリもハンフリーのおかかえ詩人兼雄弁家としてイタリアから招聘されている。

リドゲートは翻訳『君主の没落』のなかでハンフリーと学僧との交友を称賛し、卿をジュリアス・シーザーに譬えた。シーザーは国政の多忙にもかかわらず、キケロの修辞学校に入学し学生たちと席を並べて勉学にいそしんだのだった。ハンフリーにたいする賛辞は多い。アエニアス・シルヴィウスはアダム・モレインに手紙を書き、改良されたラテン語の文体がイギリスにかくも早く到来したことを称賛していわく、

この進歩は輝かしいグロースター公によるところ大である。公は熱心に学問を貴国に導入し

た。聞くところによると、かれは詩人を育て、雄弁家を敬愛し、もって多くのイギリス人は真の雄弁家になったという。臣下は主君に似る。臣下はかれらの主君を見習うからである。

セント・オーバンの修道院長ジョン・ウェザムステッドはハンフリーに収書の仕事を託された。それがために職務を怠り、修道僧たちから非難をあびることもあった。ヨーロッパ大陸での収書の代理人はカンディド・デセンブリオであった。こうして集めた本はのちにオックスフォード大学に寄贈された。オックスフォードはそれを記念してデューク・ハンフリー・ライブラリーを設立、ボドリアン・ライブラリーの基礎を形づくった。

ハンフリーの名前はイタリアでもよく知られていた。おそらくそれはベイユーの司教ザノ・カスティリオーネとの親交によるものであろう。カスティリオーネもまた本の収集を託されており、ハンフリーをイタリアの人文主義者たちに紹介し喧伝したのだった。ハンフリーの書簡、またかれに宛てた多くの献辞から判断して、じつに多くの被保護者がいたことがわかる。そのなかにはアレッツォのレオナルド・ブルーニ、ペテル・デ・モンテ、ピエロ・カンディド・デセンブリオ、アントニウス・パシヌス、ラポ・ダ・カスティリオンシアなどが名を連ねている。とくにデセンブリオとはさかんに手紙をやりとりし、他のひとびとからも称賛に満ちた献辞を呈されている。かくしてイタリアの人文主義者たちのあいだでハンフリーの名声は赫々たるものがあったが、あたらしい学問にたいする関心が自国にどのような結果をもたらすか、かれ自身はあまり意識していなかったようである。とはいえ、イギリスにおけるルネサンス運動の重要な先駆者であったことに変わりはない。ハンフリーは外国でのパトロンにとどまらなかった。一五世紀のイギリス文学界における輝やけるリーダーであり、文学に関心のある多くのひとびとがかれの援助と激励をうけた。一四四一年、オックスフォード大学当局はハンフリーの業績を称賛してつぎのようにいう。

ハンフリーはパトロンとして英国のみならず諸外国でもその名を知られ、自国の文学のみならず、洪水のように翻訳されるギリシャ、ラテンの文学も卿に献呈された。かくして卿のパトロンのもとギリシャ文学は甦り、プラトン、アリストテレスをはじめとする哲学者の作品がオリジナルな形で読めるようになった。

ハンフリーがイギリス・ルネサンスの先駆者たるゆえんである。

ハンフリーと詩人たち

さきにあげたリドゲートの『君主の没落』がハンフリーの依頼で翻訳されたことはよく知られている。この原作はボッカチオの『卓越した人物の条件について』だが、リドゲートが原本としたのはローラン・ド・プルミエフェイのフランス語訳である。リドゲートの翻訳は三万六三六五行にもおよび、一四三一年頃から一四三八年頃まで約七年間かけて完成された。作中のプロローグとエピローグはハンフリーにたいする称賛のことばで満ちており、それ以外でもハンフリーが**lawgiver**や**ring-giver**として随所に登場する。ハンフリーの主張で作中の独立した悲劇にモラルを添える追連（アンヴォイ）を付し、ルークレース凌辱の物語を挿入している。この凌辱の物語をリドゲートはチョーサーに気がねしつつ挿入しているが、それについてはのちほどのべる。

第三巻の初めにも詩人にたいして寛大なハンフリーを称賛することばがある。リドゲートは仕事の膨大な量にもかかわらず一向にはかどらないのを見て、疲労とゆきづまりを感じていた。貧困とよる年波がかれをひるませ、震える手からペンが落ちることもあった。リドゲートは手紙を書き金を所望した。それにたいしてハンフリーは寛大であった。詩人は息を吹き返し、翻訳は再開され、第三巻は喜びと称賛の歌で始った。しかし、これも長くはつづかなかった。仕事の進捗具合はどうであれ、つぎの金の所望まで長い時間は経過しなかったものと思われる。ハモンドの説明をきこう。

John. Lydgate（1370-1450）
ジョン・リドゲート（リドゲイト）

『君主の没落』の第三巻一八章は怠惰に

たいする批判である。リドゲートが元本としたローランのフランス語散文訳は、繰り返しの多用はあっても、ボッカチオの原文通りにストーリーがすすむ。たとえば、この章はアルキビアデスの悲劇を詳述したあと、かれの怠惰に言及する。この言及はすぐにボッカチオの個人的な話になり、自分のばあいは暇と孤独が必要だが、アルキビアデスはそれを期待するわけにはいかないという。戦士としてまた法律制定者としてアルキビアデスは詩人とは自ずから状況も目的も異なるはずだからである。――ローランのフランス語訳ではこれらが細大もらさず訳されるが、リドゲートの翻訳ではそうではない。刈り込まれたり改変されたりしているのである。人間のさまざまな趣味を語ることはリドゲートのお気に入りで、第三巻一八章の八連のうち六連はそれにあてられるが、のこりの二連は詩人の努めについての用心深い叙述がつづく。リドゲートはいう。詩人はすべからく怠惰をつつしみ、質素な食事で満足すべきである。詩人は隠れた比喩で悪徳を非難し、退屈で野蛮な表現をさけつつ「資産」のなさを嘆かねばならない。賢明な詩人はひとを怒らせることはしないのだ。といいつつ、つぎに追連がくる。ここでは多少私的な含みと詩人の報酬である月桂冠へのアリュージョンがあり、最後の連で「自由の井戸」ということばがあらわれる。これはあきらかにハンフリーを指しているというのがハモンドの見解である。ゆえにこの連は個人的な色彩がおもてに出て、前後の調子から浮き上がっている。写本によってはこの追連がないものもあるが、おそらくリドゲートは翻訳の一部分をハンフリーに送り、この追連で紹介しつつ窮状をうったえ金を所望したのだろう。これがハモンドの推論である。

ハンフリーはリドゲートに翻訳を依頼したばかりでなく、翻訳の内容にも関与した形跡がある。翻訳を進めているあいだリドゲートとハンフリーはときに応じて接触していたようである。このようにパトロンが内容に関与するケースがないわけではないが、イギリスにおいては例外的といってよいものであった。

ハンフリーは翻訳進行中のリドゲートに蔵書のなかから一冊本を送っている。その一冊はコルチオ・サルタティの『ルクレースの雄弁』である。リドゲートは『君主の没落』の第二巻でタルキニウス・スペルブスとかれの王朝がローマから駆逐されるに際してルクレースを登場させる。しかし、チョーサーがすでに書いているので「プロセスを詳述する必要はない」と考える。その後考えを変えてつぎのようにいう。「わたしはすべての資料をわきにおしやって」彼女の物語を「カルシウスの例にならって……わが主人のいうように」叙述したと。つまり、リドゲートはハンフリーの特別の要求にしたがってサルタティの本のルクレース解釈を導入しているのである。しかもボッカチオの原典にはない箇所に。サルタティの本によれば、ルクレースは自身の「強要された情欲」にたいする罪を認め、いわれなき非難の的になって生きたくないという理由で命を絶つ。リドゲートは第三巻でもう一度この話に言及するが、これはボッカチオの原典にもとづいたものである。リドゲートはここで第二巻の誤った解釈を強調するかのように、前の物語は「わが主人のことば」によって語られたものであり、これらふたつの物語は別の原典にもとづくものだと注釈を加える。ボッカチオによる物語では、ルクレースは強いられたとはいえ、これを姦通とみなし自らを断罪し命を絶つ。

したがって、リドゲートは同じ話を二度、一度はハンフリーの希望に応じてかれの提供した典拠にもとづき、二度目は正しい原典にもとづいて叙述しているのである。ふたつの物語が異なったモラルをもっていることはいうまでもない。

ハンフリーをパトロンとしたもうひとりの詩人がキャプグレーヴである。このばあい金銭のやりとりの記録はのこっていないが、ハンフリーに献呈した注釈書『出エジプト記』の序文を調べた最近の研究によると、そこで金銭的報酬にたいする作者の遺憾の意がのべられているという。キャプグレーヴがこれより以前にハンフリーに献呈した『創世記』の序文とこの序文を比較すればそのことがわかる。『創世記』の序文ではこの本を作った理由と、ハンフリーがそれにふさわしい献呈先であることが述べられているが、そこではまた「わたしの先輩（つまりオーガスト修道会）の庇護のもとで」仕事を進めてきた詩人がハンフリーに同修道会のパトロンになってくれるよう要請しているという。一四三九年一月一日、キャプグレーヴがウッドストックのハンフリーに『創世記』を自ら献呈したとき、大いに激励されたにちがいない。その後ただちに『出エジプト記』の執筆に取りかかっているからである。かれはこの序文で『創世記』の序文で表明した要望をもういちどくりかえし、ハンフリーのパトロン的援助をもとめている。ひとりの貴族とひとりの詩人の興味深い関係をしめす一節をつぎにあげる。（原文ラテン語）

John Capgrave（1393-1464）
ジョン・キャプグレーヴ

作家のなかで最も無能なわたしに、ああ最も寛大な主君よ、わたしの能力相応にあなたの偉大さを増さしめることをお許しください。そうすれば、作家にしめす好意ゆえにあなたはかれらから称賛されるでしょう。と申しますのは、いにしえより主君と作家は特別の友情で結ばれており、ゆえに作家は主君の権威と金銭的贈り物によって助けられ、主君は作家の労働と汗によってその蔵書をふやすことができるからです。そして、もっと精神的な面で申しますと、自らの研究によって哲学の全大系を祝福する老いたるひとびとは、主君の激励なしに進歩は望めないのでございます。といいますのも、だれかが申しましたように、欠けているのは芸術ではなく、芸術にたいする尊敬だからです。優れた主君がたくさんいれば最高の作家が存在しないわけがありません。ですから、わたしたちにピュロスをお与えください。そうすればホメロスが出現するでしょう。ポンペイをお与えください。そうすればキケロが出現するでしょう。マエケナスとアウグストゥスをお与えください。さすれば、ウェルギリウスとホラティウスが出現するでしょう。そして、わが国に目を向けると、ジェロームはダマススの援助で執筆し、才能あるビードもまたその『教会史』をケオルウルフ王の援助で書きました。フルダの司教ラバヌスはフランスのルイ王のために『事物の本質について』を書きました。祝福さるべきトマス・アクィナスはその作品の多くをキプロス王のために書きました。また、わがアエギディウスは『諸原理の指導について』をフランス王フィリップ三世の長子フィリップのために書きました。これらの例はすべて作家が主君の好意によって保護され、主君の思い出が作家の努力によって永く語りつがれることを物語っています。ルシリウスをご存知でしょう。もしセネカが手紙でかれを有名にしなかったらどうなったことでしょう。ウェルギリウスとルカンの作品は各地から持ち帰ったあらゆる富よりもカエサルへの称賛をいやますものです。

この一節でキャプグレーヴは主君の「権威」のみならず、主君の「金銭的贈り物」に助けられた作家のことを述べている。さらにつぎのようにいう。

したがって、ああ偉大なる主君よ、慎重で聡明なあなたの目でこの男の過ちを見逃し、〔本の〕贈り物その物よりも贈り主の意図にご注目ください……と申しますのは、わたしが何かすぐれた物、何か神の子供たちに役立つ物を書いたときには、すべての信心深きひとびとに向かってかれらがあなたの庇護の下にいることを知らせましょう。すくなくともわたしがあなたの寛大さによって援助されているかぎり。

このまわりくどい条件つきの一節は、キャプグレーヴが何らかの金銭的報酬を期待していることを暗示している。しかし、これによって詩人の意図した経済的援助がえられたかどうかは疑がわしい。たぶんなにもなかったのであろう。われわれが知るかぎり、かれは以後一切ハンフリーに作品を献呈しておらず、『出エジプト記』以後は別のパトロンのために作品を書くことに意を注いでいるからである。はたしてハンフリーは寛大なパトロンであったのかなかったのか、これだけでは判断できないが、かれの名前がすぐれたパトロンとして残っていることはたしかである。

ハンフリーがルネサンスの先駆者として重要な存在であったことは以上のべた通りである。しかし、かれひとりがその名誉をになったわけではない。「おそろしい死刑執行人かつ首きり人」ウスター伯ジョン・ティップトフトはイタリアかぶれしたイギリス人だったが、残忍性と学識とをかねそなえ、悪魔の化身といわれた最初期の例であった。ヴェスパアシアーノによれば、ティップトフトはイタリア滞在中マエケナス（パトロン）と見なされ、書物を収集し、あたらしい学問に興味をしめした。ガリノとロドヴィコ・カルボを友人にもち大学の講義にも出席した。アレッチノのフランチェスコはルシアンの翻訳をかれに献呈し、キャクストンによればティップトフト自身もキケロを英訳したという。しかし、イタリアを去ってからはその興味も失せ、キャクストンによる賛辞を除いてかれの文学的活動については以後一切耳にしない。

さて、ヘンリー五世のあとにヘンリー六世（一四二二〜一四六一）の時代がくる。いくぶん世のなかが安定したこの時代、王のパトロン的行為は以前にもまして期待できたはずだが、王と文学の関係はほとんど語るべきものがない。しかし、サミュエル・ムアによればそれを補うかのようにこのころパトロンのグループのごときものが地方にあった。

地方のパトロン

宮廷と関係をもたないがカントリー・ジェントルマンや地方都市の金持ちをパトロンにしようとする中世の詩人や作家はほとんど完全な孤立状態のなかにあった。パトロンが見つかれば幸運であり、そのパトロンの希望を満たし、あるいはパトロンの関心や援助によってはじめた仕事が完成したときには、つぎのあたらしいパトロンが見つからないかぎり、もはやあたらしい仕事をする気はおこさなかっただろう。中世の多くの作品がその作者の一冊かぎりの作品であり、熟練した作家の仕事というよりもアマチュアの作品に近かったのはこうした事情が背景にあったからだろう。多くのばあい、あるいは少なくとも最も典型的なばあい、地方の作家はひとりのパトロンのために仕事をし、その「読者」はパトロンとその家族や友人知人たちであった。

しかし、緊密な関係で結ばれていた裕福で均一的な地方都市においては、ときおり、ほとんど同時期に複数のパトロンがあらわれることがある。作家に本を書かせ、それにたいして何らかの報酬をあたえるというパトロンである。このようなパトロンの出現は文学の制作にとっては好ましい。というのは、まず第一にあたらしい本の潜在的読者の数がふえる。本がパトロンの手から友人の手にわたり、写本がつくられる機会がふえるからである。第二に作家があたらしいパトロンに出会うチャンスがふえる。そうなれば、作者は本に興味をもつパトロンがたったひとりしかいない社会ではついに書くことのなかったような作品を手がけることができるだろう。もうひとつつけ加えるならば、たがいに顔見知りのパトロン同士のあいだで競争心がおこり、文学の援助に一層の拍車がかけられるということがある。

こうした状況がけっして想像や仮説ではない証拠にサミュエル・ムアは、一五世紀半ばごろのイースト・アングリア地方を例にあげる。ノーフォークとサフォークにおいて一四二〇年頃から一四六〇年頃にかけて、文学に関心をもちそれを奨励する一群のひとびとがおり、かれらは血縁や隣人や共通の関心事でたがいに緊密に結びついていたという。ウィリアム・パストン（一三七八〜一四四四）、サー・ジョン・パストン（一四四二〜一四七九）を初めとするパストン家のひとびと、さほど遠くないカイスターに住むサー・ジョン・ファストルフ（一三七八〜一四五九）、そこから九マイルははなれたインガムに住むサー・マイルズ・ステイプルトン（一四六六没）夫妻、サフォーク公ウィリアム・ド・ラ・ポール（一三九六〜一四五〇）夫妻、ウィリアム・カーティーズなどがそれである。か

William pastons(1378-1444)
ウィリアム・パストン

れらは互いに近くに住む隣人であるばかりでなく、親戚でもあり友人でもあった。日ごろのつき合いも密で、かれらは文芸に愛着をもち、詩人や作家に作品を書かせるパトロンでもあった。リドゲート、メザム、ボケナムなどの詩人、作家がかれらのために作品を書き、とくにリドゲートは数人のパトロンから作品を依頼されるほど人気があった。

さて、ヘンリー六世のあとをついだエドワード四世（一四六一～一四八三）はとくにキャクストンとの関係で知られている。キャクストンはリチャード三世（一四八三～一四八五）とも関係があり、『騎士団』を献呈しているが、リチャード王は文学にはまったく関心がなかったようである。

つぎのヘンリー七世（一四八五～一五〇九）になって、われわれはふたたびすぐれたパトロンの出現をみる。王のお手許金の出費記録がかれの寛大さを物語っている。王はロマンスの愛読者であり、フランスの役者の賛美者であったが、なかんずく桂冠詩人・王室修史家として著名なバーナード・アンドレアスを高く評価したことで知られる。王もまたハンフリーと同様その名を国外で知られた。というのは、ピアチェンザのグリエルムス・パロヌスは一風変った天文学に関する論文を献呈し、ヘンリーを王者にふさわしい六つの美徳をもつ国王として称賛しているからである。六つの美徳とは知恵、慎重さ、正義感、不屈の精神、節制、情け深さである。カステロのハドリアン枢機卿もイギリス・スコットランドの教皇派遣大使としてイギリス到着後まもなく王に『教会の四つの教義による真の哲学について』を献呈している。ハドリアンはのちにハーフォード、バース、およびウィルズの司教になった。

「敬愛すべきマーガレット」

ヘンリー王にもましてパトロンとして有名だったのがかれの母、リッチモンドおよびダービー伯爵夫人マーガレット・ボーフォートであった。女性の教育が無視されがちだった時代に、マーガレットは姉妹たちにくらべて幸運で、フランス語を学び、ラテン語の知識は初歩的なものだと彼女自身はいっているが、教会の礼拝を聞き取れるほどの知識はあったらしい。裁縫がうまく、芸術的な作品をつくったという。司教のジョン・フィッシャーによれば、「彼女は本にたいして造詣が深く、英語とフランス語の本を多数持っていた」。蔵書の何冊かはタイトルがわかっている。マーガレットの義母バッキンガム公夫人アンが一四八〇年に死んだとき、遺言で「『レジェンダ・サンクトルム』という英語の本、『ルクン』と題するフランス語の本、もう一冊フランス語の使途書簡と四福音書、それに真紅のベルベット・カヴァーと銀メッキ製留め金つきの初等読本」を彼女にのこした。この『ルクン』というのは一四九〇年にパリで印刷されたルカン、サルスト、スエトニウスの翻訳のことだろうといわれる。

さきの司教ジョン・フィッシャーはマーガレットの信心深さと禁欲的性格を指摘している。しかし、厳格な生活と芝居をたのしむこととは別であった。たとえばアラゴンのキャサリンとプリンス・アーサーの結婚式では、野外劇の観客に加わり、ひとりの役者が神を演じ韻文で説教するのを見てよろこんだ。日曜日の娯楽は芝居、ダンス・パーティ、ダイス、トランプ、弓技ときまっていた。それればかりではない。彼女は一群の吟遊詩人の面倒をみていたのである。一四九一年にケンブリッジの町がこれら吟遊詩人に五ペンスで赤ワインを分け与えたという。一四九七年一二月三日には「王の母なる詩人」のために国王手許金から三ポンド六シリング八ペンスが支出されている。加えてマーガレットの桂冠詩人はエラスムスであったという説もある。

マーガレットはまた最初の印刷師キャクストンとそのふたりの後継者のパトロンでもあった。キャクストンによれば、マーガレットにフランス語版『ブランカルダンとエグランティヌ』を一冊売ったが、その後彼女はこの本を返却して英訳版を作るよう依頼してきたという。キャクストンは一四八九年につぎのような献辞をそえてそれを刊行した。

わが寛大なるご夫人の恩顧にすがって、慎ましい召使であるわたくしめをよろこばすために、あえてこのささやかな本をお受け取りくださるよう、また間違いが見つかるやも知れぬわたくしの無骨で凡庸な英語をお許しくださるようお願いいたします。と申しますのも、わたくしは学問もなく、修辞法も知らず、ちかごろ話され使われている華美なことばも知りません。しかし、読者や聴衆のみなさまにはご理解いただけるものと思考しております。同時に満足していただけるものと。

一四九四年、キャクストンの印刷工房で後継者ウィンキン・ド・ウォードはウォルター・ヒルトンの『完全な学者』の英語版を印刷している。マーガレットの要請によるものである。またフィッシャー司教はマーガレットの「熱心な勧めと励まし」で告解の秘跡の詩編七編についての論文を刊行した。これは一五〇五年と一五一〇年にリチャード・ピンソンによって、一五〇八年、一五〇九年、一五二五年、一五二九年にウィンキン・ド・ウォードによって刊行された。司教によればこの本はマーガレットをいたく感動させたという。ウィンキン・ド・ウォードは一五〇九年に『悪魔の議会』と『ニコデムスの福音』を刊行したとき、その刊記に自らを「いとも尊きプリンセス、王の母なる貴

Margaret Beaufort（1441-1509）
マーガレット・ボーフォート

婦人の印刷師」とうたっている。ウォードはまた一五〇九年三月一〇日におこなわれたフィッシャー司教のヘンリー七世追悼説教をマーガレットの特別の依頼で印刷した。この種の説教が印刷されたこれが最初だといわれる。他にもマーガレットとの関連で出版された本はある。ブラントの『愚者の船』のフランス語からの英訳（ヘンリー・ワトソン訳、ウォード刊行）、同じくフランス語からの英訳『人間の遍歴の生涯について』（スケルトン訳）などがそれである。

これまでマーガレットのパトロン的役割について述べてきたが、彼女の名誉はそれだけではない。パトロンのみならず、自分でもいくつかの作品を書いているからである。『喪に服するにあたっての君主・貴族、貴婦人がたの着用する衣服に関する取り決めと変更』はそのひとつであり、現在数部の写本が残っている。ケンブリッジのクライスト・カレッジの法令は一五〇六年にマーガレットが「梗概」を書いたといわれるが、これはラテン語で書かれているので、たぶん彼女の手になるものではなかろう。『キリストに倣いて』のラテン語原典からの翻訳は「レディ・マーガレットの要請と命令」によってウィリアム・アトキンソンが行ない、「フリート・ストリートの太陽の看板の店」でウィンキン・ド・ウォードが印刷したが、マーガレット自身もその第四巻をフランス語訳から英訳しており、一五〇四年に同じウォードから印刷刊行している。その翻訳を見ると、ラテン語原典のコンパクトな構文がかなり散漫な（だが流麗な）現代語に訳されていることがわかる。

一五〇七年頃にはフランス語からの英訳『罪深きひとのための黄金の鏡』がピンソンによって印刷され、数回増刷された。一五二二年版にはつぎのようなただし書きが付されている。

この本は『罪深きひとのための黄金の鏡』と題され、パリでラテン語からフランス語に翻訳された。翻訳ののちは多くの司祭、博士、聖職者がこれを見て修正した。そしていま、われらが主君ヘンリー七世の母、リッチモンドおよびダービー伯爵夫人マーガレットによってフランス語から英語に訳された。

ちなみにこの本の作者はリッケルのデニ・ド・リーウィである。一三九四年リエージュの司教管区のリッケルに生まれ、一四七一年に死んでいる。コローニュで教育を受け、カルトジオ修道会にはいり、一〇〇冊以上の神学書を著した。その何冊かは論争的なもので、大部分は釈義学的、教訓的なものであった。一六〇八年、リッケルの遺体はひとりの熱烈な司教によって掘り出され、その骨の大部分はいまだに分散しないで残っている。

マーガレットの遺書は彼女の文学好きを改めて物語るものである。そこにリストされた蔵書をその遺贈先とともに記すとつぎのようになる。ウェストミンスターの彼女のチャペルには聖務日課書、それにいくつかの聖像とそれを祈るひとの絵が初めにあって、つぎに初等読本と詩編がくる鎖つきの本を贈っている。ダラムの修道院にはサルムのミサ書を、コリウェストンの教区にはべつのミサ書を贈っている。国王に残した本はつぎのものである。「ヴェラム紙による種々のフランス物語。すなわち絵いり創世記、フロアサールの第二巻、これは黒のヴェルヴェットに包まれたヴェラムの大冊。つぎにジョン・ボーカスと題するヴェラムの大冊。さらに英語によるトロイ包囲のヴェラム大冊」である。ジョン・セント・ジョンはヴェラムの『カンタベリー物語』をもらい、アレクサンダー・フログナルは「フランス語によるマグナ・カルタと題する印刷本」をもらっている。ジョン・フィッシャーはマーガレットの追悼説教でつぎのようにいう。

全英国が彼女の死を悲しんだ。自分たちに哀れみをかけ、慈悲深く、その恩沢にあずかろうとした貧しきひとびと、彼女が母となったオックスフォード、ケンブリッジ両大学の学生たち、また彼女をパトロンとした英国のすべての学者たち、かれら全員が彼女の死を悲しんだのである。

かくのごとき高貴なマーガレットの生涯にただひとつ瑕疵があるとすれば、エラスムスにギリシャ研究をやめさせ、不運な継子ジェイムズ・スタンリーの家庭教師を務めさせたことであったといわれる。ジェイムズはのちにイーリーの司教になった。

第四章　パトロンの変化

パトロンと大学

国王や貴族たちの知的関心が、文学へのパトロン的援助のみならず大学へのパトロン的援助という形をとったのは自然のなりゆきであった。ヨーロッパ大陸ではおもに教皇や皇帝が大学の勅許状を出したが、それより下位の君主たちもまた積極的であった。われわれは中世紀を通してさまざまな大学がかれらの援助をうけたことを知っている。イギリスもまた例外ではなかった。

一二二九年、パリの市民と学生のあいだに暴動がおこったとき、学者たちは他の都市に逃れて住んだ。このとき学者の流入がもたらす利益を覚ったヘンリー三世は、一二二九年七月一六日に特許状という形の招聘状を発行して、かれらのイギリス移住をうながした。王はオックスフォードがふさわしい場所と定め、そこに建物を用意させた。このときパリからやってきたダラムのウィリアムは一二四九年に三一〇マルクの遺産をつかってユニヴァーシティ・カレッジを建てた。バリオル・

カレッジは一二六〇年頃ジョン・バリオルがオックスフォードの貧しい学生を助けるために建てた。このときかれの妻も大いに支援した。一二六四年にはウォルター・ド・マートンがサリー州モールテンで二〇人の学生の面倒を見ており、一二七四年にそこから生まれたのが「マートンの学生の家」である。一三一四年にはエクセターの司教ウォルター・ド・ステイブルドンが貧しい学生のためにステイブルドン・ホールを建て、それが発展してエクセター・カレッジとなった。興味深いのはクイーンズ・カレッジの創設である。「女王の学生のためのホール」を最初に建てたのは王妃フィリッパの托鉢僧兼告解司祭エグレスフィールドのロバートだったが、かれはこのホールを王妃の「認知した息子」にしたて、よって王妃の配偶者から永続的な支援をうけることになった。フィリッパは夫からさまざまな名目で金を引き出すことに成功したのである。

ヘンリー三世が招聘した学者の一部はケンブリッジに移住し教師と学生のコミュニティを作った。ピーターハウスはイーリー司教ヒュー・ド・バルシャムの寄附金によって作られた。バルシャムはオックスフォードのマートンを手本にして、一群の学者をセント・ジョンのホスピタルに収容したが、トラブルが生じて一二八四年にセント・ピーターの教会に学生たちを託した。これがピーターハウスの始まりで、学生たちは「イーリー司教の学生」と呼ばれた。エドワード二世はケンブリッジで三二人の学生をひとりの教師にあずけていたが、その後継者がキングズ・ホールを建てた。一三八八年、エドワード一世の孫クレア伯爵夫人エリザベス・ド・バーグは大学、とくにユニヴァーシティ・ホールと称する建物の後援者として名乗りをあげ、ホールは彼女の名前をとってクレア・

ホールとなり、現在のクレア・カレッジとなった。ペンブルック・カレッジもまた女性の後援によるものである。ペンブルック伯爵オードメア・ド・ヴァレンティンの夫人マリ・ド・セント・ポールが慈善事業の一環として一三八四年六月にこのカレッジを建てた。イートン・カレッジとキングズ・カレッジの創立はヘンリー六世に負い、クイーンズ・カレッジはその妻マーガレット・ド・アンジューに負っている。これは本来アンドルー・ドケットが建てたものだが、オックスフォードのクイーンズ・カレッジを王妃フィリッパの庇護のもとにおいたようにマーガレットの庇護のもとにおいたのである。彼女のはじめた仕事は一四六五年にエリザベス・ウッドヴィルが完成させた。ついでクライスト・カレッジとセント・ジョンズ・カレッジがあのリッチモンドおよびダービー伯爵夫人、「敬愛すべきマーガレット」の永遠の記念碑として建てられたことを忘れてはならぬ。彼女はまたオックスフォード、ケンブリッジ両大学にマーガレット記念神学教授の席をつくり、イギリス滞在中のエラスムスはその席についたひとりであった。

オックスフォード大学の役員と貴顕たちとのあいだにとり交わされた手紙を見ると、役員たちは貴顕たちに大学への寄付を熱心に求め、その返礼に寄付者の魂のために、またかれらがその寛大な行為によって獲得するであろう不滅の名誉のために祈りをささげたことがわかる。一五世紀の初めにはベッドフォード公爵、ウィンチェスター司教、カンタベリー大司教、それ以後はプリンス・エドワード、エクセター、ノリッジ、ウスターの司教が大学の窮状をすくうパトロンとして、また永遠に感謝さるべきパトロンとしてその名をのこしている。なかでもしばしば手紙で言及されるのがグロースター公ハンフリーである。多くはハンフリーに基金の寄付を要請するもので、それには卿の永遠の栄光ときたるべき将来における永続的名誉をかならず約束することがつけ加えられている。このような約束が善良な公爵の心に訴えたであろうことは想像にかたくない。同様に多いのは本や金銭の寄付にたいする感謝状である。ハンフリーは学生の学業やしつけについても相談をうけており、手紙のひとつには「卿はわれわれにとってあらゆるトラブルの避難所です」ということばが見える。手紙にはトラブルの内容も記されていた。卿は一四三六年に学芸の講師の職を七つ、哲学の講師の職を三つ創設し、当局はそのための維持費を将来的に援助してくれるよう要請している。なかでも興味深いのはハンフリーが蒐集した本の寄贈である。それにたいする感謝状が多数のこっており、これら書物が「われわれの研究にとって生命の光であり、恩情であり、栄養である」ことが強調されている。ハンフリーの寄贈書の何冊かは現存しており、さきにのべたデューク・ハンフリー・ライブラリーに所蔵されている。手紙のなかには学生たちが安心して勉強をつづけられるような基金や奨学金についての要請もある。

奨学金についていえば、中世紀を通して金持ちの宗教団体が自分の教団の学生たちを支援したという例が多く見られる。一四世紀にイーリーの司教ウィリアム・ド・キルケニーがバーンウェルの修道院に寄託した二〇〇マルクはケンブリッジで神学を学ぶふたりの司祭のために年に一〇マルクが使われた。一二五〇年頃にはルーアンの大司教ダラムのウィリアムがオックスフォードに三一〇マルクを寄付し、これは神学を学ぶ一〇人もしくはそれ以上の学生の生活費をおぎなった。

よくおこなわれたのは小礼拝堂の寄進である。ここで司祭は寄付者の魂のためにミサをおこなった。一二四三年以前にアラン・バセットはバイセスターの修道院と女子修道院に年八マルクを寄託した。かれと妻の魂のためにミサをおこなうふたつの礼拝堂を維持するためである。この寄付はオックスフォードやその他の学校で勉学する学生のためにも使われた。中世においては学生の金銭的窮状をすくうことが「立派な行為」と考えられた。「チエスト」（金庫）もそのひとつで、貧しい学生が本を抵当に金を借りたことはすでに述べた通りである。ともあれ、個々の作家や学者のみならず、大学もまた貴族や金持ちに依存するところが多かった。興味深いのは作家や学者のパトロンが同時に大学や貧しい学生のパトロンでもあったことである。

桂冠詩人

パトロンをもつ詩人で唯一現存しているのは桂冠詩人である。その歴史は中世までさかのぼる。ブローダスによればアングロ・サクソンのスコップ（Scop）が最初の桂冠詩人であったというが、おそらく国王付きの吟遊詩人がその最初のものであったろう。かれらは宮廷の祭司として君主の趣味や希望を充分に理解し、「はるかいにしえの不幸なできごとや遠い過去の戦争」を歌ったのである。ソーンダーズは書いている。

これら詩人はホメロスのような韻律の形で、つまり記憶を手助けし、世代から世代へ手渡すのに最適とされる形で、共同体の宗教的伝説や半ば歴史的半ば神秘的な初期の歴史を保存するのに雇われた。詩人は新しい国の聖なる本の作者であり、ひとが信じる最高の真理の貯蔵庫であり、その祭司職のゆえに尊敬された。

国王付き吟遊詩人（versificator regis）はアンリ・ダヴランシュが最初といわれる。国王ヘンリー三世はかれに俸給をあたえワインを贈った。しかしこの地位は恒久的なものではなく、つぎに記録にあらわれるのは二世紀のちのことであった。文明が洗練されるにつれて、吟遊詩人の原始的かつ叙事詩的機能は消滅して、高位の聖職者、劇作家、年代記作者、学者たちがそれにとって代わり、やがて一四世紀になるとかれらの存在する余地はほとんど残されていなかった。その間吟遊詩人の伝統は大学にとり入れられ、一三世紀以来大学のなかに「桂冠詩人」が生まれた。

こんにちの意味における桂冠詩人の誕生はいましばらく待たねばならないが、中世紀の詩人のいく人かはすでにこの名を冠せられていた。オックスフォード大学のロバート・バストンは「エドワード二世の桂冠詩人」と呼ばれ、伝説によればかれはエドワード王に従ってスコットランドの戦いに参加し、逮捕されたとき身代金として歌を作らされたという。チョーサーも桂冠詩人と呼ばれているが、死後仲間たちがかれを讃えてこの称号を贈ったという。桂冠詩人という称号は一般にペトラルカのような偉大な詩人に贈るのが習わしだったようで、となるとチョーサーもその資格をじゅうぶんもっていたことになる。桂冠詩人の地位が正式に創設されるのは一六八八年のドライデン（非公式にはベン・ジョンソンが最初とされる）からだが、チョーサーはその先行者のひとりとされ、ドライデン自身もチョーサーを「三人の国王の桂冠詩人」と呼んでいる。根拠はないがガワーもそのひとりであった。宮廷詩人リドゲートも「桂冠詩人リドゲート」と呼ばれており、ジョン・ケイなる人物はラテン語の歴史の翻訳をエドワード四世に献じて、自らを「殿下のいやしい桂冠詩人、おそれ多い召使」と呼んでいる。ケイはオックスフォード大学の桂冠詩人だったのでたぶんその称号を使ったのだろう。スケルトンもバーナード・アンドレアスもオックスフォードの桂冠詩人であった。アンドレアスのばあいは一四八六年に国王から年一〇マルクをもらい「桂冠詩人」と呼ばれ、やがて正式の宮廷詩人となり数年後には王室修史家の地位をあたえられた。スペンサーもドレイトンもダニエルも桂冠詩人と呼ばれ、中世の終わりころにはこの伝統がしっかりと根づいていたようである。

中世の作家

これまで中世の代表的なパトロン（かれらはおもに国王や女王であり、かれらをとりまく貴族たちであった）を年代順にのべてきたが、中世の作家（もしそういう名のものがあるとすれば）についてはまだ多くをのべていない。そこで、中世の作家の特質やかれらがパトロンを必要とした理由などについて考えてみたい。

　中世には作家業を専業とするものはいなかった。文学のために自分のすべての時間を費やすものもいなければ、文学を生活の糧にするものもいなかった。少なくともキャクストン以前五〇〇年のあいだはそうであった。大部分の作家は教会に依存する聖職者か、国王や貴族の召使か、もしくは道楽や余暇の楽しみで物を書くひとたちであった。

　なかでも多かったのが聖職者である。一四世紀と一五世紀だけでもつぎのような名前をあげることができる。ロバート・マニング・オブ・ブラン、ウォルター・ハミルトン、リチャード・ロール、ジョン・ウィクリフ、ウイリアム・ラングランド、ジョン・リドゲート、レジナルド・ピーコック、スティーヴン・ハウス、ジョン・キャプグレーヴ、オズボーン・ボケナムなどなど。かれらはすべて確実な――多額ではなくとも充分の――収入を得ており、それによって執筆のよろこびに没頭できたのである。日々のパンは確保され、スクリプトリアムでの時間は平穏に過ぎていった。聖務日課の暗唱や修道院生活の日常業務だけがかれらの生活を乱すものであった。作家としての評判をかちとるようなことがあれば、それはかれら自身と修道院の双方にとっての誇りであった。

　たとえば、マームズベリのウィリアム（一〇九五?～一一四三?）とその偉大な年代記はかれ自身とその修道院に名声をもたらした。一四、五世紀の聖職者のなかでは、ベリ・セント・エドモンズのベネディクト修道院のジョン・リドゲート（一三七〇?～一四五一?）は傑出した詩人であったし、ラングランド（一三三〇?～一四〇〇?）も同様である。

これら教会作家は有名無名をとわずあらゆる意味でアマチュアであった。かれらはその労働から一銭ももらっておらず、修道院や牧師職の他のどの仕事とも変わらぬ義務とされた。そして執筆はそれ自体目的ではなく、目的にいたる手段であった。特技をもつ少数の者がおこなう時折の仕事であり、他の同僚が石工や大工の特技をもつのとかわらなかった。リドゲートは多くの時間を書くことと教えることに使い、二五〇編以上の作品（その内、最長の三編はそれぞれ三万六〇〇〇行、三万行、二万行に達した）を残したが、その生涯をかけてなした唯一の文学的営為が地方の読者のためのただ一冊の教義問答書を書くことであったというかれの同僚とその創作態度にかわりはなかったのである。リドゲートのような人物が才能をのばすよう励まされたのはじじつだろうが、それはただ書く才能のある者が修道院の同僚たちをこの種の骨折り仕事から解放してやることにすぎなかったともいえる。

かれらは何らかの「服従」を強いる人物から特定の主題について書くよう要請されたり、強要されたり、命令されたりしたと考えられる。その人物は大司教であるかもしれないし、司教であるかもしれない。また在俗・非在俗を問わず教会の高僧であったかもしれない。そういったひとたちの修道院（もしくは教会管区、参事会、ときに大学）で、作家は公認の地位についていたのである。かれがその文学的才能で全国的な名声を獲得したような作家であれば、命令や要請は国の最も高い高僧からきたかもしれない。先のリドゲートはヘンリー五世の要求で『トロイの本』を書き、グロースター公ハンフリーの要請で『君主の没落』を書いた。しかし、あくまでも執筆はかれらの本業ではなかった。

以上のことから想像できるように、中世文学の顕著な特徴は国や教会の高い地位にあるひとの書いた物が比較的少なかった点である。中世の作家の多くは文章を書き暗唱する才能をもった上層中流もしくは下層中流のメンバーであり、しばしば無名のひとたちであった。少なくとも一六世紀まではあまり重要でないひとびと、司祭や修道僧（教会の外では、ギルドやヨーマンの出身者たち、文官や学校の教師たち）であった。なぜそうだったのかはあきらかである。指導者階層のひとたちは長年にわたるフランスとの戦争や国内の戦争に忙殺され、およそ物を書く時間的余裕などなかったのである。いきおい物を書く仕事は、その特技をもちそれを義務とするひとたちに委ねられる。ちょうど音楽や建築や財産管理の分野においてそうであったように。

マームズベリーのウィリアムをはじめとして、リドゲート、ラングランドが全国的な評判を獲得したことはいまのべた通りだが、おそらくこれはまれな例外であった。というのはこの時代、作家の名声は多く地方的なものに終わることが多かったからである。かれらは自分の作品が国の遠い地方で知られるようになるとは夢にも思っていなかった。現代の作家が三〇歳にもならぬうちに獲得する国民的な名声を中世紀の作家が獲得するとすれば、文学者としての長い生涯の終わりになってからである。作家の名声が地方的であるということは、他の作家や作品の存在を知るチャンスが少なかったことを意味する。それを裏書きしているのが、同じ時代に同じ作品の翻訳が何種類も存在したというじじつである。

一五世紀に二世代もたたないうちに、『かくされた秘密』の翻訳が三つも出たのはなぜか。『ポリクロニコン』の翻訳は一四世紀の終わりと一五世紀の初めに出ているが、オズボーン・ボケナムが同じ本の翻訳をやろうとしたとき、なぜ既存の翻訳を参照しなかったのか。サー・ジョン・マンドヴィルの旅行記の翻訳が三種類も出たのはなぜか。キャクストンはすでにすぐれた翻訳のある『塔の騎士の物語』をなぜ翻訳したのか。リヴァーズ伯がスティーヴン・スクロープ及びジョージ・アシュビー訳のある『哲学的表白』を訳したのはなぜか。

読者の分散・孤立化

要するにかれらは他の翻訳の存在を知らなかったのである。作家の名声が地方的であった、いいかえれば読者層が分散・孤立化していたからである。一四世紀に『薔薇物語』の翻訳が三つもあるのはどういうことかと、現代の読者ならいうであろう。しかし、中世期においてはこの作品がひとつだけ翻訳されてイギリス全土に行きわたったと考えるよりも、三種類の翻訳が作られたと考える方が理解しやすい。現代のわれわれは図書館や書誌学の発達のおかげで、翻訳の存在を知り、それが入手可能かどうかを知るのはいたって容易である。しかし、中世期においては既訳の有無を調べるよりも、新訳を作る方がはるかに容易だったのである。

いま読者層の分散・孤立化についてのべたが、中世における読者はなぜ分散・孤立化していたのか。ひとことでいって、中世の作家はいわゆる読者階層というものをもたなかったのである。かれらは「読者」に向けて書いたのではなく、ごくかぎられたグループのために書いた。そのグループとはかれのパトロンであり、その家族や友人たちであった。

しかし、写本時代のイギリスに本を買う読者がいなかったと断定するのは早計である。スクリヴナーとかステイショナーの存在は認められ、そこから本は買われていたからである。少なくとも一四、一五世紀においては、ジェントリや金持ちのヨーマンや商人の家には本があった。しかし、一家に一冊あればいい方で、それも先祖伝来のもの。サー・ジョン・パストン（一四七九年没）のような熱心な集書家でも晩年に持っていた本は一五、六冊にすぎなかった。オックスフォードやケンブリッジの大学街での教科書販売を除くと、本にたいする需要はいたって少なく、ほとんどが注文生産であったと考えられる。したがって、スクリヴナーやステイショナーは、祈禱書や俗人用祈禱書のような一般書は別として、労力と資金を使って本を作りそれをストックしておくような危険を犯さなかったし、またできなかった。一定の期間内にそれを購入する読者を見つけることは不可能だったからである。スクリヴナーやステイショナーという今日の印刷業者に相当するひとたちがこのような状況にあるとき、作家がかれらを介して自分の労働（つまり原稿）を売ってなんらかの収入を得ることは不可能であった。じじつ、原稿を売って収入を得ようという考えは一六世紀以前の作家の頭にはなかった。作品の発表はパトロンに依存するしかなかったのである。

要するに、一四七〇年代以前の読者（購読者数）はけっして多くはなかった。その主たる原因として書価の高さがしばしばいわれるが、かならずしもそれだけではなかった。書価の高さゆえに個人が一生のうちに買える本の数は限られていたが、そのことと本にたいする興味は別物である。このころ本に興味をもつ者が相当数いたことはじじつだし、かれらが後援者となって（つまりパトロンとなって）作家に作品を書かせたという証拠ものこっている。しかし、残念なことにこれらのひとびとはひとつの集団的・同質的な読者層を形作っていなかった。もし形作っていたら、本の需要――たとえ高価な写本であっても――は書籍業を支えるほどにはありえたはずである。古代ローマの書籍業はそれを裏書きしている。作家から作品を買った書籍業者はその写本を（中世のスクライヴがしたように）一冊だけ作るのではなく、相当数作り、それを店頭にならべ一般読者に販売した。作った写本が売れるほどの読者がいたのである。かくして高価な写本でも、ときによっては商売として成りたったことがわかるが、イギリスの中世期にはそれが成りたたなかった。さきにも述べたように、まず総体的に読者数が少なく、加えて、ローマのような同質的・集団的な読者層が存在しなかったからである。

じっさい中世のイギリスには全国的な読者が存在したとはいいがたい。いるとすれば、各地で文学を愛好し、ときおり本を買うローカルな読者であった。かれらは地方に分散して文学的コミュニティを形成し、多くは領王や教区牧師を通じてロンドンや他の都市とつながりをもっていた。しかし、たがいの交流はほとんどなかった。いうなれば文学史のどの時代よりも、共同体に根をおろした文学がうまれた時代であった。そしてこのこと自体中世の地方的性格を物語るものだが、しょせん、分散し孤立化した文学的コミュニティにすぎなかった。

このような分散・孤立化の原因のひとつと考えられるのは、地方によって異なった方言があったことである。そのためロンドンで書かれた作品がトレント川以北の読者には理解しがたかった。チョーサーは「英語の違い、書き方の大幅な違い」に言及しているし、約一世紀のちのキャクストンもそれにふれて苦言を呈している。チョーサーは熟慮と研究の結果「わが武骨で奇妙な英語を使うのではなく、神の恩寵によって理解できる言葉を使うこと」にしたのであった。方言という特殊性が読者を分散・孤立化したことはたしかであろう。

読者が分散・孤立化すれば、当然そのコミュニティに所属する作家もまた分散・孤立化する。自分の作品が（少なくとも生きているあいだは）国の遠い地方で知られるようになろうとは考えもしなかったのである。先にものべたように、本を買う読者層の分散・孤立化が、写本時代（印刷術発明以前）のイギリスにおける書籍業の発達を遅らせた。かりに読者がミドルセックス（ロンドン）に集中していたら、書籍業は生まれていたであろうし、作者は自分の仕事にたいする報酬を書籍業者から受けとっていたであろう。

領主（国王）や貴族に依存する作家と収入のある作家

さて、中世の作家の多くが修道院に住む聖職者であったことは右に述べた通りである。そのようないわば安全地帯をもたない作家たちは領王（国王）や貴族に依存して、その要求にしたがって仕事をした。かれらは家つきの牧師、家庭教師、秘書、あるいは召使であったかもしれない。

クレティアン・ド・トロワのような偉大なロマンス作家やフロアサールのような傑出した年代記作家もシャンパーニュのマリ、ハイノールトのフィリッパのもとでそれぞれ仕事をした。マリが戦士（ランスロット）の物語の素材と扱い方をクレティアンに示したように、バークレーのトマス卿は「あなたの意のままに行動する従順でかわいい」自分の牧師ジョン・トレヴィサにラルフ・ヒグデンの年代記翻訳に関する明白な指示を与えている。素材を選択したばかりでなく、「平易な散文は韻文よりはるかに明快で分かりやすいゆえに」翻訳は散文にすべきであると指示してもいる。

パトロンは書物制作の費用を負担し、そのかわり自分の希望どおりにできたので、翻訳であれ創作であれパトロンの趣味を反映しこそすれ、作家の意図を反映するものではなかった。それらは多く二流の詩や散文でしかありえなかったのである。

僧院のなかであれ、領主の館であれ、作家たちは基本的には頼まれ仕事をしたひとたちであった。好きなことを好きなように書くのは執筆に依存しない収入源や私財をもつ者の特権であり、金のかかる道楽であった。そのような作家のなかで最も有名なのはチョーサーである。われわれはチョーサーを生まれつきの詩人のように考え、かれが王の使節であり、羊毛・獣皮・羊皮の税関役人であり、ノース・ペターソンの副林務官であったことを忘れがちである。かれが詩を書くことができたのは、こういった職業がもたらす経済的な安定があったからである。詩作は一日の仕事を終えたあとの余技であった。

すべての仕事がおわり、
お金の計算をすませたあと、
休息をとったりあそびにでかけることなく、
あなたはすぐさまわが家へもどり、
石のようにひっそりと、
机に向かってつぎの本にとりかかる、
目がかすんで見えなくなるまで。
かくしてあなたは隠者のごとき生活をおくる。

チョーサーが自由な身で書いたことはじじつだとしても、その作品のいくつかは王や宮廷を意識したものであったことは否定できない。『公爵夫人の書』はジョン・オブ・ゴーントの妻の死を追悼して書かれたものであり、これによってチョーサーは偉大な貴族の好意をかち取ったであろうし、同様のことは他の詩についてもいえる。それらは宮廷の行事のあれこれにちなんで書かれたものと考えられるからである。

同時代のジョン・ガワーも自立したカントリー・ジェントルマンであった。財産があったのでかれは田舎のひとびとの教育のためにラテン語、フランス語、英語による詩を書くことができた。しかしかれ自身がいうように、『愛の告解』はリチャード二世が「何か新しいもの」を求めた結果として書かれたものである。最後の章に王をほめたたえる文章が挿入され、数年後ヘンリー四世の時代になると、この章が削除されあたらしい王を称賛する序文が挿入されている。宮廷の要請の有無にかかわらず、なんらかの形で宮廷と関係をもった方が詩人のためにも、また作品のためにも得策であったことを物語っている。

John Gower（1330-1408）
ジョン・ガワー

一四世紀後期から一五世紀にかけてチョーサーやガワーとはいくぶん性格を異にする作家グループがあらわれた。物を書くことは余暇の仕事であったが、

Thomas Hoccleve（1368-1426）
トマス・ホックリーヴ

チョーサーやガワーと違っていたところは物を書くことが収入をおぎなう手段だったことである。トマス・ホックリーヴはそのひとりであった。かれは王璽局役人として収入があったが、放蕩三昧の生活にあけくれ、さいわい少しばかり詩の才能があったので、パトロンを探し、なにがしかの報酬をもらっては自作を献呈することができた。ヘンリー四世、ヘンリー五世、グロースター公ハンフリーなどがかれのパトロンとなり、大法官のごときやんごとなき人物にも手紙を書いて金を出させている。ほかにもさほど重要でないひとが大勢いた。ホックリーヴはチョーサーのように給金と衣服と年金と大樽一杯のぶどう酒がつく安定した職をもたず、リドゲートのように裕福な僧院の一員として経済的な安定を得ていなかった。かれはまた領主の館で一生を送ったトレヴィサのような作家とも異なっていた。つまり、ホックリーヴは自らの収入の不足をパトロンからの報酬でおぎなった作家のひとりだったのである。

ホックリーヴが収入の不足をパトロンにたよったのも、読者による購読が期待できなかったからである。サミュエル・ムアはいっている。「一四七五年（あるいは一五〇〇年）以前の作家はすべてパトロンをもっていたといっても過言ではない」と。このばあい、パトロンというのは作家に特別な作品を要求するばあいと、注文しない作品を書いた作家から献呈を受けるばあいの両方を指している。かくして、伝記的じじつが伝わっている作家については、そのほとんどがパトロンをもっていたことがわかっており、多くは領主や宮廷での職を得て、その館で永続的に生活するひとたちであった。ありていにいえば居候であり書生であった。

パトロンと作者の関係

中世の作家がパトロンから受けた恩恵ははかりしれないものがあるが、パトロンにとっても作家は不可欠の存在であった。作家がパトロンを必要とするほどにパトロンは作家を必要としなかっただけのことである。したがって、両者の関係は一方通行的なものでなく相互依存的なものであった。パトロンが同時代の作家の新作を読みたいと思えば、その作家に執筆を依頼しなければならない。自分の書斎にないラテン語やフランス語の本の翻訳、あるいは歴史、宗教、教養に関するアンソロジーを必要とするならば、誰かそれのできるひとにたのまねばならない。作者とパトロンは相互依存的なものであり、同時に個人的かつ友好的なものであった。階級の差こそあれ、両者のあいだには真の絆が存在したのである。

両者の対等の関係、作家の側の卑屈のなさ、相互の尊敬や友情――これらはトレヴィサ訳のヒグデン著『ポリクロニコン』の一節「翻訳についての君主と家臣の対話」のなかによくあらわれている。君主は偉大なバークレー男爵であり、家臣はトレヴィサ自身。両者のあいだに媚びはなく、優雅で礼儀正しい会話だけがある。

話を先取りするようだが、中世のパトロンはこの点において、一六世紀以後のパトロンと本質的にことなっている。シーヴィンがいうように、一六世紀は作家の数がパトロンの数を上回った時代である。作家は作品を書いてパトロンをさがし、何らかの恩恵にありつこうとした。文学作品の数はましたが、中世の作家ほどパトロンにたいして身をいれた奉仕ができなくなった。

かくして、パトロンと作者の関係は変化した。昔才能ある若者は生まれながらのパトロン、つまりかれの生地の金持ちに教育を授けられ、文学的な手ほどきをうけた。その返礼として、学問的にも芸術的にもすぐれた作品を書き、パトロンとかれの友人たちをよろこばせた。ところがいまはどうか。作家は特別の才能をもたず、パトロンと何のつながりもない懇願者のひとりにすぎず、かれらの恩恵にあずかろうとして倦むことをしらぬ。かといってみんながみんな成功するとはかぎらない。かれは不断の競争のなかに身を投じ、競争相手よりも高値を期待して右往左往しなければならぬ。文学作品は、〔かつてそうであったように〕パトロンの提供する快適な環境のなかで生まれるのではなく、金に困った連中が恩恵を求めてなりふりかまわずふるまうところから生まれる。幸運にも恩恵にあずかることができても、そのよろこびの醒めぬうちに、もうつぎの恩恵にはありつけないのではないかという臆病風に悩まされる。読者にしてみれば、自分の好みや鑑賞眼よりも、献呈に際にしてのパトロンへの避けられぬ配慮に重きをおいた作品にうんざりさせられる。（シーヴィン『エリザベス時代の文筆業』）

中世の作家とルネッサンスの作家の違いをソーンダースはつぎのように書く。

中世とルネッサンスの作家の大きな違いは社会的な保証の違いである。一六世紀においては……作家はしばしば生まれた社会をすて幸運を求めて上京した。かれが自作でパトロンの注意を引き、その結果社会的地位を獲得するのは経済的必要性からであった。もし失敗すれば飢死するか国へ帰るしかない。しかし、中世の作家は地方社会にしっかりと根をおろし、めったなことでは外へ出ようとはしなかった。その社会でかれは完全に領主（head）に依存していた。領主が宗教的・世俗的を問わず、また作家・非作家を問わずにである。作家がパトロンに求めたのは作家という特別の資格で奉仕する許可を得ることである。時折の心づけをのぞいて特別の報酬を期待しない。文学的才能によって社会的な昇進を期待しない。他の仕事よりも雑文書きに専念して衣食住の確保が許されればそれで幸せであった。ゆえに、貴顕にたいしてみじめな思いも卑屈な思いももたなかった。貴顕もそれに応えて謙虚であり好意的であった。

（『イギリスの文筆業』）

作家とパトロンの関係が変化しはじめるのは一五世紀になってからである。それについてはのちに詳述することにする。

作家とパトロンの友好的な関係のなかで、作家はときに過剰とも思える讃辞（献辞）をパトロンに呈することがある。そのよい例を『英国的政策への中傷』の結語に見ることができる。

偉大なる高位聖職者、最も尊き聴罪司祭、
偉大なる邸宅の偉大なるご主人、
偉大なる宮廷の偉大なる財務長官、
司祭、伯爵、偉大なる貴族、
三人の著名な才人君主とひきくらべ、
あなたの幾重にもみごとな業績を証明するために、
つつしんでこれらの呼び名を奉る、
ひらにおゆるしあれ、頓首。

リドゲートが『セント・エドモンド』に付した若きヘンリー六世に宛てた献辞もこれと似ており、称賛的献辞（complimentary dedication）というべきものであった。これをのちの時代（一五世紀以後の時代）のそれと比べると、かなり異質なものを感じる。というのは、後者のそれは追従的献辞（eulogistic dedication）という言い方がふさわしいものだからである。それについてサミュエル・ジョンソンはドライデンの献辞を引き合いに出してつぎのように書いた。

演劇的不道徳という点では、かれ〔ドライデン〕以前にも同時代人のなかにも、その例にこと欠くことはない。しかし、誇張されたお世辞の卑屈さと追従に関する限り、ローマ皇帝が神格化されたとき以来、アフラ・ベーンがエレナ・グインにあてた献辞を除いてこれに匹敵するものがない。ひとたび誉めはじめると、もはやわが身に恥じらいもなければパトロンの恥じらいを考えることもない。（ジョンソン『ドライデン伝』）

もしドライデンの戯曲や風刺詩が同時代人のそれを越えるものだったとすれば、献辞もまた同時代人のそれを越えるものだったといえる。かれはみんながやろうとしたことをずば抜けた才能でやったまでのことではないかとムアは弁護する。

しかし、一五世紀に始まり一六世紀に確立した文学状況の変化が、パトロンにたいする卑屈な追従を不可欠の条件にしたことはたしかである。作家は社会的にも経済的にもより低い立場にあったからである。さきのシーヴィンはエリザベス時代の作家についてつぎのようにいう。

作家がさし出す餌は読者の称賛であった。初期のパトロン制度のもとではほとんどありえなかったことだ。そのころ作家に求められたのは、上品な讃辞と生涯にわたる敬意、そしてパトロンにかかわる出来事を——詩の主題として——選択することだけであった。受けた恩恵にたいする返礼は作品だけで充分であった。いうまでもなく写本の数は少なく高価であったから、パトロンの恩恵（施し物、慈善事業）を外部の人々にほどこすことはできなかった。しかし、エリザベス時代になると、詩人の仕事は本来の〔中世的な意味での〕パトロンにほとんど負うてはいない。詩人はあの手この手でパトロンの関心を引こうとした。ひろく名声を博した詩人であることを自ら強調したり、パトロンが並みの慈善者にない徳のあるひとだと強調してひたすら持ち上げねばならなかったのである。かくして、大袈裟な讃辞と作家の卑屈な態度が生まれた。

中世的なものから近代的なものへと移りゆく途上には、印刷術の発明という画期的なできごとがあったことを忘れてはならぬ。キャクストンが大陸からこのあたらしい技術を導入したのは一四七六年のことである。

第五章　パトロンから読者の時代へ

宮廷詩人たちとその作品

一般にこの時代の詩人は何らかの形で宮廷と係わりをもっていた。詩人たちは貴族たちの注意をひくために、かれらの興味をもつことがらについて書かねばならなかった。宮廷に住み、社交生活にすっかり馴染んだかれらは、恋愛、結婚、醜聞、政変劇、軍人であれば戦場での華々しい武勲をうたった詩がお気にいりであった。マリ・ド・フランスの作品は貴族、なかでもレディに重宝されたし、他の多くの作品も宮廷人をあつかい、もっぱら宮廷の読者にむけて書かれたものであった。詩人が詩を書く相手は宮廷を中心としたかぎられた小グループの読者であった。

多くの時間を宮廷ですごしたギヨーム・ド・マショーやユースタス・デシャンの書いたものをみれば、貴族たちのあいだでどんな詩がもてはやされたかがわかる。恋愛詩は宮廷でもっとも愛好され、王妃フィリッパに仕え英国宮廷ですごしたフロアサールは「彼女のために美しい小唄や恋愛論を書いた。」

クリスティーヌ・ド・ピザンも多くのバラッド、故人の徳をたたえる詩、祝賀の詩を書いている。フランスのマルグリット・ドートリシュの周辺には多くの詩人たちがあつまり、こぞって彼女を賛美する詩を書いた。イタリアではベアトリーチェ・デステの宮廷が文学の温床となり、秘書カルメタによれば、宮廷には傑出した才人たちがあつまったという。多くは詩人や音楽家で、かれらは才気あふるる作品を書き、それを女主人にささげることを義務とした。余暇の時間はアントニオ・グリフォという男、あるいは同様の才能をもった人物にダンテの『神曲』を初めとする自国の詩人たちの作品を朗読させた。カルメタによれば、この朗読は彼女の夫ルドヴィーコ・スフォルツァにとっても大いなる楽しみであったという。政務からのがれて、妻の部屋で聞く『神曲』にしばし心をなぐさめたのである。彼女は自分の詩人だけでは満足できず、全イタリアからすぐれた詩人をあつめ、その才能に応じて称賛と報酬を惜しまなかったという。

イギリスでは宮廷にまつわる準政治的な詩（オケージョナル・ヴァース＝機会詩）が多く書かれた。エレジー、戴冠祝賀の詩、儀礼的な詩がそれで、これらはすべて宮廷を意図して書かれたものである。一四七五年のエドワード四世のフランス侵攻を機に書かれた『貴族の本』はその代表的なものである。ホックリーヴは小唄や称賛の詩を多数書いているし、一五世紀初期に活躍した宮廷詩人リドゲートも同様である。

リドゲートは（依頼によるものであれ自発的なものであれ）多数のマミング、バラッド、ラウンド体の詩を書き、市民・宮廷人として多忙な生活を送った。かれの作品のなかには、グロースター公ハンフリーとジャクリーヌ・オブ・ハイノウトの結婚を祝った詩や『捨てられた公爵夫人の不平』などがある。後者はハンフリーが妻をすてて愛人に走ったとき、屋敷に居候していた（と思われる）リドゲートが控えめなことばで卿を叱責したものである。また『バラッド』や*Amerous Bulude*は王の使節としてフランスへ赴くトマス・チョーシャーズとの別離をうたった詩であり、『ガラスの神殿』は一四二〇年のサー・エドモンド・ベリの娘アグネスとウィリアム・パストンの結婚を祝ったものである。同じころ、リドゲート同様社交界を愛したストーク・クレアの托鉢修道士オズバーン・ボケナムはサフォークの文学愛好家たちのために聖者伝説を書いていた。

エレジーも宮廷詩人たちがよく書いたものである。フロアサールはエレジーを書いていないが、クリスティーヌ・ド・ピザンは一四〇四年ブーローニュ公爵の死に際してエレジーを書き、全フランスが哀悼の意を表するよう呼びかけた。宮廷詩人が書いた詩のなかには時代の政治生活をあつかったものもあった。『王侯たちの指導者について』と呼ばれる一群の詩は一四世紀後期から一五世紀初期にかけて書かれたもので、主君と家臣の親しい関係のなかから生まれた。スコーガン、リドゲート、ホックリーヴなど宮廷に忠実な詩人たちが得意とする分野であった。ユースタス・デシャンのバラッドには「助言」とか「君主のための倫理」というタイトルがつけられており、ヘンリー・スコーガンは「モラル・バラッド」を三人の若き王子――スコーガンはかれらの家庭教師であった――のために書いた。そのほか『ヘンリー四世の死について』（トマス・オブ・エルハム作）や『戴冠式に臨むヘンリー六世のために』などというのもある。おそらくこれらの基本になったのは、『秘中の秘』（諸版あり）であろうといわれており、これを王の要請によって翻訳したのがリドゲートとバーグであった。リドゲート自身の書いた『テーベ物語』では君主の理想を指ししめす教訓が格言風にちりばめられている。これがヘンリー五世あてに書かれたことはまちがいなかろう（ただしなぜか王には直接献呈されていない）。ホックリーヴはヘンリー五世のために『君主の養生訓』を翻訳しているし、バラッドではヘンリー王にたいして徳高い治世と異端の駆逐を提言している。ジョージ・アシュビーの『君主の政策』というのもある。

チョーサーのばあいはどうか。『公爵夫人の書』ではひとりの女性の死を悼み、『僧侶の話』ではスペインの残酷王ポドロの逸話を導入し（当時ポドロの娘はジョン・オブ・ゴーントの妻であった）、『マルスの不満』では宮廷のスキャンダルを風刺する。『ヴィーナスの不満』も宮廷をテーマにしたものであり、『鶏の議会』や『善女列伝』が王と王妃に言及したものだとすれば、チョーサーが宮廷詩人のひとりであったといってほぼまちがいない。チョーサーが朗読を念頭において執筆したことはすでにのべた。

『公爵夫人の書』についてみてみよう。このエレジーは一三九六年ころブランシュ公爵夫人の死に際して書かれたもので、ジョン・オブ・ゴーントがチョーサーの偉大なるパトロンになって以来初めての作品である。この作品は夫人にたいするジョン・オブ・ゴーントの騎士道的な愛と、同時に詩人自身の愛情を背景にして書いたものだといわれる。じじつもしチョーサーが美しく善良な夫人への愛情からこれを書いたのだとすれば、この詩は夫人の夫に献呈してパトロン的援助を獲得しようとしたものでは必ずしもないということがわかる。あるいは援助を期待したのかもしれない。しかしそれが必要不可欠の目的でなかったことはたしかである。つまり作品は夫人への純粋な気持ちから書かれたもので、報酬は念頭になかったのではないかということである。興味深いのは、女王フィリッパの死に際してチョーサーは詩的感興をそそられなかったらしいこと。それはブラック・プリンスやエドワード三世の死についてもいえるし、ジョン・オブ・ゴーントの二番目の妻カスティルのコンスタンスの死やランカスター公爵自身の死についてもいえる。

チョーサーが政治について多くを語っていないのは不思議といえば不思議である。ただひとつの例外は『善女列伝』で、

Geoffrey Chaucer（1312-1368）
ジェフリー・チョーサー

このプロローグのなかで「君主の摂生」に似た内容をアルセストの口を借りて語らせている。アルセストを女王だと考えればアレゴリーとはいえず、王と王妃はアルセストの身元に気づき、作者の意図を察知していたと考えられる。ともあれ、これが唯一の政治的な言及であった。政治ばかりでなく、チョーサーは同時代の事件・出来事にたいしてもほとんど無関心であった。となれば、一般にそう呼ばれているようにかれは「桂冠詩人」とはいえなかったのではないか。宮廷に住んでいれば知っていたはずの著名な人物についてなにも書いていないし、人物のみならず歴史的な事件や出来事についても同様である。

チョーサーの時代、国の内外ではさまざまな出来事がおこり世情は安定していなかった。ペストは三回も襲い、恐怖とともに国内を荒廃せしめたが、チョーサーの多くの詩行のなかではたった二回しか言及されていない。一回は『カンタベリー物語』のなかで医者がペストのどさくさにまぎれて荒稼ぎするという話、他は同じ『カンタベリー物語』のなかでのペストによる多数の死者への言及である。ワット・タイラーの乱もウィクリフ派の宗教改革への言及もない。フランスで兵士として活躍した自分自身に言及しようとせず、イギリスのフランス支配の命運にも言及しようとしない。しかし、同時代の他の作家たちはそうではなかった。ラングランドはひとびとの悲しみに題材を求め、チョーサーの友人ガワーは同時代の多くの出来事に言及した。なぜチョーサーだけそうだったのか。時代の事件や出来事がかれの関心をひかなかったとはいえない。となると、おそらく詩の題材として不向きだと判断したのであろう。人間チョーサーと詩人チョーサーとは別人だったのである。

宮廷ではときに軽い大衆的な詩が書かれることがあった。ゴーティエ・デピナルやクリスティーヌ・ド・ピザンのような詩人の歌謡やバラッドがそれで、特徴的なのはそれらの詩に付けられたアンボイ（追連）で詩人が詩そのものに語りかけ、詩のゆくべきさきとそこでなすべきことを説明する。

歌よ、速やかに行け
プリエンヌの伯に告げよ
かれの心にかなうなら、あなたを歌に歌うと。

また、

歌よ、（わたしのために）ユオン殿にいっておくれ
かれのはかない願いと、かれのブリトン人の期待が
わたしを欺いたと。なぜなら、それはもっともなのだから。

そのひとのために詩が書かれた当の相手へ呼びかける詩もある。このばあいわれわれはイン

Christine de Pisan（1364-1430）
クリスティーヌ・ド・ピザン

フォーマルではありながらのちの献辞に似たものを発見する。クリスティーヌ・ド・ピザンの詩の多くがそれで、呼びかけは詩の冒頭でなされる。

王族の公よ、懸命さで世に知られ、
徳高く、権勢並びなく、たいへん気高く
名誉（を重んずる）心と気前のよさを身につけておられ、
　ひじょうに愛想のよい方……

あるいは、

すぐれたエノー（地方名）の地方長官殿、雄々しく賢明で、
武勇高く、由緒ある血筋につながり、
信義あつく、態度と言葉遣いの典雅な。

これらには称賛のことばが盛られているが、献辞がそうであるようにおもねりのことばに変わることもしばしばあった。最初期のそれはアセルスタン王（九二四〜四〇）について書いたマルムズベ

リーのウィリアムの文章にうかがうことができる。

この王についていえば、つよい説得力がイギリス国民のなかに浸透し、かつてこれほどの正義と学識がこの国を支配したことはなかった。王が文学に造詣の深いことを数日前わたしはある古い書物で読んだ。その書物で著者はいいたいことを率直にいえないで四苦八苦しているのだ。じっさいその文章が王を称賛するにあたって信じがたいほどの誇張に満ちておらず、またローマの雄弁家キケロがレトリックの本のなかで「大言壮語」と称したような文体で書かれていなかったら、わたしはそれらの文章をここに引用したであろう。このような文体を許容したのは時代の習慣であり、誇張された賛辞に存在理由をあたえたのはアセルスタンにたいする愛情である。

王妃マチルダについてはつぎのように書く。

彼女はうつくしい声の召使にたいしては物惜しみしなかった。やさしく声をかけ、惜しみなくあたえ、それ以上のことを約束をした。寛大さはあまねく世に知れわたり、詩や歌で高名な学者たちが群れをなしてあつまり、新奇な歌で女王の耳をなぐさめようと自己宣伝した。

王妃の目的は世間からひろく称賛をうけることであったとマルムズベリーのウィリアムはいう。これよりのちブリトンのアンはジーン・マロットに向かって「わたしが美しいと国民に説明できるような祭司をつれておいで！」と叫んだという。ルネサンスの詩人たちはこれを充分承知しており、たとえばイタリアではパトロンはつねに「ソロモン以来の賢者」「半神半人」「神をこえるひと」などとよばれた。エラスムスの『痴愚神礼賛』によれば、この種の賛辞の背景にはなんらかの取り引きがあったらしい。痴愚神がつぎのようにいう。

一般にわが貴族や賢者はすべての恥をかきすてて、お世辞のうまい雄弁家やうそつき詩人をやとい、かれらの口から自分たちの褒めことば、つまり単なる嘘っぱちを聞こうとする。見かけは謙虚にかまえながらも、クジャクの羽をひろげ、とさかを立て、他方ではずうずうしいおねり連中が、ろくでもない人間を神々にたとえ、似てもつかぬ人間をあらゆる徳の最高の見本にしたて、あわれなカラスを別な鳥の羽につつみ、黒いムア人を白く漂白し、ついにはブヨをゾウにする。結局、古いことわざ通り「自らをほめて当然のひとは、隣人から遠くはなれて住んでいる」のである。

詩人はパトロンへの言及を忘れず、かれに敬意を表しその好意によって詩が書かれたことを説明する。ドレイトンはアン・ハリントン夫人へのソネットで「あなたの好意を世にひろく知らしめるようにわたしの手に(書くことを)命令した」と書き、ついでパトロンを称賛し賛美することを忘れない。これらは献辞(デディケーション)に似たところもあるが、多くはインフォーマルなものである。かくしてフィリップ・ド・タンは『動物誌』をつぎのように始める。

フィリップ・ド・タンは、フランスの言葉で
ラテン語で書かれた書物である『動物誌』を訳出した。
いとも美しい女性であられる、宝玉にもまがう一婦人に敬意を表して、
名はアリスと申され、王妃として王冠をいただかれ、
イングランドの王妃であられる。かの方の魂がけっして苦難に逢わぬように!
まことアリスとはヘブライ語で「神の称賛」の意である。
一冊の書物をはじめよう。はじめに当たって神よみそなわしたまえ。

同様にエイムが『フロリマン』を書いたのはある夫人を喜ばせるためであったという。

いざ殿ばらよ、わが述べるところを聞きたまえ。
エイムはメイリへの愛ゆえに、
物語をかくも知恵にみちたものに仕上げたのだ。

Jean Froissart（1337-1410）
ジャン・フロアサール

興味深い例はフロアサールの『ジョネスの美しい森』で、ここではすべてのパトロンの名前が冒頭の一六〇行のなかに列挙されている。

つぎに注目されるのは（主役・わき役を問わず）パトロンが作品のなかに登場するばあいである。これはルネサンスのイタリアの画家たちがはじめたものだが、同じことが文学のなかでも行われた。チョーサーの『善女列伝』（ひとによって登場人物の照応関係に異論はあるが）や『カンタベリー物語』の「郷士の話」がそれである。ブランドルの意見によると、「郷士の話」には歴史上の人物がアレゴリカルに粉飾されて登場するという。かれはこの話がスペインにおけるジョン・オブ・ゴーントの勲功と、エドワード三世およびブラック・プリンス（黒太子）の功績を祝福するために書かれたと想定して、つぎのような照応関係をしめす。すなわち、カンバロはジョン・オブ・ゴーント、アルガーシフはブラック・プリンス、カンビスカンはエドワード三世、カナシーはペドロ・ザ・クルエルの長女でジョン・オブ・ゴーントの二度目の妻コンスタンス・ド・パデラ、悲嘆にくれる雌ハヤブサはジョン・オブ・ゴーントとブランシュの娘エリザベス、不貞の雄ハヤブサはペンブルク伯ジョン・オブ・ヘイスティングス、凧はフィリッパ・モーティマーという具合である。これはじつに巧妙にできているが、納得しがたいところもある。キトレッジはこれを否定しつつ多くの矛盾点のなかでつぎの一例をあげる。そもそもいまだ存命中の誇りたかきジョン・オブ・ゴーントが夫に捨てられ悲嘆にくれる妻となって登場する自分の娘に我慢できるはずがないと。――とはいえ、ピーター・ルーデルがポールスグレーヴ・フレデリックの宮廷で献呈したエレジーには、ポールスグレーヴ自身がパンフィラ、ハイデルベルグのふたりの博士がヨパスとシンシウスとして登場する。このような例は他にいくつもあったのである。

依頼で書かれた作品

以上が宮廷詩人とかれらの書いた作品の概要である。これらの作品の多くは貴族の要請によって書かれ、パトロン的行為の最初期の例をしめすものであった。貴族が詩人に要請しかれを激励するという意味において両者のあいだにパトロン的関係が存在したのである。じじつ貴族はしばしば詩人に作品を書くよう要請もしくは命令している。初期のころそれは詩人にとって一種の義務であったが、詩人の存在価値が認識されるにつれて、主君は執筆に際してプロテジェ（庇護者）の好意にすがるという形をとるようになった（詩人がなんらかの報酬をえたかどうかについては必ずしも一定しない）。このような習慣はかなり古くからおこなわれており、セム人のあいだでは君主や指導者の要求で書物が作られていたし、イギリスではアングロ・サクソンの時代までさかのぼることができる。敬愛すべきビードはその作品の多くを依頼によって書いた。新・旧約聖書の『注釈』その他はヘクサムの司教アッカの要求によって書き、『教会史』は（要請によるものでなくとも）ノーザンバーランド王ケオルウルフの求めに応じてかれの読書および収書用に贈ったと考えられる。同じヘクサムの司教アッカの要求でエディウス・ステファヌスは『ウィルフレッドの生涯』を書き、エルフリックは『聖者伝』を市参事会員エセルワードに献呈してつぎのようにいう。

わたしが暇にまかせて英訳した聖者の情熱的生涯をいまこの書物のなかに収めました。と申しますのも、わが愛しの閣下およびエセルマール様が熱心にこのような書物をお求めになり、閣下への信頼を固めるしるしとしてわたしの手から受けとってくださったからです。

ついで聖者伝を翻訳したのは、熱心な信者、とくにエセルワードとエセルマールの要請によるものであり、「つぶさに読むことによって、かれらはわたしの翻訳にもっとも深い敬意を表してくださった」と序文のなかで書いている。『純潔についての説教』もシーグフリスに要請されたものだという。

これらの例がしめすとおり、要請によって書くという習慣はノルマン・コンクェスト以前からすでにあり、それがノルマン・イングランドに継承されていった。ヘンリー一世の妃アデレード・ド・ブラバントはひとりのトルヴェール（吟遊詩人）をやとって『聖ブランドンの天国への航海』を書かせ、同じく彼女の命令で吟遊詩人デイヴィッドはヘンリー王の治世を中心にした韻文による歴史を書いた。おそらくこれは音楽にあわせて吟唱されたのであろう。ジョフリー・ガイマーが『英国史』を書いたのはアングロ・ノルマンの「上品なクスタンス夫人」のおかげだといっているし、サンソン・ド・ナントゥイユが『ソロモンの格言』をアングロ・ノルマン語に翻訳したのはエリス・ド・コンデ夫人の要請によるものであった。ナントゥイユはコンデ家の一員として生活をともにしていた。

以下同様の例をいくつかあげる。ワースとブノワ・ド・サン・モールはともにヘンリー二世の要請で作品を書き、ティルベリのジャーヴェースはヘンリー二世の息子、若きヘンリー王子の娯楽のために『風刺本』を書き、皇帝オットー四世の娯楽のためには『オットー大帝』（一二一一年ころ）を書き献呈した。それより前、リヴォーのエセルレッドは『聖エドワルドの生涯と奇跡』をウェストミンスターの修道院長ロレンスの要請で書き、ヘンリー王に贈呈している。マンモスのジョフリーが『マーリンの予言』を書いたのは「わが知人、とくにリンカーンの司教アレクサンダーの要請」によるもので、献呈の手紙とともに贈っている。マルムズベリのウィリアムは学者として評価を獲得してのち、グラストンベリの修道僧たちの要請で『聖パトリックの生涯』その他の作品を書いている。ウォルター・メイプスは円卓の騎士に関する作品を数編書いたが、そのひとつ『パーシヴァル』はヘンリー二世に献呈され、『アーサー王の死』と『ランスロット』は同じ王の命令によって書かれた。同様にメイプスの『元老院議員たちの詭弁について』は友人ジョフリーの依頼で書かれたらしいが、別の個所ではヘンリー王の希望によって書いたことを暗示している。またジラルダス・カンブレンシスによれば、ボールドウィン大司教はかれの『トポグラフィア・ヒベルニカ』にいたく感激し、おいのエクセターのジョゼフとの合作で十字軍の歴史を書くよう命令したという。ジラルダスが散文を書き、ジョゼフが韻文を書いた。各国が十字軍の準備をしつつあったころのことである。

ヨーロッパ大陸でもおなじころゴウティエ・ダラスがブロアのティボルト五世と同伯爵夫人マリのために『神託』を書き、マリ・ド・ラ・フランスは「(ソールズベリー)伯ウィリアムへの愛情のしるしに」、また「騎士道の花」ヘンリー王のために詩を書いている。ヒュー・ド・ロートランドはロマンス『イソメドン』を終えたのち、続編『プロセシラウス』を書き第四マンモス伯ギルバート・フィッツ・バデロンに贈っているし、一三世紀のジラード・ド・シャンブレーは『幼年時代のシャルルマーニュ』を、

フランス王の兄弟
ヴァロア公の命令で

Richard Pynson（1448-1529）
リチャード・ピンソン

Wynkyn de Warde（?-1534）
ウィンキン・デ・ウォード

執筆し、『エスカノール』をスペイン出身の偉大なる王妃で英国王の妻、ほかならぬエドワード一世の王妃カスティーユのエレナ（一二九〇年没）の命令で書いた。イギリスの地理にくわしいところを見ると、ジラードは当時英国宮廷に住んでいたものと思われる。皇太子フィリップの家庭教師エジディオ・コロナはかれの教育のために『王侯たちの指導者について』をその要請にしたがって書いた。この作品はフィリップの即位（一六八年）の直後、かれの命令で英語に訳された。

その他の作家も同様に依頼された貴族の名前を用心深く記録している。チョーサー、ホックリーヴ、リドゲート、ボケナムのような著名作家、キャクストン、ウィンキン・デ・ウォード、ピンソンのような印刷業者も例外ではなかった。こういった作家、印刷業者についてはいずれ詳述したいと思うが、この習慣が宮廷を中心にひろくゆきわたっていたことはたしかである。

報酬のことなど

以上のように詩人は貴族の要請によって書いたことを記録にとどめたが、これ以外にも、かれらは書物巻頭のミニアチュア（細密画）のなかで、国王がかれらの書斎をたずね、執筆を依頼している様子を描くこともあった。その最もよい例はヴィンセント・ド・ボーベの『歴史の時代』のなかのミニアチュアに見ることができる。そこではヴィンセントが椅子にすわり執筆し、かれの前には従者をつれたフランス王サン・ルイが立ち、原稿の依頼をしている様子が描かれている。このようなミニアチュアに加えてプロローグやエピローグに見られる依頼を受けたじじつの記録は、作品に重みをそえ、外敵から保護し、読者への推薦という好影響をもたらしたと考えられるが、そればかりではない。そのような形での貴族への言及は、ふつうかれらに最大限の賛辞を呈するチャンスを与え、なんらかのパトロン的援助をひきだす結果となった。たとえば、ノルマン・コンクェスト直後に書かれたエドワード王と王妃を讃える『エドワード王の生涯』のなかで、作者は王妃とそのやさしさによって窮状から救われたことを感謝のことばとともにのべている。

しかし、依頼によって書かれた作品がすべてパトロン的援助の対象になったとはかぎらない。すでに見たようにジラルダス・カンブレンシスはヘンリー二世のために『トポグラフィア・ヒベルニカ』を書き、リチャード王のためには『エクスパグナティオ』を書いているが、べつの作品でそれらの仕事が無報酬であったことをこぼしている。ということは報酬をかれが期待していたことを意味する。

そのちょうど二世紀前、エセルウォルドはエドガーの依頼で『規則ある調和』を英訳し、その仕事の報酬として国王から土地をもらい、それをイーリーの修道院に寄付している。同様にゴウティエ・ダラスは『神託』のなかで、二、三年のうちに新作の詩を書けば、それにたいして主君がなんらかの援助をあたえる約束をしたことにふれている。またジョフリー・ガイマーはクスタンス夫人の依頼によって『英国史』を書き、彼女の援助なしにこの仕事は完成できなかったであろうという。というのは夫人がヘムスリーまでひとをやってウォルター・エスペックなる人物からガイマーの必要な本を借りてこさせたからである。夫人はまた吟遊詩人デイヴィッドの書物をほめ、それが完成したとき一冊につき銀一マルクをあたえたという。

依頼された仕事にたいして報酬を期待する例は以後も見られる。キャプグレーヴは『聖オーガスタンの生涯』のプロローグでつぎのようにいう。自分がこの作品を書いたのは「さる高貴な方、すなわち貴族のご婦人」のたっての希望によるもので、彼女はこの仕事のために他のひとをさしおいて自分をご指名くださった。なぜなら「彼女はわたしがこの仕事をより強い意志でなしとげると考えたからである。」ゆえに自分は彼女の「よろこびと慰め」のために書いた。「しかも彼女は各種の報酬によってわたしの心をうながしたので、その希望に従わざるをえなかったのである。」

キャクストンについてはどうか。『黄金伝説』の翻訳は「しあげるのにじつにつらくわたしの手にあまった」。そこで一時中断していたが、つぎのことがなかったらそのままになっていただろうという。すなわち、

高貴で徳高いわがアロンデル伯ウィリアム閣下のご命令と要請で、わたしにこの仕事をつづけよとのこと、卿は完成したあかつきには相応の部数をお買いあげくださるとのことでした。そしてジョン・スタニーという召使をわたしのもとによこし、けっして途中で投げださず最後までなし遂げねばならないというお達しで、卿は生涯にわたって毎年夏には雄シカを冬には雌シカを報酬としてお与えくださるとのことでした。わたしはこれに満足いたしました。そこでわたしは卿のことを思い敬意を表しつつ、わが身をむちうちこの翻訳の完成へとこぎつけました。同時にできうるかぎり最高の印刷に付し、この本の産みの親である善良で高貴な卿に贈呈し、あわれな召使ウィリアム・キャクストンをよろこばせるために受け取ってくださるよう、またわたしの報酬のことを卿がおぼえておいてくださるようお願いする次第です。卿の長生としあわせを祈ってやみません……。

報酬の有無とその内容については両者で事前のとりきめがなされていたわけではない。それは両者の信頼関係から生まれるもので、ことさら明記する必要はなかったのだろう。チョーサーが『エイモンの四人の息子』をオックスフォード伯ロバートの依頼で翻訳したとき、この仕事で損をすることはなかろうと確信している。

この本は卿の要請によるもので、翻訳も印刷もわたしの犠牲によって完成させたものです。わたしが卿の健康と繁栄をお祈りできるよう、充分の報酬をおあたえくださることを祈り、それをうたがいません。

かくして、依頼によって執筆するという中世の習慣は、作者を激励し、かつしばしば実質的な報酬をもたらすという点においてパトロン的行為のたしかな裏付けとなった。くりかえすように、このような形での執筆は中世期においてはありふれた光景であった。その意味では作者に執筆をうながし激励し、ときに報酬をあたえもしたこれらパトロンに大いなる感謝を捧げなくてはなるまい。

時代の趣味

この種のパトロン的行為が文学にたいする関心をしめすものであることはいうまでもないが、時

William Caxton（1422-1492）
ウィリアム・キャクストン

代の趣味を知るという意味でも重要な役割をはたしている。新作であれ翻訳であれ、おどろくべき話とか歴史を主題にした叙事詩が依頼による作品の多くの部分を占め、聖者の伝説や信仰書、騎士道や日常的なことがらに関する本はあまり重要な位置を占めていなかった（もっとも中世期の作品の多くは失われているので、時代の趣味を知るのには証拠充分とはいえないが）。ボケナムやリドゲートのように特定のグループのために書いた作家からもある程度のことは知れるが、多くを教えてくれるのはキャクストンである。ラスロップは「英国最初の印刷師とそのパトロン」と題する論文で、貴族の「要請」「希望」「命令」で書かれたとされる初期印刷師たちの作品を調査した結果、キャクストン（かれにつづく印刷師たちはそれほどではない）はとくに時代を先取りするような傾向を示しておらず、むしろ大胆に時代の趣味（または要求）に順応していることがわかったという。ダフによる分類にしたがうと、個人的な信仰書一二冊のうち四冊はパトロンの援助または要求によるもの、倫理と道徳の本一三冊のうち六冊が援助によるもの、実用的な書物三冊のうち二冊は依頼によるもの、一冊（『医者の書』『健康論』所収）はあきらかに命令によるものである。各種情報にかんする書物六冊のうち三冊にはパトロンがつき、ロマンス八冊のうち五冊は依頼による印刷である。かくして総数七七冊のうち二〇冊が「要請」「希望」「命令」で書かれたことがわかる。キャクストンが印刷術を学んだのは生計を立てるためであったから、援助やパトロンの存在なくして一歩をふみ出すことはしなかった。ゆえにかれの個人的趣味はロマンスにあったようだが、世間的に評価のさだまった作品をおもに出版したように見える。ラスロップの結論はこうである。

（キャクストンは）自分の道をいつもさぐりながら進む用心深い商売人である……真の意味の職業作家であり、単なる印刷業者ではなかった。時代と読者の趣味によって多数のなかから厳選した前時代の作品（フランス語や英語の）の最良のものを貴族的なイギリスの読者に提供した。

かつまた、

かれは売るべき場所を前もってよくわきまえ、金持ちの顧客と親しい関係をむすぶ才能で多くの成功をかちとった。顧客の多寡だけを重視するのではない現代の貴重本、絵画、オブジェ・ダールの業者に似ている。

キャクストン以後（つまり機械による非個人的な印刷術が導入されて以後）、ウィンキン・デ・ウォードやその後継者たちは依然としてパトロンの依頼によって仕事をしたが、キャクストン的要素は徐々にうしなわれ、以後の印刷業者はパトロンではなく読者の好意をもとめるようになっていく。

第二部　一八世紀の出版流通

第一章　一八世紀の出版と法律

グーテンベルク時代から始まったイギリスの出版は当初はヨーロッパ大陸の模倣で、見よう見まねであったに違いないが、才能が並外れたグーテンベルグやその弟子のウィンキン・ド・ウォードらの活躍によって早くも一七世紀にはヨーロッパと引けをとらぬ出版大国になる。一八世紀になると活字や用紙も自前のものを使うという発展ぶりであり、出版産業における進歩は著しいものがあった。

一八世紀の出版産業を語るに当たってはブックセリングの話から始めるのがよいだろう。

書籍業者の仕事

書籍業者の仕事はつぎのように分類できよう。

ブックセリング

（a）聖書・祈禱書、賛美歌

(b) 教科書（初等およびグラマー・スクール用）
(c) 学術書（ラテン語と英語）
(d) チャップブック、バラッド、アルマナック
(e) 古本、古典籍
(f) 地図、絵

製本業
ステイショナリー
パブリッシング
印刷
製紙、羊皮紙製造

まず、書籍業を専業とする者は少なかった。地方では兼業なしには経済的にやっていけなかった。兼業としてよくあったのは薬売りで、自分で発明した特許薬品を売った。店舗を構える業者は同業組合に入ることが必要だった。ヨークとチェスターのような比較的大きな都市には、組合を作るに十分なステイショナーやブックセラーがいたが、業者の少ない小さな町では他の組合への加入を余儀なくされた。

たとえば、ハルという町ではステイショナーと製本業者が鍛冶屋、金属細工師、白目細工師、配

管工、ガラス職人、ペンキ屋、刃物師、音楽家、バスケット製造業者などの組合に入っている。ストラッドフォード（一六九二年）では、ブックセラー、製本業者、カード（トランプ等）売り業者が織物商、布地商、服地小物売り商の組合に入っている。組み合わせはさまざまで、このような例は一三世紀にまで遡ることができる。

チャップマンと呼ばれる店舗を持たない業者や、フェア（市）の商人や巡回の行商人は組合に入る必要はなかった。フェアでの本の販売は早いころからおこなわれ、たとえば一五三一年にはリンカーンの司教がオックスフォードのセント・フライズワイズのフェアに監督官を送り、異端文書が販売されていないか調べさせている。

一方、ロンドンのプリンターやステイショナーは地方のフェアには行かなかった。地方の業者に卸で売った方が効率がよく経費も安くすんだからである。本はシートで売られ、買った業者や読者が地元の製本業者にたのんで製本してもらう。

フェアの書籍商でよく知られているのは一七世紀末のマイケル・ジョンソン（ドクター・ジョンソンの父）である。かれはバーミンガム、ユートキシター、アシュビー・ド・ラ・ズーチェなどのフェアに定期的に出かけた。

バラッドやアルマナックを売る行商人（チャップマン）は近年学問的に注目されるようになった（マーガレット・スパフォード女史の研究など）。これらはいずれも一過性の出版物でありながら、伝統的な本よりもより直接的に読者に訴える力を持つものであった。

しかしかれら――フェアの商人やシェイクスピアの『冬物語』のオートリカスのような行商人たち――はステイショナーズ・カンパニーの悩みの種であった。家賃その他の経費を必要としないかれらは、ロンドンおよび地方の書籍商の売り上げを阻害したからである。一六八四年にステイショナーズ・カンパニーに出された請願書は製本、未製本を問わず大量の本を売る行商人が書籍商たちの利益を大幅に損なったことを物語る。

そのため大量の本がブックセラーの手元に死物として残る。……フェアの行商人や地方回りの行商人は前述のような本を大量に売り、書籍商の（利益の）大きな部分を損なっている。このような商売は本来ならばブックセラーが都会や地方で行うものである。

行商人は一過性の読み物だけを売ったのではない。共和制時代のロンドンのステイショナー、マイケル・スパークは、一六〇三年徒弟としてスタフォードシャーで過ごしたとき「製本や販売に携わる一方、カトリックの本、絵、ビーズ、その他の端物を売り歩いた」という。

一六三〇年頃のシロップシャーの田舎で送った経験をリチャード・バクスターは記憶している。「バラッドや数冊の本を持った貧しい行商人がわが家にやってきた。父はかれからシブ博士の傷薬を買った。」

製本業の兼業

製本はさきのスパークの親方サイモン・ポーリーのようにしばしばブックセラーがこれをおこなった。かれらの遺産相続や法律文書にしばしば製本の道具が登場するのを見ればそれはわかる。しかし、その業種のなかに製本が言及されないことが多い。

ウォーリックの小さなブックセラー、リチャード・マウントフォードの一六七七年の目録にはワックス、ボール紙、羊皮紙など製本に使うものがあり、後継者のジョージ・テオンジもまた製本を兼業した。

あるいは（ドイツのように）製本業者が定期的に訪れ、そういった業者のためにブックセラーが製本道具を持っていた可能性も否定できない。

利益をあげる製本業者はマーケット・タウンにいたと考えられる。たとえば一六四六年から一六八八年頃にかけてエドワード・ロジャーズはストラットフォード・アポン・エイヴォンの傑出した存在であり、「エドワード・ロージャーズ。製本業者。ハーフ・ペニ。一六六八年」というトレード・トークン（名刺）を発行している。

ストック（在庫）

一六、一七世紀の地方の書籍商のストック（在庫）を一般化するのは危険である。しかし、現存する目録から判断すると、ストックはいまと同様多様だったことが分かる。

一五六八〜七〇年にノリッジのロバート・スコットはロンドンから取り寄せた本のことで一二ポンドの借金の返済を迫られている。目録によればかれは信仰修養書、古典、教科書、神学の本のほかに、バラッド、アルマナック、製本の道具を持ち、ストックは月二回補充されている。

一五八五年、シュルーズベリのロージャー・ウォードは約二五〇〇冊のストックを持ち、そのなかには外国で印刷された本、宗教書、古典、グラマースクールと初等学校用の教科書、聖書、祈禱書、教義問答書、賛美歌が含まれている。シュルーズベリはウェールズに本を供給する拠点であったから地の利を利用できたと考えられる。ウォードがほかの書籍商と違ってロンドンの支店であったことも利した。

一六一二年に死んだマンチェスターのジョン・ブラウンの目録によれば、六〇ポンド一八シリング九ペンス相当のストックを持つふたつの店があり、ステイショナリーを販売しかつ製本の道具を持っていた。

一六四四年、ハルのジョン・オードリーは一七ポンド一六シリング一〇ペンスに相当する小規模なストックを持っていた。おもにロンドンで印刷された神学書、古典、教科書など一八七タイトル、「三ダースの地図と古い本」、一三シリング四ペンス相当の製本用の道具などである。

一六七七年、ウォーリックのリチャード・マウントフォードのストックはほとんどが聖書と教科書と信仰修養書と「古い本」からなり、総額にして五ポンド一五シリング一一ペンスであった。

これより幅広い本を持っていたのは数マイル離れたコヴェントリーのジョン・ブルックである。

一六七九年に書かれた遺書によれば、一四七ポンド三シリング一〇ペンスの本と二七ポンド三シリング五ペンスのステイショナリーをストックしていた。しかし同時に一三六ポンド四シリング八ペンスの「本の負債」の他に五五ポンド一一シリング二ペンスの負債とたぶんチャップマンによるものと思われる一二一ポンドの負債を抱えていた。

このストックはペンリスのクエーカー教徒リチャード・ベンソンのそれに匹敵する。かれは青果商人、ブックセラー、ステイショナーを兼業し、一六九八年に七四ポンド一七シリング三ペンス半相当の本を持っていた（この目録はピーター・アイザック教授によって刊行された）。以上、コヴェントリー、マンチェスター、ノリッジ、ハル、ペンリスのような地方都市には比較的大きなブックショップがあり、周辺の顧客はそこまで買いに出かけたことがわかる。

顧客その他

書籍業者の顧客は聖書、祈禱書などを特別の機会にひとにプレゼントする者、初等学校やグラマースクールの生徒、地元の牧師、弁護士、そして医者などであった。

特殊な本はロンドン、オックスフォード、ケンブリッジから直接取り寄せて買ったと考えられる。グロースターの若い学校長ジョン・ラングリーは一六二二～二三年頃オックスフォードのブックセラー、トマス・ハギンズに手紙を書き、レキシコンその他一冊を配達人（キャリアー）に託するようたのんでいる。

一六三七年、ブリストルのブックセラー、フランシス・ハーヴィーはオックスフォード・ブリストル間を往復する配達人を雇い、カーディフの牧師が書いたオックスフォード刊行の神学書が入手可能かどうか問い合わせている。

アーリントン卿がサー・ロージャー・エストレンジ宛てに書いた手紙によると、一六六九年以前にロバート・クリーヴァーはロンドンと地方の最も重要な仲介役である『ターム・カタログ』（一六六八年創刊の新刊カタログ・季刊）を利用して「イングランド、スコットランド、アイルランドのすべてのブックセラーとのコレスポンデンス」を確立していたという。やがてこの組織的な流通システムは大いに発展し、危険文書がロンドンより先に地方に流通するというようなこともおこった。一六八二年にサー・ロージャー・レストレンジはつぎのように書いている。

忌避文書を調査しつきとめる確実な方法は地方から始めることだということをますます確信するようになった。というのも、売れるパンフレットを印刷する際かれらがまず一、二冊をこの国の北から南までの書籍業者に配り、つぎにロンドンで販売し普及させたからである。

このやり方はフレンズ（クエーカー）によって裏付けられる。一六七三年、かれらは自分たちの印刷物をロンドンより先に地方に送っているのである。書籍業者たちのこのネットワークは非常に強かったので、その外にいたオックスフォード大学のジョン・フェルとその友人は出版局を運営する気力を失うほどであった。フェルの死後ユニヴァーシティ・カレッジのアーサー・シャーレットは書いている。「われわれは本を売るという目的を達成できなかった。買い手の欠如がフェルの肉体、公共心、勇気、財布、そして出版局を台無しにしてしまった。」

一五五七年の法律で印刷がロンドンに限定される前、地方ではほとんど印刷はおこなわれておらず、分かっているのは一一か所だけである。それゆえ、一六九二年以前、印刷はヨークやチェスターなど少数の都市に限られていた。これについてはウィリアム・K・セッションズが一連の「グリーンバックス」で詳細な調査を行っている。

地方のブックセラーが地元の著者の作品を出版する際、ときおりロンドンのブックセラーと経費を分担することがあった。たとえば、一六二〇年代および一六三〇年代、バンベリーのピューリタン、ウィリアム・ウェートリーの著作の奥付には、ロンドンのジョージ・エドワーズとバンベリーのエドワード・ランガムの名前が印刷されている。エドワーズはたまたまバンベリー近郊の田舎の出身であったが、ロンドンと田舎の結びつきを示す好例といってよい。

製紙業についてはA・H・ショーターの研究があり、「北部書籍業界史研究会」の研究ノートでもしばしばこれを扱っている。しかし、地方の製紙業者、そしてステイショナー、ブックセラーの関係については今後も研究の余地が残されている。

ともかくも、イギリスの地方の書籍業研究は端緒についたばかりである。一九〇〇年、H・R・プルーマーは「地方の印刷の歴史はまだ書かれていない。各種のプリンターとかれらの仕事を調査するには時間がかかり、骨の折れる仕事になろう」と書いた。このときから一〇〇年たったいま、どれだけ調査が進んだであろうか。われわれはそのすべてを扱うことはできないにしても、可能なところから始めなければならない。

陸上の輸送

出版の流通ネットワークを考えるに際して、まずなによりもじっさいに輸送がおこなわれる陸上や水上の交通のことを知っておく必要がある。それなくしてはロンドンの出版物はもちろん地方都市の出版物が各地の読者の手にとどくことはなかったであろう。一八世紀イギリスの道路事情や水路事情はいかなるものだったのか。

この世紀にあっては、出版される本はほとんどロンドンで印刷された。ロンドン以外で印刷された本も含めてそれらは昔ながらの道路を利用して輸送された。一七〇〇年以前、すぐれた道路は少なく、輸送の距離と量には限りがあった。

ターンパイク

しかし、ターンパイクがイギリスの道路事情を変えた。ターンパイクとはトールゲイトのことで、トール（道路税）を払えばゲイトが開かれその道を通ることができる。日本の高速道路のようなものだと考えることができ、これを管理運営するのはターンパイク・トラストであった。トラストは道路の維持管理に道路税を取ることができる法律（ターンパイク・アクト）によって設立された組織である。イギリスではじめてのターンパイク・ロードが設立されたのは最初の法律ができた一六六三年であり、この年ハートフォードシャーのウェイズミルとハンチントンシャーを結ぶ道路が開通した。その後一六九五年の法律によってトラストの設立が強化推進されたが、急速な発展は見られなかった。道路税を課したり、交通がはげしくなることにたいする地元民の強い反対があったからである。しかし、スピードと利便性という点には抵抗できず、一七二〇年までに八〇以上のトラストが設立された。

つぎの二〇年間は農産物価格の下落によって停滞するが、一七五一年から一七七二年の二〇年間には三八九以上のトラストが設立された（昔ながらのロンドンからの主要道路は一七三〇年までに半数がターンパイク化され、一七五〇年には八五パーセントに増え、一七五〇年から一七七〇年にかけて五倍になった）。その背景には収入の増加と手工業製品の需要拡大という社会的な変化があり、増大する資本が輸送手段の改善のために使われたのである。

かくして、地方都市間の行き来は容易になり、コーチ、ヴァン、ワゴンがターンパイク・ロードを定期的に走った。世紀末には、トマス・テルフォード（一七五七～一八三四）やジョン・マクアダム（一七五六～一八三六）による改良型道路が陸上輸送の距離とスピードを一層促進させた。鉄道敷設の一八三〇年代には約一〇〇〇のトラストが機能し、八〇〇〇のトールゲートがあった。距離にすれば三万五二〇〇キロ（二万二〇〇〇マイル）、イギリスの全道路の六パーセントにあたる。しかし、鉄道敷設と急速な普及は陸上輸送を一変させた。ターンパイク・ロードの人気は凋落し、一八六四年以後議会はターンパイクの多くを廃止し、残ったものも自然消滅してゆく運命にあった。

水上の輸送

話を一八世紀に戻すと、ターンパイクと同じ頃、重い荷物の輸送手段として使われた海上輸送も変わりつつあり、ブリストル、エクセター、ニューカースルの各都市とロンドンとのあいだの距離を地図の上よりはるかに近いものにした。

閘門の建設と運河

内陸の河川も同様に重要であった。エヤー川は古くからノリッジと北海を結ぶ重要な河川であったが、一五世紀にオランダとイタリアで開発されたパウンド・ロック（閘門）の導入によってその輸送は大きく変った。閘門とは『ブリタニカ小項目辞典』によればつぎのようなものである。

水位差のある水面間で船を就航させるための構造物。上流端と下流端に扉（ロック・ゲイト）をもつ長方形の一種の部屋（閘室）である。この発明により水位差のある地点間に運河を設けることが可能になった。また、港の施設として、潮位差の激しい港に設けられることもある。

エリザベス時代、ジョン・トルーがエックス川に設けた閘門はエクセターの商業を大いに活気づけた。ヨークも同様の恩恵を受けた。河川改良の気運は高まり、水上輸送の恩恵を受ける地域は一七〇〇年の二分の一から一七二四年〜二七年の四分の三まで増大した。やがて本格的な運河建設の時代が訪れる。それはブリッジウォーター公爵とかれの優れた技術者ジェイムズ・ブリンドリの功績である。かれらはワースリーの炭坑からマンチェスターまで、ついでマーシー川と海までの運河を掘った（ブリッジウォーター運河、一七六一年開通）。ついで一七七七年にブリンドリーがトレント＝マーシー運河を建設、イギリスの二大河川を結びつけ、ジョシュア・ウェッジウッドの陶磁器製造所に革命をもたらした。これまでコーンウォールから困難な部分的地上運送によって運ばれていた陶磁器用粘土がいまや直接工場に搬入され、製造された製品は西部のリヴァプールや東部のハルから容易に搬出できるようになった。一七七二年にはバーミンガム運河が建設される。これによってスタフォードシャー＝ウスターシャー運河、トレント＝マーシー運河、セヴァーン運河が連結され、一七九〇年には南部のオックスフォードまで開通され、イギリスの四大河川――テムズ、セヴァーン、トレント、マーシー川――が相互に往来できるようになった。多くの群小の水路がこれに加わり、やがて一七九三年に認可され一八〇〇年に完成を見たグランド・ジャンクション運河の建設によって、ロンドンとバーミンガム地域がすべて水路で結ばれることになった。

輸送経費

水陸の輸送費用についてはどうか。運河の運賃は地方によって大幅な違いがあり、ロンドン＝ブリストル間は一トン一マイルにつき七ペンスだったが、ロンドン＝デヴォン間は一六ペンスと二倍以上であった。これにたいして海上輸送の方ははるかに安く、一トン一マイルにつき約一ペンス半にすぎなかった。陸上の方も徐々に値下がりし、ロンドン＝ヨーク間は一七〇五年に一〇〇トン一マイルにつき一六シリング、一七四三年には一二シリング、そして一七五五年には一トン一マイルにつき一二ペンス、もしくは一〇〇トン一マイルにつき一〇シリングになった。

一般に、河川にしろ海上にしろ水上輸送には嵩が多く価格の安い品物の運送に使われ、数は少ないが高価な品物の輸送（それらはしばしばスピードが要求された）には陸上輸送が使われた。用紙や印刷シートが水路で、製本された本は陸路で運ばれたのはそのためである。

陸路輸送の発展

以上が陸路と水路による経費であったが、一般に一八世紀の地方における輸送を概観するとつぎのようになる。もともとロンドン以外の道路はほとんどが泥んこ道で、陸上の輸送には不向きであった。一七世紀には現代の超大型トラックや戦車に相当する四頭建てワゴンの台数を制限する法律を作ってこの問題を解決しようとした。一六六三年にははじめてのターンパイク・ロードができたことは前述したが、じっさいには増大する輸送量に道路の建設技術がなかなか追いつかなかった。

トレント川以北、グレイト・ノース・ロードのヨーク以北はいまだ暗黒の僻地であった。しかし、一七四五年のジャコバイト最後の反乱はこれを変えた。初めニューカースルからカーライルまで、ついでスコットランドへ、それから徐々に南方へ延びていく軍用道路は堅固で耐久性の点で高い技術を誇った。一七一五年と一七四五年に印刷機を導入したケンダル、プレストン、ランカスターはロンドンと結びつき、ブリッジウォーター運河（一七六一）とそれにつづく運河ネットワークはマンチェスター、バーミンガム、リーズ、シェフィールドを相互に結びつけた。世紀末の数十年間の道路建設技術の進歩は、現存する道路網を強化拡充し、全国的なネットワークを築きあげた。ニューマーケットからノリッジ、ベリ・セント・エドマンズ、イプスウィッチ、コルチェスターにいたるターンパイクは、イースト・アングリアの水上輸送を陸上輸送に変えた。海岸にあるキングズ・リンの書籍業を縮小させ、他方バース・ブリストル間の「バース・ロード」の建設は両都市の書籍業に革新をもたらした。

本の輸送

本に話を戻すと、地方で出版された本、もしくはロンドンで出版された本はどのようにして輸送されたのか。本は主として製本前のシートの状態で、それを三つ折りにして桶に入れて運んだ。

パック・ホース

当初、陸上ではパック・ホースによる輸送が一般であった。これは馬の両脇腹に籠をつけ、それに荷物を入れて運ぶ運搬方法で、御者は道ならぬ道を通ることが多かった。本来はウェールズの羊の群れや、縁日やスミスフィールドの市へゆくスコットランドの牛が通る道であり、それらが北西から南東へ、また北から南へ縦横に走っていた。パック・ホースの隊商はときに数千ポンドにも値する荷物を運び、御者自身もロンドンと途中での支払いに備えて同程度の現金をもっていた。かれらは商人であり、かつまた数少ない読者であった。ウェールズ人の四人の御者はジョンソンの『英語辞書』の予約購読者であったという。これはかれらとその仲間のあいだで本が普及しつつあったことを物語る。

コーチとヴァン

道路網が発展拡張し改良され、コーチやヴァンやワゴンによる輸送、さらには郵便局のコーチ・ネットワークによる輸送が優位を占めるようになると、パック・ホースの時代は終わる。これまで遅配や不配達に不平をもらしていたひとびとは、いまやスピードを問題にするようになる。一八世紀後半、ある地方のブックセラーがロンドンの代理店に本を注文した手紙には運送人とコーチもしくはワゴンが出発する時間と場所（ロンドンの宿屋のひとつ）を指定しているという。

後に詳述するように、地方の新聞と本の流通は密接な関係をもっていた。というより、本は新聞の流通ネットワークを利用して読者の手に渡ったのである。新聞の効用はほかにもある。そこに掲載される新刊本の広告を見て読者は注文を出す。読者は正確さに加えてスピードを求めた。一八世紀に出現し絶大な人気を博した貸本屋や地方都市に多数あったブック・クラブはそういった読者の需要を満たした。

地方の出版活動

地方の出版活動については、ESTC（一八世紀書籍総目録）をもとに作成された一〇年ごとの一覧表がある（表1参照）。ここに見るように数字は驚くほど変動している。ある一〇年に一〇タイトルが記録され、つぎの一〇年はゼロ。一定額の経費を必要とする現代の印刷工場と異なり、地方の印刷工房は大した損失もなく活字とチェース（活字の締め版わく）を遊ばせておく余裕があったのだろう。しかし、一方で多数印刷されながら記録されていない一過性出版物（チャップ・ブックやバラッド類）があったことを調査する必要がある。加えてこの調査が必ずしも正しくおこなわれていないというじじつも考えなければならないだろう。ある都市の出版物、とくにニューカースル、エクセター、ノリッジ、リーズ、バース、ソールズベリなど——ブリストル、ソールズベリなどの出版物が他の町——よりも詳しく調査され記録されたということもある。こうしたことを差し引いても、この表1はかなり満足できる結果を示している。

各地の印刷

つぎのようなことがいえるだろう。エクセターとノリッジは海に通じる川のそばにあり、はじめはよかったが思うように発展しなかった。ロンドンとの距離が遠すぎたのが一因であろう。バーウィック、ニューカースル、ハル、ブリストル、リヴァプールなどの沿岸都市ははじめのうちは伸びなかった。おそらく地元で出版するより、ロンドンの出版物を取り寄せていたからである。しかし、ブリストルとニューカースルはのちに発展し、最も盛んな書籍業の中心地になった。ブリストルの出版点数はこの数字よりも多かったに違いない。ニューカースルの数字は多数のチャップブック（一七五〇年代半ばにピークをなす）を考慮すると正確とはいえない。

ウスター、ノーザンプトン、グロースター、チェスターは一七〇〇年に小規模な出版を始めたが、期待したほど発展しなかった。不思議なのは、ノッティンガム、シュルーズベリが世紀前半の著しい河川ネットワークの拡大にもかかわらず発展しなかったことである。一八世紀の第二・四半世紀に印刷を始めた都市では、バーミンガムが一七六〇年までに着実に発展し、ソールズベリ、バース、リヴァプール、マンチェスターは一七七〇年頃に急速な発展を見た。一七八〇年代のソールズベリの高い数字は、ＥＳＴＣに記載された一枚物歌謡（シート・ソング）のためである（これらには出版年の記載がないが、すべて一七八五年代のものと考えられる）。リーズの出発は遅かったが（一七三〇年以前の出版物は二点だけ）、世紀を通じて着実に発展していった。主たる理由は河川と運河の改良によるものである。これにたいしてレディングはエイヴォン＝ケネット運河が建設される世紀末まで現状を維

表１　地方都市の出版点数（ESTC による）

	1701 1709	1710 1719	1720 1729	1730 1739	1740 1749	1750 1759	1760 1769	1770 1779	1780 1789	1790 1799	Total
Berwick	1	1	0	0	0	9	17	26	48	77	184
Newcastle	2	33	39	50	217	187	247	430	326	418	2065
York	20	19	28	62	91	77	45	101	205	316	1014
Leeds	0	2	1	10	24	24	39	75	11	223	552
Sheffield	0	0	0	0	8	10	14	2	26	83	157
Hull	0	0	2	1	4	2	2	22	73	117	237
Nottingham	1	55	19	13	12	20	14	15	45	115	391
Gainsborough	0	0	0	0	0	0	0	4	14	38	58
Stamford	2	8	10	3	15	6	0	1	11	10	69
Northampton	0	0	24	49	42	25	31	31	55	57	317
Norwich	84	45	42	19	20	40	63	74	122	163	694
Ipswich	0	1	8	10	18	15	13	16	36	144	273
Canterbury	0	0	13	9	23	19	18	65	75	90	323
Reading	0	0	6	6	29	18	19	5	24	59	172
Winchester	0	0	1	1	6	3	4	16	24	35	103
Salisbury	0	2	2	13	16	8	44	80	425	157	759
Exeter	47	96	24	16	32	23	55	42	142	142	631
Bristol	17	28	35	22	189	137	217	252	140	310	1386
Bath	0	0	4	5	30	38	33	154	217	410	935
Gloucester	5	3	6	6	8	14	23	44	76	65	258
Shrewsbury	10	33	18	17	24	37	58	129	53	164	566
Birmingham	0	3	1	18	29	40	76	125	262	481	1098
Warrington	0	0	0	0	0	2	12	64	91	41	221
Chester	1	20	12	11	11	10	17	34	58	79	360
Manchester	0	1	0	13	20	26	29	47	225	409	847
Liverpool	0	7	4	2	14	57	35	27	73	169	410

(From Nicolas Barker, "The Rise of the Provincial Book Trade in England and the Growth of a National Transport System".)

表２　地方都市の出版点数＋販売点数（ESTC による）

	1701 1709	1710 1719	1720 1729	1730 1739	1740 1749	1750 1759	1760 1769	1770 1779	1780 1789	1790 1799	Total
Berwick	0	2	0	1	2	24	24	36	58	111	269
Newcastle	5	38	45	57	159	224	296	494	372	503	2436
York	128	134	156	290	317	396	569	1113	967	1990	6319
Leeds	3	6	3	18	30	31	53	91	167	331	789
Sheffield	7	1	1	5	14	14	21	5	44	139	269
Hull	3	9	14	25	19	13	5	28	103	161	411
Nottingham	2	68	37	27	25	32	21	20	55	154	520
Gainsborough	0	1	1	7	1	1	0	4	29	57	110
Stamford	4	9	15	3	16	12	3	2	11	25	105
Northampton	0	0	27	62	53	37	36	43	71	140	489
Norwich	87	50	49	38	35	58	93	210	232	394	1294
Ipswich	1	1	11	14	52	33	32	36	69	173	435
Canterbury	0	6	18	12	35	34	24	73	104	124	440
Reading	4	5	13	12	35	23	26	28	58	160	379
Winchester	1	2	3	4	13	5	6	29	46	101	225
Salisbury	2	7	3	18	42	63	106	158	485	259	1175
Exeter	50	100	26	31	87	56	76	123	284	373	1239
Bristol	26	43	48	59	249	190	270	367	313	640	2305
Bath	3	13	31	90	147	159	105	268	332	889	2133
Gloucester	4	13	12	26	26	22	31	62	98	93	396
Shrewsbury	12	34	20	17	30	39	67	142	90	215	682
Birmingham	2	6	5	30	36	46	92	155	331	612	1392
Warrington	1	1	0	3	7	4	18	70	95	41	254
Chester	1	22	15	18	20	15	26	50	73	142	403
Manchester	0	9	8	20	42	48	47	63	275	528	1134
Liverpool	0	9	6	2	22	69	65	43	88	223	561

(From Nicolas Barker, "The Rise of the Provincial Book Trade in England and the Growth of a National Transport System".)

持した。シェフィールドは一〇年遅れてリーズのあとを追った。イプスウィッチとハルは主としてロンドンの出版物に依存していたので、登場したのはようやく世紀末になってからである。

スコットランドとイギリス北部の書籍業

つぎにアイルランドとスコットランドの影響を考えてみよう。注目すべきは両者がイギリスの地方のどの都市よりも出版点数が多いということである。スコットランドは一七世紀の最後の一〇年間に二〇〇〇点を記録し、第二・四半世紀に一五〇〇点に減じ、一七五〇年頃にはふたたび二〇〇〇点に増え、一八〇〇年には急増して四〇〇〇点になった。アイルランドは四〇〇点から出発し、スコットランドが減少すると二〇〇〇点に増加し、スコットランドが増加すると減少し、最後の二〇年間に四〇〇〇点に増加した。

不法な出版

両者とも法的にはイギリスとは別の国であり、ロンドンの書籍業界の不法な競争相手とみなされた。エディンバラのプリンターは名前を明記しないでロンドンの出版物をリプリントした（すなわち海賊版である）。しかし、エディンバラが独自に出版した本は多分それ以上にあったと考えられる。かれらがそういった出版物を主としてロンドンの業界の手のとどかない北部地方で売った。したがって、ロンドンの不法な競争相手であり脅威であるというのは、じつはロンドン業界の幻想にすぎなかったかもしれないのである。しかし、これは近年の調査が明らかにしたことだが、当時のロンドンの業界はそう思わなかった。

エディンバラの「海賊版」業者とロンドンの業者のあいだに争いがおこり、両者の関係は険悪になった。主としてヨークを舞台に両者の出版物が市場を争うのだが、長年の争いはアレクサンダー・ドナルドソン対ベケットの裁判で決着がつけられた。一七七四年、上院はドナルドソンの主張を認め、ロンドン業者の永久版権の主張を却下したのである。

廉価版リプリント出版

以後ロンドンの出版者の独占的な出版はなくなり、利益を得たのはスコットランドの出版者、なかんずくジョン・ベルであった。かれのエレガントなフランス風活字はエディンバラのマーティンズ・アポロ・プレスとヨークのエサリントンズを刺激し、ベルの『英国戯曲集』（一冊六ペンス）『英国詩人集』（一冊一シリング六ペンス）が世に送り出された。これらは、海上輸送と陸上輸送の値下げ競争を好機にしてイギリスのどの家庭でも買えるロンドンよりもはるかに安い値段で売られた。

この影響はグレイト・ノース・ロードの主要宿駅スタンフォードの伸び悩み、ハルやゲインズバラの予想外に遅い発展にあらわれた。後年のゲインズバラについて『パターソンズ・ロード』（一七七二）はつぎのように書いている。

ゲインズバラはトレント川の東岸にあり、川と平行する一本の長い道路でできた町である。川は一五〇トン積みの船が運航でき、住人に海岸とバルト海のほか、運河を利用して内陸の諸州へ向けた商売を可能にする。

同じ本の後版では「ゲインズバラとハルの間を四、五時間でスティーム・パケットが運行する」とある。

イギリス北部でとくに注目されるのはヨークである。「出版された本」の数（表1）と、「出版された本」＋「売られた本」の数（表2）とを比較すると、両者の割合は一対六になり、他の都市にくらべてはるかに高い比率である。これはヨークが昔からロンドンの業者にとって北部流通の中心都市と見なされていたことと関係する。これにたいしてニューカースルにはロンドンから「搬入された」本の形跡はなく、地元とウエールズだけに本を出版したシュルーズベリに似ている。ウスターは時期的には遅かったが「搬入」はヨークについで多い。

この種の「搬入」や「搬出」が活発におこなわれたのは運河ブームのおかげである。マンチェスターの発展も「搬入」に依存している。もしニューカースルの数字が高い「搬出」を示しているとするなら、バーミンガムの数字は地元での自給を示すものだろう。ウォリンガムについては、この地の有名なアカデミーとそれに関心を持つロンドンの業界を主たる顧客として出版されたと考えられる。これとは対照的に、バース、程度は低いがレディング、ウィンチェスターは高い水準の「搬入」を示し、エクセターははじめの自給からのちに他の地域で印刷された本の一大搬入センターになった。ノリッジもそうである。ハルはヨークより遅く程度も低いが、明らかにヨークの急速な発展を反映している。

製紙業の発展

表1・表2にはメドウェイ河畔のメイドストンの名は見当たらない。この町は本の出版とは異なる点で書籍業とかかわっていたからである。この頃、製紙業はイギリスで自給ができるほどに発展しており、製紙工房はケント州に集中していた。テムズ河口へのアクセスが容易なメイドストンはその主要な搬出口であった。そこからスコットランドやアイルランドに輸出され、一七八一年には遠くアメリカにまで及んでいる。

アメリカについていえば、イギリスの地方の書籍業とアメリカの書籍業はふしぎなつながりがあった。アメリカの多くの場所で印刷された本がイギリスの地方都市でリプリントされたのである。ブリストルは昔からフィラデルフィアと関係があり、ノーザンプトンはボストンやニュー・ヘイヴンと関係があった。予想外なのはウスターとアンナポリスの関係で、後者の出版物がウスターで第二の市場を発見している。

結論をいえば、一八世紀イギリスの経済成長は水陸運送手段の発展と密接な関係を持っていた。両者のあいだに投資上の競争はなく、相互に助け合ったからである。すでに述べたように、一八世紀の第一・四半世紀の成長のあとに停滞が訪れ、第三・四半世紀に急速な成長をとげ、一七八〇年代の短い停滞のあと世紀末とそれ以後は着実に成長していった。そのなかで書籍業が占める位置は僅かにすぎなかったが、間接的に影響力を持ったことはたしかである。輸送と書籍産業は新しい富をきずき、富がそのあとを追う。いまや地方都市、なかんずく中部や北部の都市は富を貯え、ジョンソンのいう「僅かな収入と悪しき借金」は過去のものになったのである。

地方の書籍業を語るとき、忘れてならないのは地方の新聞である。ロンドン以外の新聞の誕生と発展は——一七二〇年代に急増するロンドンの新聞とともに——本をはじめ各種商品やサーヴィス業にたいする地方の需要を伸ばした。改善された輸送手段がそれを側面から支えた。そういったことを考慮にいれながら、以下地方都市の新聞を例にとって、その流通について考えてみよう。

第二章　ある地方都市の新聞

地方における書籍の流通に新聞の流通ネットワークが重要な役割をはたしたことは前に触れた。そこで今回はあるふたつの地方都市の新聞を例にとってその流通の実態について考えてみよう。

新聞発行人と経営

新聞発行人が発行する新聞はふつうエイジェント、ディストリビューター、ニューズマン（キャリヤー、ポストボーイを含む）の流通経路を経て読者に届けられる。これら三者のうち、いちばんわかりにくいのが関連資料の少ない新聞発行人である。ソールズベリーで発行された『ソールズベリー・ジャーナル』の経営者はベンジャミン・コリンズであった。コリンズがひとりでこの新聞を采配したことはわかっているが、その人物像や経営の内容についてはわからない。同様のことは他の新聞でもいえるが、ときにまれな例外もある。『ハンプシャー・クロニクル』がそれで、この新聞はある時期を境に個人経営から共同経営になり、それ以後の記録が残っているのである。

『ハンプシャー・クロニクル』

一七七二年八月に創刊された『ハンプシャー・クロニクル』は元学校経営者ジェイムズ・リンデンが所有者であった。発行地のハンプシャー、サウサンプトンはすでに一七五〇年代からベンジャミン・コリンズの『ソールズベリー・ジャーナル』のテリトリーであった。にもかかわらず、リンデンが新しい新聞を創刊したのは、その頃『ソールズベリー・ジャーナル』が一時的な経営難に陥り、リンデンがそれを好機と考えたからである。以後『ハンプシャー・クロニクル』はコリンズの強敵となり、翌一七七三年には大幅な販売の伸びを示している。しかし、しょせん、経験豊かで世知に長けたコリンズには太刀打ちできず、早くも五年後の一七七八年には売却を余儀なくされる。リンデンから権利を買い取ったのはコリンズと息子のベンジャミン・チャールズ・コリンズ、ジョン・ジョンソン（以上すべてソールズベリー）、ジョン・ウィルクス（ウィンチェスター）、ジョン・ブレッドハワー（ポーツマス）の五人であった。

その後『ハンプシャー・クロニクル』はハンプシャーの中心都市ウィンチェスターに拠点を移し、五年後の一七八三年三月二四日に共同経営を解消する。この年の末、共同経営者だったジョン・ウィルクスがかつての経営者を相手にコート・オブ・エクスチェッカー（財務法廷）に提訴し、このとき使われた証拠物件のいくつかが残された。それらはつぎのものである。

（一）一七七八年五月一八日から一八八三年五月一九日までの広告収入の週単位集計（二折れ判四冊）。
（二）一七七八年五月一八日から一八八三年三月二四日までの現金出納簿。
（三）一七八一年から一七八三年までの会計簿。
（四）一七七八年五月一一日から一七八一年一二月三一日までの社名スタンプ入り『ハンプシャー・クロニクル』。
（五）一七七八年一一月二三日の共同経営者会議の議事録。
（六）ジョン・ウィルクスの訴状とベンジャミン・コリンズの答弁。

このような記録（資料）が残っているのはきわめて珍しい。さいわいこれによって『ハンプシャー・クロニクル』の経営内容をある程度知ることができるのである。

流通の問題

ところで、新聞経営で最も重要なのは流通の問題である。資料によると半年に一度の経営者会議でそのことが議論されている。おもな論点はつぎのようである。

（一）梱包された新聞をエイジェントまで運ぶのは誰がよいか。そのレートは。
（二）運搬人（キャリヤー）に課する制約はどうするか。
（三）どこにエイジェントを置くか。
（四）新聞を配達するニューズマンをだれが教育するか、等々。

五人の共同経営者は互いに約二〇マイル離れたところに住み、ウィンチェスター在住のジョン・ウィルクスが印刷・会計を含む日常的な経営の面倒をみた。くり返すように、経営内容がいくぶんかでもわかるのは例外的で、ふつうはわからないことの方が多い。しかし、流通ラインのつぎに位置するエイジェントについては比較的よくわかっている。

エイジェント

エイジェントの記録は経営者のそれより入手しやすい。というのは、（一）どこに広告を依頼するのか、（二）どこで予約注文をするのか、（三）どこにニュースを持ち込めばよいのか、（四）どこで支払いをするのか、等々の正確な情報を読者が必要とするからである。これらを扱うのがエイジェントであり、かれらの住所氏名は読者にわかりやすく新聞の奥付の下に印刷されている（同じ場所に本や薬品の広告も載った）。エイジェントになる者は他の仕事を兼ねる者が多く、しばしばブックセラー、ときに他の新聞を経営したりした。現に『ハンプシャー・クロニクル』の五人の共同経営者はすべてエイジェントであったし、ポーツマスのジョン・ブレッドハワーはこの土地の流通と販売に寄与するという理由で共同経営者に加えられている。

エイジェントの収入は新聞販売のマージン、広告のコミッション、新聞に広告の載る商品の販売（とくに本と特許薬品）からくる。前述の『ハンプシャー・クロニクル』の資料によれば、給料を要求する者もいたし、定期的に「ニュース」（インテリジェンス）を提供して謝礼（稿料）をもらう者もいた。

エイジェントの重要な仕事は、流通ネットワークを効果的に組織し機能させることである。したがって、かれらの活動地域の調査によって、新聞流通の地理的な広がりが特定できる。そればかりではない。エイジェントの場所と広告主は密接な関係を持っているので、地方新聞の広告の多くはエイジェントのある町かその周辺のものであることがわかる。このように、エイジェントは流通の重要なかなめとして、新聞経営上不可欠な存在であった。かれらは予約読者を募り、広告を集める一方、薬品やその他の商品を販売したのである。

『ソールズベリー・ジャーナル』のエイジェント

過去五〇年間の『ソールズベリー・ジャーナル』の歴史は、エイジェントを通していかに読者を獲得し、販売のエリアを拡大したかを物語っている。

まず一七三九年二月のエイジェントの分布状態を見てみよう（図1）。これによれば、ソールズベリー以外の場所のエイジェントは七人、かれらはソールズベリーから平均五七マイル離れた広い受

図1　『ソールズベリー・ジャーナル』のエイジェント分布図（1739.2）

け持ち地域をもっていた。エイジェントの数、したがって販売の地理的広がりは時代により、また経営者コリンズの商売上の、または個人的なコネによって決まった。ロンドンのエイジェントは成功を目指す地方の業者にとって不可欠の存在であった。そこは本、薬品、文具、その他の最大の供給源だったからである。そして地方新聞の経営者はこれら商品の集積場所（卸し）として地元の小売市場の発展を支えた。『ソールズベリー・ジャーナル』のロンドンのエイジェントは、セント・ポール・チャーチヤードで薔薇の看板の店を持つトマス・アストレーであった。かれは徒弟時代にコリンズと同じ釜の飯を食った仲間である。

ロンドン以外のエイジェントでは、ファリンドンにプールという人物がいた。ソールズベリーの北方約六〇マイルのファリンドンはコリンズの生誕地でもあり、特別のコネがあったと考えられる。

グロースターのエイジェントはゲイブリエル・ハリスであった。この町にはすでにロバート・レイクスが発行する『グロースター・ジャーナル』があったが、コリンズは敢えてこれに挑戦しようとした。じじつ、最初の数年間コリンズは挑戦の意図を公然と示し、一七三八年から三九年にかけて起こったメルクシャムの機織り暴動のときは最も過激であった。レイクスは機織り工を支持し、コリンズは織物仕上げ工を支持したが、対立がしばしばそうなるように最終的には和解に終わり、一七五五年頃レイクスは『ジャーナル』のエイジェントになっている。

このことはシャーボーンについてもいえる。ここでは『ソールズベリー・ジャーナル』創刊後数か月以内（一七三七年の初め）にプリンターのウィリアム・ベティンソンが『シャーボーン・マーキュリー』を創刊する。ソールズベリー、シャーボーン間は三五マイルしか離れていないので、最初から競争は予想された。しかし、一七三七年一〇月にベティンソンは『ジャーナル』の印刷を引き受け（このときから『ジャーナル』の活字が目立ってよくなった）、『ジャーナル』のエイジェントになったのである。

レディングのジョン・ニューベリは、一七四〇年代のはじめ『レディング・マーキュリー』を発行し、コリンズの潜在的な競争相手になったが、一七四二年に『ジャーナル』のエイジェントになっている。一七四二年三月二三日の『ジャーナル』の奥付の下にニューベリの名前がエイジェントとして印刷されているのを見ればわかる。ニューベリとコリンズのあいだには緊密な個人的関係があり、テリトリーを争うような非生産的な行為を避けたと考えることができる。両者は協力して、児童市場向けの本を出版し、大いに利益をあげている。互いに部分版権を売買し合い、一七六七年にニューベリが死んだとき、モーニング・リングと他にふたつの形見をコリンズのために遺している。

競合する者同士の協力

ベティンソンやニューベリの例はつぎのことを物語る。すなわち、他の都市の潜在的な競争相手との協力や合併は商業上望ましいことであり、同じ市場での出費の多い競争はやめ、それぞれ固有のテリトリーを分担して持つ方がよい。かくしてベティンソンはシャーボーン西部からコーンウォールまでをカヴァーし、シャーボーンからソールズベリーの間はコリンズのテリトリーとして残した。かれはまた『ソールズベリー・ジャーナル』のエイジェントになり、コリンズは一時的ながらベティンソンにトーントンを譲っている。また二〇年におよぶ実績をもつ『レディング・マーキュリー』は『ソールズベリー・ジャーナル』にデヴァイズィズ北西部の地域を譲っている（一七四三）。競合するのは、レディングとソーズルベリーを除くとロンドンとオックスフォードだけで、両者には共通のエイジェントを持っていた。

エイジェントの拡大とコーヒーハウス

『ソールズベリー・ジャーナル』のエイジェントには、一七四六年と一七五五年にエクセター、

図２『ソールズベリー・ジャーナル』のエイジェント分布図（1757.10）

オックスフォード、ファリンドン、グロースター、ブリストルが加わり、地理的に広い購読者を獲得しようとしたことがわかる。エイジェントの他に、コーヒー・ハウスがはたす役割も無視できない。購買部数は少ないが、コーヒー・ハウスはほとんどすべての新聞を購入したし、利用者のなかには一般市民ばかりでなく、潜在的な広告主がいたことも重要である。新聞の利益の大きな部分が広告収入にあったからである。その意味でもコーヒー・ハウスがはたす役割は大きかった。

　図2は一七五七年一〇月のエイジェントの分布状態を示している。この年の七月に改定されたスタンプ・アクト（印紙税）にもかかわらず、『ジャーナル』が力強く発展している様子がわかる。この改定では新聞一シートにつき一・五ペンス、広告一つにつき一シリングの印紙税が

取られた。しかし、七年戦争の開始と民衆のニュースへの渇望が新印紙税をほとんど無に帰してしまった。

地方新聞はふつう週刊であった。したがって、ロンドンの新聞やヨーロッパ大陸の新聞・雑誌等の最良のニュースを利用することができた。値段は印紙税が改定されたのちでもロンドンの新聞より安く、それ以前の一七五五年とその後のエイジェントの数を比較すれば、集中的な流通が加速していることがわかる。

一七七〇年頃、コリンズは『ソールズベリー・ジャーナル』の版権をかつての徒弟ジョージ・シーリーと地元のプリンター、ジョン・アレクサンダーに売っている。しかし、五年後の一七七五年に買い戻しているところを見ると、ふたりの経営者のあいだに問題が生じたことが推測され、そのことはエイジェント数の減少からもわかる。一七五七年の三〇から一七七三年には二一になり、（コリンズが買い戻した）一七七五年には二五に増えている。

一七八三年初めにベンジャミン・コリンズは死ぬ。しかし、それ以前の約一〇年間は一族の者が『ジャーナル』を運営し、流通エリアは確立していた。エイジェント数は一七三九年の八倍の五七になっており、いずれもソールズベリーから平均二九マイルの距離のところにあった。地域的にはあまり遠くない場所に集中していたことがわかる。

その規模

『ジャーナル』の規模については推定される発行部数から知ることができる。正確な購読者数は不明だが、ソールズベリーの初期のプリンター、サミュエル・ファーリーの発言は参考になる。かれは一七一五年に自身の発行する『ソールズベリー・ポスト・マン』を維持するのに二〇〇人の購読者がいれば十分だという（しかし失敗に終わった）。一七四〇年代、すでに成功を収めていたコリンズの『ジャーナル』の購読者は二〇〇〇人ほどであったと考えられる。その後一七六〇年代の終わりには三〇〇〇人になり、一七八〇年頃には「四〇〇〇人の大台」に達したと推定される。買うよりも読む読者が多かったことは想像できても、読む読者の正確な数は把握できない。――つまるところ、地元の読者に刺激をあたえ、サーヴィスを提供することが流通ネットワーク拡大の主たる目的であった。

これが一八世紀半ばにおける『ソールズベリー・ジャーナル』の流通の実態である。同様のことは健全な経営を営む他の新聞についてもいえる。守備範囲が広く、競争の少ない世紀初頭の希薄な流通ネットワークが、他の新聞の普及とともに再編成され、地理的な集中が加速されたのが大きな特徴である。

『ハンプシャー・クロニクル』のばあい

ところが、以上の話は流通ネットワークが異なる『ハンプシャー・クロニクル』には適用できない。サウサンプトンの学校経営者兼ブックセラー、ジェイムズ・リンデンが『ソールズベリー・ジャーナル』のエイジェントとなり、その後『ハンプシャー・クロニクル』を創刊したのは地方新聞が増えつつあった一七七二年のことである。サウサンプトンはすでに『ソールズベリー・ジャーナル』の重要な市場であったが、それが苦境に陥ったときリンデンはチャンス到来と考えた。もともとかれはハンプシャーに独自の新聞が必要だと考えていた。コリンズは新しい競争相手を意識して、『ロンドン・ガゼット』の記事を借用掲載、さらに一七七二年八月一七日号の『ジャーナル』に「カード」(趣意書)を掲載して対抗の姿勢を鮮明にした。それはつぎのような内容であった。流通や宣伝への言及もあり引用に値するものであろう。

『ソールズベリー・ジャーナル』はハンプシャー全域の読者に深甚の敬意を表する。忠実な下僕として、過去三〇年以上にわたり、最も早く、最も信頼できるニュースを定期的に提供してきたこの新聞は、州の一部でおこなわれようとしている無用な挑戦には関与せず、読者の好意に応えるべくさらなる努力をつづけるつもりである。

『ソールズベリー・ジャーナル』はわが国で最も広く流通する地方新聞であり、ウィルトシャー、ハンプシャー、ドーセットシャーの全域、それにサマセットシャー、グロースターシャー、バークシャー、オックスフォードシャー、ワイト島、パーベック島、ジャージー島、ヴァンジー島の一部に、二〇人のディストリビューター（馬車、キャリアーその他の運送手段を含める）が定期的に配達を行っている。加えて、ディストリビューターの及ばない場所に住む多くの紳士諸兄には郵送し、またロンドンの多くのコーヒー・ハウスにも送っている。すでにお分かりのように、ニュースが少ない平和な時代にこの地方の（多くの）新聞がやれないこと、すなわち一週間のニュースをすべていとも容易に掲載できるのは『ソールズベリー・ジャーナル』だけである。

じっさい商人、貿易商、手工業者、その他すべての職業のひとにとって、定評あるわが新聞に掲載される各種の広告は読んで面白く、かつたいへん有益である。ところが、この州の海に面した場所で発行された新刊の新聞は、すでに存在するニュースしか載せず、掲載される広告は役に立たず、見る価値のないものである。

図3は一七七二年八月の『ハンプシャー・クロニクル』のエイジェントを示している。リンデンは有利なバースの市場を含め、『ソールズベリー・ジャーナル』の南東部と東部の読者を獲得しようとした。かれの意図はソールズベリーのエイジェントの所在地を見てもわかる。『ソールズベリー・ジャーナル』の印刷所の角をまがったところにあり、コリンズとの協調どころか、明らかに

図３『ハンプシャー・クロニクル』のエイジェント分布　(1772.8)

挑戦状をたたきつけた恰好である。地図にある一六の都市のうち一〇はすでに『ジャーナル』のエイジェントが存在する。これに対抗して『ソールズベリー・ジャーナル』の方はストックブリッジ、ホワイト・チャーチ、カウズなどに新しいエイジェントを設置し、一七七五年までにいっそうネット・ワークを強化させた。

それにしても、リンデンの『ハンプシャー・クロニクル』の発行場所であるサウサンプトンは有利な土地であった。『ソールズベリー・ジョーナル』よりさきにパケット・ボートでワイト島に新聞を送りとどけ（のちにはジャージー島やグァンジー島にも送った）、港湾のニュースをいち早く入手し、ロンドンに二か所のエイジェントを置き、何軒かのコーヒー・ハウスとも関係を持つことができた。リンデンは『ジャーナル』より先にニュースや商品を購読者に届けた。

コリンズのさきのカード（趣意書）に言及し、「頼みもしないのに『ハンプシャー・クロニクル』に言及し、宣伝してくれたこと」に謝辞を述べてもいる。

『ハンプシャー・クロニクル』はしばらくはうまくいっていた。一年以内にディストリビューターを追加する広告を出し、エイジェントを持つ都市は一七七五年には二二になっていた。そのなかにはパン屋、ろうそく屋、ラム酒業者、宿屋、商店などがいたが、少なくとも半数は書籍業と関係をもっていた。これは健全な証拠である。しかし、前述のように一七七八年頃に破産し、権利はコリンズその他の手に渡った。

リンデンのエイジェント

リンデンのエイジェント数、住所と名前については最初の六年間を除き（共同経営になった）一七七八年から後の記録が残っていることは前述した。これを見ると、各エイジェントが毎週受け取った新聞の数、委託販売による半年ごとの戻し部数がわかる。その数はエイジェントによって、また同じエイジェントでも時期によって大いに異なっている。

サウサンプトンのエイジェント、J・ブレークは毎週四ダースのスタンプつき『クロニクル』と少なくとも同数のスタンプなし『クロニクル』を受け取り、一七八二年前半には一一八の広告を取り、一つにつき三ペンスのコミッションをもらっている。スタンプつき新聞はスタンプつき用紙に印刷した新聞で、政府に印紙税を納付した証拠になる（一七五七年の新法以後は一シートにつき一ペンス半）。スタンプなし新聞はおそらくチャネル・アイランド向けの免税版であったと考えられる。

アランデルのエイジェント、J・ブランチは週一ダースから始めて、八部、ついで六部を扱い、半年後に三ダースと八部を返している。ブックセラーの比重が重く、その収入が多かったことを物語っている。

ゴスポートのエイジェント、ウィリアム・ドーキンズはハイ・ストリートで貸本屋、スタンプ・オフィス、製本業、文具商、ブックセラー、薬屋を営み、一七八〇年代に毎週四から六ダースの『クロニクル』を扱っていた。同時にニュースを提供して、半年に一ギニの収入を得ている。かれは『ソールズベリー・ジャーナル』のエイジェントも兼ねていたが、これは当時としては珍しいことではない。

ウォルサムのエイジェント、エリザベス・マーティンは一七八一年に週八部、一七八二年にはわずか四部を扱っているにすぎない。しかし、半年に六紙しか返却していないところを見ると、市場をよく知っていたというべきであろう。

エイジェントを通して配達される新聞は、年間の印刷部数によって知ることができる。残された会計簿によると、一七八〇年代初期には一週に一〇五〇から一一〇〇部のスタンプつき新聞と、五一部から五六部のスタンプなし新聞を印刷している。一七八二年一一月一一日号は一元の読者のために二〇〇部を余計に印刷している。この号はジブラルタル包囲のスペイン船砲撃用の新式英国製弾丸の成功を伝える『ロンドン・ガゼット』特別号の記事を載せたからである。

一七七九年になると、『クロニクル』の売れ行きは五〇〇部に落ち込み、明らかに採算点を割っている。これはリンデンが（短命に終わる）新しい新聞を市場に参入させた結果だと考えられるが、一七八〇年代には発行部数を一〇〇〇部以上に持ち直している。広告収入の増大と有能な経営によるもので、この部数は収入を確保するのに十分なものであった。以後は発行部数に大きな変化は見られず、経営的な安定期に入ったことを物語っている。ちなみに、一七八二年三月一八日から一七八三年三月一七日のあいだに発行されたスタンプつき新聞五万六一九三部のうち二パーセント以下がエイジェントから戻されている。五万六一九三部を五二週で割れば一週の発行部数は一〇八〇部になる。

ディストリビューター

流通のつぎのラインはディストリビューター（運搬人）である。その仕事は印刷工房から遠くのエイジェントまで新聞を届けることである。新聞の運搬配達にかかわるすべての者――ニュースボーイ、エイジェント、キャリアー、ポストマンなど――がふつうディストリビューターと呼ばれるが、ここでは印刷工房から新聞をエイジェントに運ぶ運搬人をそう呼ぶことにする。エイジェントに運ばれた新聞はそこから地元の読者に配達されるのである。

ディストリビューターに関する情報は少ない（それはつぎに述べる流通の末端にくるニューズマンも同様である）。なぜなら新聞はエイジョントのリストを掲載してもディストリビューターの名前は載せないからである。読者（広告主）はその存在を知らなくても不都合を感じなかったということもある。

しかし、『ハンプシャー・クロニクル』の会計簿にはその行動が記録されている。ディストリビューターのR・フライとW・フライへの言及があり、それによると前者のR・フライは（ウィンチェスターから約四二マイル離れた）プールまで週一回通い、リングウッドのフェルサム、リミントンのアベット、プールのルールに新聞を届けている。そしてかれの親戚と思われる後者のW・フライは（ウィンチェスターから約三八マイル離れた）サセックスまで行き、ハヴァントのステイプリー、チチェスターのジャックス、住所不詳のコルバーンに新聞を届けている。届け先はいずれもエイジェントであり、運ぶ部数は一七八〇年代の初め頃、R・フライは九ダースと六部、一五ダースと五部などで平均すると一二ダース半であった。他方W・フライは一七八一年の末、週に約三ダースだったのが、一七八二年には定期的に一〇から一二ダースに増え、一度は一四ダースと八部を運んでいる。かれらは一回の運搬につき一ギニの収入を得ているが、運搬する新聞のマージンはもらわなかったらしい。マージンを得たのはエイジェントの方で、一部二・五ペンスで仕入れた『クロニクル』を三ペンスで卸している。商売であれ、個人であれ、普通の荷物運搬人（キャリアー）がディストリビューターになることもあった。

特急配達人

地方新聞のなかには、ロンドンの新聞やニュースを地方の印刷所まで運ぶのに特急便を利用するものもあった。このエクスプレス・ライダー（特急配達人）はロンドン発行の新聞よりも早くニュースを届けたといわれる（それができたのは週三回発行のロンドンの新聞が地方市場に掲載前のニュースを提供したからである）。『ソールズベリー・ジャーナル』が特急便を利用したことは、コリンズが掲載した新聞遅配の弁明文からもわかる。いちどは、特急配達人が追加の重要ニュースを待つためにロンドンにとどまったとき、いちどはかれが新聞の包みを暗闇に落として引き返したときである。しかし、特急便は金がかかるので特別のばあいを除いてあまり使われなかった。『ハンプシャー・クロニクル』の共同経営者のひとりコリンズは自分の『ソールズベリ・ジャーナル』と共同で経費を負担している。他のどの共同経営者よりも経験豊かなコリンズは、特急便をいち早く利用したらしく、会計簿には週一回一三シリング六ペンスの「特急便」代を半年に一回支払った記録がある。他にもバシングストークのA・モーレーに「特急便で二六週運んだ」代金として六ポンド一〇シリングを払っている（これは週五シリングの計算になる）。

ニューズマン、ポストマンなど

流通ラインの最後にくるのはニューズマン（図4）である。かれらはじっさいに新聞を読者にと

図４　ニューズマン
（Thomas Rowlandson, *Characteristic Sketches of the Lower Orders*（1820））

どける配達人である。地元の定期購読者のために決められたルートを徒歩や馬で回り、新聞ばかりではなく新聞紙上に広告のある各種商品を配達した。コリンズは『ソールズベリー・ジャーナル』と『ハンプシャー・クロニクル』の配達の際、誤配を避けるためにニューズマンには一種類の新聞だけ配らせた。他の地方紙も同様のことを行っている。

新聞発行人がニューズマンに支払う賃金は半ペニがふつうで、長距離の配達はもっと高かった。エイジェントもかれらが扱う新聞、薬品、本などのマージンから毎週僅かな金をニューズマンに払ったものと思われる。『ハンプシャー・クロニクル』の資料のなかにはニューズマンに関するものは皆無であり、その実態はほとんどわからない。わずかにわかっているのは、新聞発行人が革のニュース・バッグのために四シリング六ペンス払ったとか、「新採用のニューズマンに道を教えるのに一往復」した馬車代に四ギニ支払ったなどの記述だけである。前者はニューズマンが新聞を入れて運ぶカバンであり、後者はニューズマンに間違いのない仕事をさせるために、実地指導をしたことを物語っている。

一八世紀の流通ネットワークはすべての潜在的な購読者をカヴァーできたわけではない。ときには郵便局がその全国的なシステムを利用して新聞を郵送することもあった。とくに流通ネットワークの外側にいる購読者にはそれが適用された。その意味で郵便局をエイジェントに加えることは地方新聞にとってたいへん重要であった。ただ難点は郵便料金を読者が負担することになっていた点である。少なくとも、ロンドンのあるエイジェントのように、主要な新聞の郵送料金を無料にするなら話はべつだが。読者はまたニューズマンではないべつな荷物運搬人（キャリヤー）に依存するばあいも余分な金を払わねばならなかった。

地方新聞の流通ネットワーク――発行人↓エイジェント↓ディストリビューター↓ニューズマン（キャリヤー、ポストマン）――は新聞の正常な経営にとって必須の条件であった。すでに触れたように、これを利用して配達するのは新聞だけではない。日常品の他に本、パンフレット等の出版物があり、このネットワークによって初めて出版物に接する読者もいた。新聞流通ネットワークの果たす役割の大きさが理解できよう。

第三章　地方における印刷業
――イギリス文化史の一面

地方の印刷と印刷業

一八世紀の地方における印刷と印刷業の実態はどうだったのか。一九〇〇年に出た『イギリス印刷小史』でH・R・プルーマーは書いている。「地方における印刷の歴史はまだ書かれていない。印刷業者とその仕事を突きとめる仕事は時間と労力を要する。」

さいわいプルーマー以後、地方の印刷、そしてそれに関連する書籍販売、活字鋳造、製紙業等々がいくつかの特定の地方について調査研究されるようになった。たとえば、ジョゼフ・ヒルの『昔のバーミンガムの本作りたち』（一九〇七）はその好例である。このほか各地の郷土史研究会の会報などに掲載されるものは、その性格上特定の地方の印刷を扱ったものである。その後、一九五八年になってようやくイギリス全体の印刷を見渡すような研究が現れる。ポール・モーガンの『イギリスの地方における印刷』がそれで、短いながら手際のよい先駆的研究であった。ついで出版史家ジョン・フェザーの『一八世紀イギリスの地方における書籍業』(一九八五)が出るに及んで、この分野における研究がじじつ上本格的にはじまった。その間、一九八三年にはブリティッシュ・ライブラリーが「イギリスの地方の印刷業者、一七〇〇―一八〇〇年」と称する展覧会をおこない、出版年不明の『地方の印刷』と題する七八ページのパンフレットも出版された。これはイギリス各地で印刷された本をリストし、各項目には著者、タイトルはもちろん印刷業者と出版年も記載されている。

印刷工房とその使用人

印刷工房はふつう二、三人の使用人を雇っていた。ノリッジのスティーブン・ホワイト(一七六〇年代の終わり頃)の工房にはフルタイムとパートタイムのジャーニーマンがひとりずつと徒弟がひとりいた。ゴードビー(新聞を発行する比較的大きな印刷工房)では三人のジャーニーマンとひとりの徒弟が働いていた。

渡り職人のジャーニーマンは印刷工房に不可欠な存在で、小さな工房ではひとりのジャーニーマンが何でもやった。アン・コックス(一七八〇年、リンカンシャー、グランサムの印刷業者)は広告で「印刷と製本が出来るジャーニーマンをひとり」求めている。

新聞を発行するような工房では複数のジャーニーマンがそれぞれの持ち場を受けもった。限られた使用人をフル活用しなければならず、ゴードビーが雇った印刷工は、週六日、一日一〇時間働き、二台の印刷機をフル稼働させ新聞のみならずビラ、ポスター、バラッド、チャップ・ブックなど各種の半端物を印刷した。

また、渡り職人制度は重要な植字工の供給源でもあった。これはトランピンブ・システムと呼ばれ、一七六〇年代から一七七〇年代にはじまり、一九世紀にはあたり前になる。すぐれた植字工はひく手あまたであった。

渡り職人として数年間働いたチャールズ・ハズバンドは、カンタベリー、チェスターへレフォードの印刷工房を転々とし、やがて『ジェントルマンズ・マガジン』に寄稿をはじめ、最後は『ジェネラル・イーヴニング・ポスト』の編集者になっている。植字工としては珍しい経歴の持ち主である。

活字の鋳造についてはほとんどがロンドンで行われていた。ジョン・ペンドレッドの『初期書籍業界人名簿』（一九五五）にはロンドンの六人の活字鋳造者がリストされているが、地方にはひとりもいない。

しかし、バスカーヴィル書体の活字が初めて鋳造されたバーミンガムや、ケンブリッジ、オックスフォードにはジョージ・アンダートン（一七五三年頃）、ロバート・マーティン（一七八〇年頃）、マイルズ・ウィニー（一七九〇年頃から少なくとも約一〇年間）などの活字鋳造者らがおり、ブリストルにはアイザック・ムア（一七六六年頃活躍、のちにロンドンに移る）もいた。

ニューカースル・アポン・タインではチャップ・ブックがスコットランド鋳造の活字で印刷され

ており、スコットランドとタイン川沿いの都市との密接な結びつきがわかる。

印刷工房の諸道具

印刷業者が必要とするものはジョーニーマンや徒弟などの人的な力だけではない。印刷機、活字、チェース、机、インクなど印刷をするための基本的な道具が必要であった。

印刷機

さきのペンドレッドの『人名簿』には三人の印刷機製造業者の名前がリストされている。これ以外にロンドンにひとりいたことがわかっているが、一般に印刷機製造に関する情報はきわめて少ない。イギリスでいつ頃から製造されはじめたのかもわかっていないのである。ジェイムズ・ワトソンは『印刷術の歴史』（一七一三）のなかで、一八世紀の初期にはオランダから輸入されていたが、近年イギリスでも製造されるようになったと書いている。すなわち、一七一三年前後になってようやく印刷機の製造がはじまったというのである。しかし、ジョゼフ・モクソンが有名な『印刷工の訓練』の第二巻（一六八三〜八四）で「最新式の印刷機」の詳細を述べ、製造の手ほどきにおよんでいるところを見ると、この頃から印刷機の試作品が作られていたと考えることもできる。じっさい有能な大工がいれば、木製手引印刷機を作ることができたのである。一八世紀も半ばすぎ（一七七一年）には、アイザック・ムアとウィリアム・パインが新しいレバーのメカニズムを開発し、自ら設計した小型印刷機を数多く製造している。

オックスフォード大学は一七六七年にロンドンの製造業者ヤロリーから一七ポンド三シリング九ペンスで買い、一七八〇年代には『ガゼッティアー』の発行者が二〇ポンドの印刷機を二台買っている。さらに一八〇八年にはケイレブ・ストアーが「ふつうの」木製印刷機一台のために三一ポンド一〇シリングを払っている。時代とともに高くなっていく様子がわかるが、これが印刷機の値段であった。

一七〇二年にケンブリッジ大学出版局はセコハンの印刷機に一一ポンド一一シリングを払い、バンベリーのジョン・チーニーは遺言のなかで自分の印刷機を一二ポンド一〇シリングと算定しており、ヨークの『ヨーク・クーラント』の発行者ジョン・ホワイトは一台五ポンドと算定している。

じじつ地方ではそういう業者が多かった。しかし、新聞の発行者は多くの印刷機が必要であった。一七二〇年代、さきのジョン・ホワイトは三台の印刷機を持っており、一七九九年に『スイニー・バーミンガム・クロニクル』の発行者マイルズ・スイニーは四台持ち、かれのライバルで『アリス・バーミンガム・ガゼット』の発行者T・A・ピアソンは五台持っていた。一般に新聞の発行者は二台以上もつのがふつうだったが、新聞を発行しない者でも比較的大きな業者は一台以上を持っていた。さきのバンベリーのチーニーは二台持っていたことが分かっている（以下、チーニーに関する情報は『ジョン・チーニーとその後裔』一九三六による）。

活字

印刷業者が活字に使う経費は印刷機以上であったといえば、その重要性が理解できる。チーニーは八四のケースに重さ約二五〇〇ポンドの活字を持ち、そのうち最も多かったのはピカ書体の活字で、約一二〇〇ポンドを占め、ロング・プライマーは二三一ポンドであった。おなじロング・プライマーをホワイトは二一ケース持っていた。

ジョゼフ・モクソンによれば、規模の小さな業者なら、ピカを八〇〇から一〇〇〇ポンド、ロング・プライマーを五〇〇ポンド、その他の活字、シンボル、花模様、罫線を合わせて三〇〇から四〇〇ポンド持つのがよいといっている。

これだけの活字を買うためには、モクソンの時代（一七世紀の終わり）には値段にして約三〇〇ポンドを要し、一八〇〇年頃にはその倍を要したであろう。チーニーのばあいは活字総額の約九パーセントが一台の印刷機の値段に相当し、ホワイトのばあいは五パーセントに相当した。これを見ても活字の持つ重要性が理解できる。

活字の種類についてはヘレフォードのW・H・パーカーのものが参考になる。パーカーは一七八四年にこの町で仕事をはじめたが、これが唯一残っている活字見本である。それによればローマン書体の活字には二種類のフォント・サイズがあり、それぞれイングリッシュ、ピカ、ロング・プライマー、ダブル・ピカ、グレイト・プライマー、トゥー・ライン・ダブル・ピカ、トゥー・ライン・ダブル・イングリッシュからなり、イタリック書体の活字ではピカとロング・プライマーとダブル・ピカだけがある。これらのほかにも多様なサイズの装飾花模様、装飾文字があった。――以上がパーカーの持つすべてかどうかわからないが、世紀の末頃の地方の印刷業者が持った活字の標準的なものと考えてよいであろう。

賃金と印刷代

以上の他に印刷業者が支払うものは用紙代と賃金がある。

使用人の賃金については世紀の末にいたるまで断片的な情報しか残っていない。世紀の初めの頃は低く、ゴードビーがジャーニーマンに払った賃金は週四シリングであった。一七六〇年になると、バースのジェイムズ・リークがジャーニーマンのウィリアム・テイラーに年間二〇ポンドを払った記録が残っている。週にすれば八シリングで、ゴードビーの倍である。

一八〇〇年頃までロンドンにおける賃金は一時間五ペンスであったが、一七八五年に植字工と印刷工の賃金スケールが決められ、植字工は活字の大きさやエム・セット（一ページ内の活字の量）によって賃金が違った。地方でも世紀末まではロンドンと同じ賃金だったようである。バンベリーのチーニーはロンドンの賃金に興味を示しメモに書き留めている。一七六〇年にバースのジェイムス・リークが支払った賃金二〇ポンドは、世紀末にははるかに上回っていたと考えられる。

印刷代金に関しても断片的な情報しか残っていないが、バンベリーのチーニーの会計簿がある程度のことを教えてくれる。一七六九年と一七七〇年の記録によれば、かれの主たる仕事であった半端物の印刷代は印刷の難易度によって異なった。たとえば一七七〇年六月にチッピング・ノートンのリチャード・ワグスタフにビラ四〇〇部の印刷代として六シリング六ペンスを請求し、他の三人にたいしては同じ部数で五シリング六ペンスを請求している。またべつの客はオークション・セールのビラ三〇〇部にたいして三シリング六ペンスを払っている。ところがバンベリーの金物商ロバート・オズボーンは、ビラ六四〇部にたいして三シリング七ペンスしか支払っていない。たぶんオズボーンの注文したビラはシートの半分または四分の一の大きさだったのかもしれない。

印刷代は地方によっても異なった。ウィンチェスターのウィリアム・エイヤーズは市の役人が遵守すべき規則（シート一枚）を四一部印刷して一ポンド一シリング（二一シリング＝一ギニ）を要求している。

製紙工房から買う新聞の用紙はスタンプつきのものをロンドンからとり寄せねばならず、その経費は新聞発行人の大きな部分を占めていた。

印刷代も一様ではなかった。これについての情報も世紀の末頃までほとんどなく、地方でおこなわれた取引の断片的な資料しか残っていない。それによると、本の印刷代はシートの大きさや印刷部数によって、また活字のサイズや植字の難易度によって異なったようである。一七五二年、ウェールズの詩人ゴロウィー・オーエンはシュルーズベリでの印刷代は「シート大のサイズで一〇〇〇部につき二ギニ（四二シリング）」だったという。かなりの高額に見えるが、おそらくウェールズ語の植字が難解だったことと関係あるのだろう。ソールズベリのベンジャミン・コリンズは、本来ならロンドンでやるべき仕事をした印刷業者である。一七七一年にスモレットの『ハンフリー・クリンカー』をシートサイズで一五〇〇部印刷し、一ポンド六シリングを請求している。この値段と一七七四年にロンドンのストラーンがオシアンの『作品』をシートサイズで一〇〇〇部印刷した代金一ポンド二シリングと比較すると興味深い。コリンズはまたゴールドスミスの『ウェイクフィールドの牧師』の印刷者でもある。地方での印刷代はロンドンのそれと同様世紀末までに標準化したようにみえる。

半端物の印刷

つぎに地方の印刷業者の仕事について見てみよう。これまでに見てきたように、かれらの仕事は半端物の印刷が主たるものであった。一六九五年の数年後には、初期の地方の印刷業者によって、半端物がひろくおこなわれていたいくつかの証拠がある。ブリストルではボニーが市の各種事務書類の印刷を引き受けているし、エクセターのダーカーは年季奉公の契約書を印刷している。一七二一年になると、イプスウィッチのバグナルが半端物印刷の広告を出しており、一七二八年にはノッティンガムのジョン・コリアーが市の依頼でチケットとプログラムを印刷している。

かれらはみな同時に新聞の発行者だったが、世紀の半ば頃からは新聞なしでも半端物で十分の収入が保証されるようになった。世紀最後の四半世紀における産業都市の発展はかれらの仕事量を増やす結果になった。ミドランドのジョン・ヴァーデンやバンベリーのチーニーは半端物印刷を専門とする業者として最もよく知られた。

チーニーを例として半端物印刷の実態を見てみよう。一七九〇年代以後のチーニーの会計簿は、半端物印刷業者の仕事とその社会的、経済的役割について多くを語ってくれる。かれの仕事はバンベリー周辺の農村地帯の経済生活と深く係わっており、土地・農場・株・収穫・材木等の売買に従事するオークショナーのためにビラやカタログ類を多く印刷している。

オークショナーのなかで最も大口の顧客ジョゼフ・ホーティンは、一七九四年二月二二日から一八〇〇年一二月九日までに一一ポンド九シリング三ペンスをチーニーに支払っている。これはオークションのカタログとポスターの印刷代であった。

二番目に大口の顧客はチーニーが「製紙業者」と呼ぶバンベリーのトマス・ヤングである。一七九四年三月二一日から一八〇〇年二月八日まで六年間に一〇二ポンド一一シリング六ペンスを支払い、半分以上の六二ポンド九シリング四ペンスは「銅板の仕事」(腐食銅板の製版のことか)にたいするものであった。ヤングの半端物の仕事でとくに多いのは用紙と梱包のラヴェルであった。詳細はわからないが、トマス・ヤングはたぶんノース・ニューイントンにある製紙工房の支配人か親方だったのだろう。

つぎにくる大口の顧客はリチャード・ビグナルで、かれもまたオークショナーであったらしい。

というのは、その注文にはビラ（図1）やポスター（図2）のほか、召喚令状、証明書などが多数含まれているからである。のちに弁護士、そして銀行家になったビグナルは土地や財産の売買仲介人のほか、教区教会の建物の設計士の選定など地元の名士として活躍している。

一八世紀の最後の七年間、以上の三人がチーニーへの印刷注文の半分以上を占めていた。注文の少ない他の顧客もまたオークショナーや弁護士が多かったが、それ以外の顧客もいた。

一七九〇年にオックスフォード運河が完成し、バンベリー経由でコヴェントリーからオックスフォードまでがつながったとき、チーニーのもとに新たな顧客がやってきた。

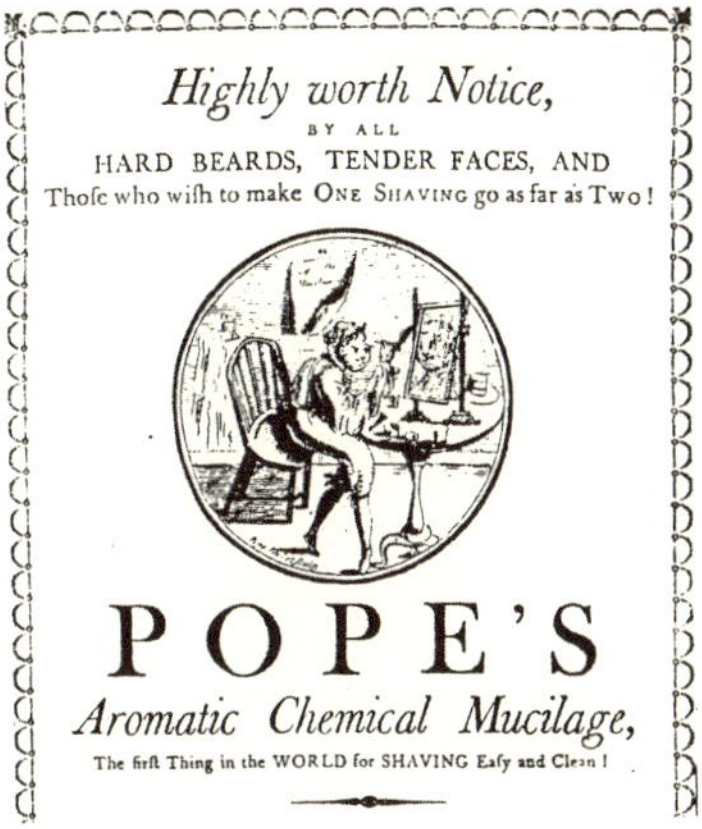

図1　ビラ（香料商の宣伝ビラ）

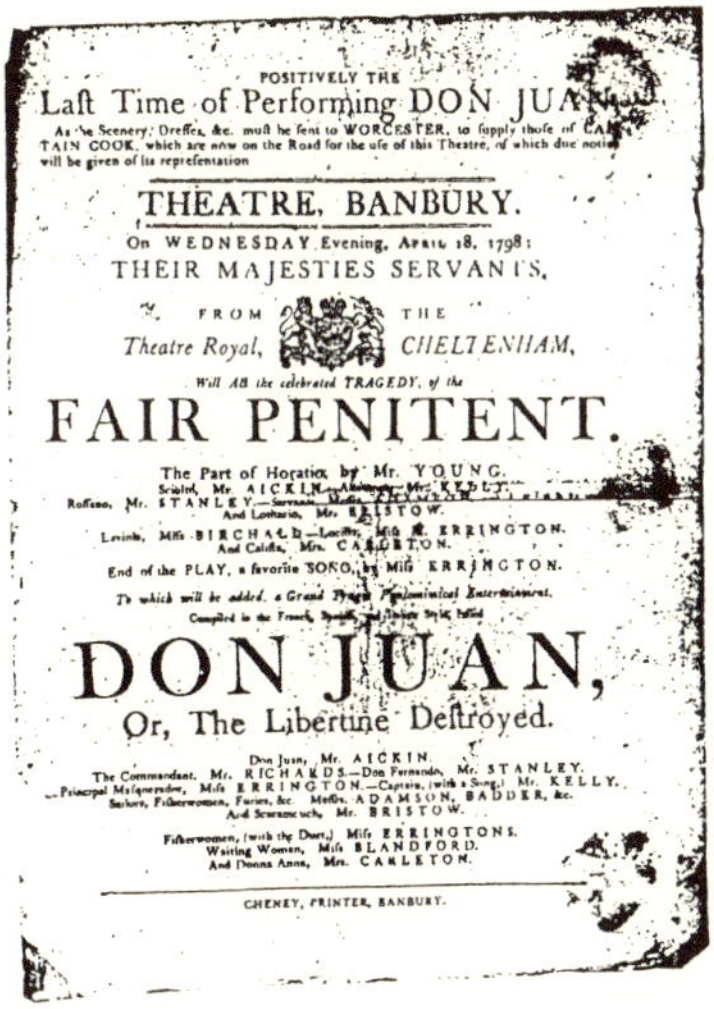

図2　芝居のポスター

運河沿いの村へイフォードとアイノーに住むシンコックとセブリッジで、かれらは一七九五年から一八〇二年のあいだに四ギニ相当のチケットを注文している。ふたりが運河に係わる運送業者であったことはほぼ間違いない。

そのことはアイノー・ウォーフのハントについても、カースル・ウォーフのジェイムズ・コルビーについてもいえる。前者は一七九五年から一七九九年にかけてチケットの印刷代に一三ポンド一二シリング六ペンスを支払い、後者は一七九六年から一七九七年にかけて同じくチケット代に二ポンド一四シリングを支払っている。

その他チーニーはバンベリーの薬屋のために薬のラヴェル、バンベリー・オールド・バンクのために各種文具、ワトソンと称する役者のためにビラを印刷した。ワトソンは一七九八年にチェルムスフォードから劇団をひき連れてバンベリーを訪問している。チーニーはまた町を犯罪から守るバンベリー・プロセキューティング・ソサエティやその他の協会のために広報を印刷した。

かくして、チーニーの印刷工房はバンベリーとその周辺の商業と文化の重要な一拠点となり、中心的役割を果たしていた。同様のことはイギリス各地に存在した他の印刷業者についてもいえる。

半端物以外の印刷

新聞、チャップ・ブック、バラッドの印刷は半端物印刷についで地方の印刷業者の重要な仕事であった。新聞についてはすでに述べた。ここでは主としてチャップ・ブックとバラッドについて述べよう。

これまでこれらの印刷物の歴史は極端に無視されてきたというのが実情である。その理由の大きなものは、現存するチャップ・ブックやバラッドの数があまりにも少ないこと、あってもその多くは発行年の記載がなく書誌学的に不完全だったことによる。

チャップ・ブック（小冊子の昔の物語で絵入りがふつう）

初めロンドンで印刷されたが（図3）、その後、需要（とくに地方での）が大きくなるにつれて、ロンドン以外の各地の印刷工房でも印刷されるようになった。

なかでも重要なのはイギリス北部ニューカースル・アポン・タインである。この地のチャップ・ブックの歴史は一七一二年のジョン・ホワイトにさかのぼる。ホワイトの仕事をさらに発展させたのが、かれのパートナーでのちに仕事を継ぐトマス・セイントであった。一七七〇年代半ばにはもうひとりトマス・アンガスがチャップ・ブック市場に参加し、かれの死後は未亡人と息子が後を継いだ。ニューカースルのチャップ・ブックはスコットランド色が強いものであったが、それは印刷される大部分がスコットランド向けのものであったことと関係する。ニューカースルを中心とする印刷業界にとってスコットランドは経済的に不可欠の存在だったのである。

同様のことは一七九〇年にバーウィックで仕事をはじめ、その後アニックに移ったジョン・キャ

THE ADVENTURES OF Sir Richard Whittington, WHO WAS THREE TIMES LORD MAYOR OF LONDON And the Surprising History of his CAT. TO WHICH IS ADDED, THE CALEDONIAN, A POEM.

BANBURY: Printed and Sold by J. CHENEY, in the High-Street.

(20)

match between them, to which, both parties cheerfully consented, and the Lord Mayor, Court of Aldermen, Sheriffs, the Company of Stationers, and a number of eminent Merchants attended the ceremony, and were elegantly treated at an entertainment made for that purpose.

History further relates, that they lived very happy, had several children, and died at a good old age. Mr Whittington served Sheriff of London in the year 1340, and was three times Lord Mayor.—In the last year of his Majoralty, he entertained King

図３　チーニーのチャップ・ブック

トナックについてもいえる。キャトナックはとくに子供用のチャップ・ブックの発行者として知られている。

チャップ・ブックのもうひとつの中心地はノーザンプトンである。ここには『ノーザンプトン・マーキュリー』の共同経営者ウィリアム・ダイシーが一七二〇年代初期からチャップ・ブックの印刷をはじめている。最初はロンドンで仕事をしていたが、ロバート・レイクスとともに地方に移り、一七五六年の死の年までつづけた。息子のクルアーは一七三〇年代半ばにロンドンに戻っている。グロースターシャーのウートン・アンダー・エッジでもJ・ベンスと称する男が一七二五年にチャップ・ブックの印刷をはじめた。かれがなぜこのような辺鄙な場所で仕事をしたのかその理由はわか

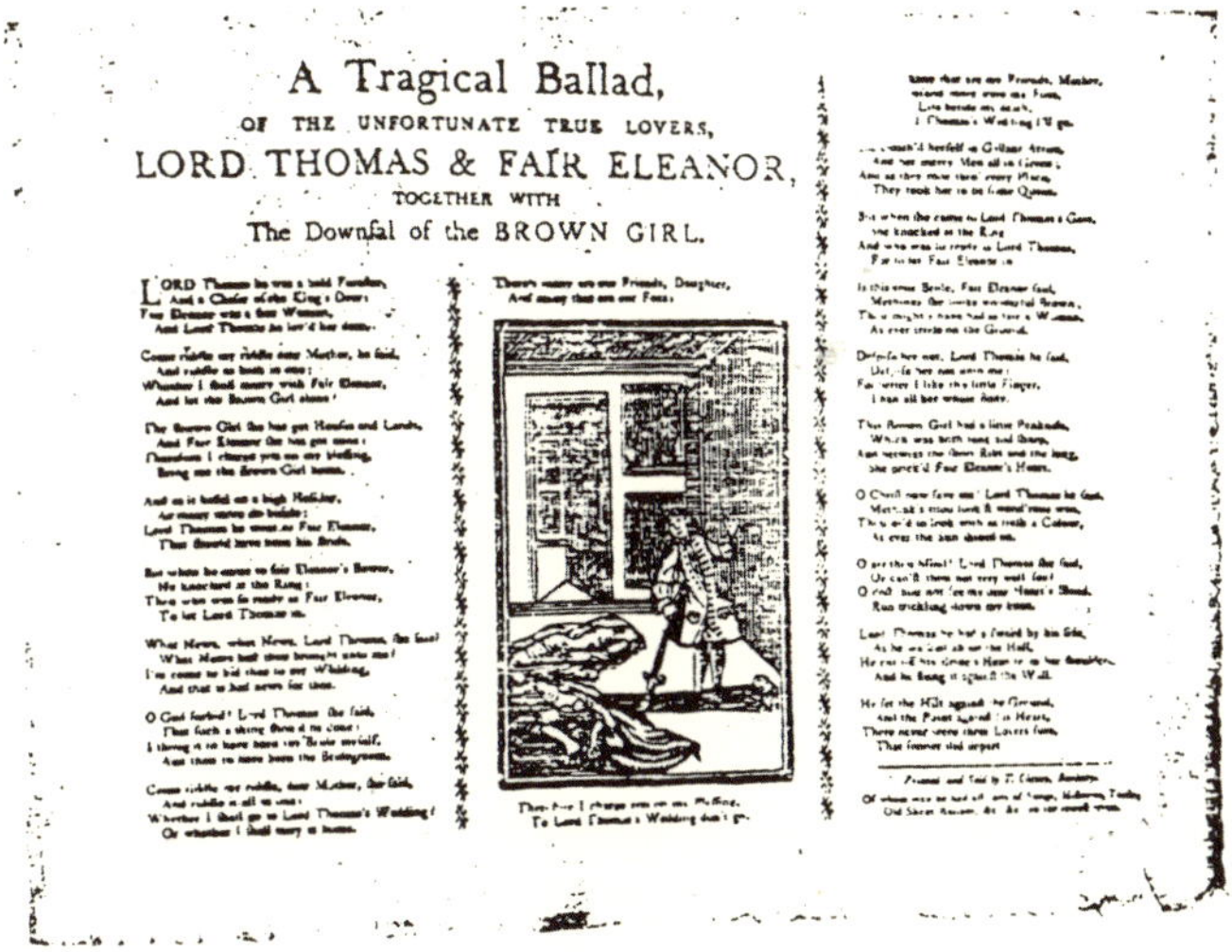
A Tragical Ballad,
OF THE UNFORTUNATE TRUE LOVERS,
LORD THOMAS & FAIR ELEANOR,
TOGETHER WITH
The Downfal of the BROWN GIRL.

図４　チーニーのバラッド

らない。

バラッド（詩で書かれた昔の物語。さし絵入り）（図４）

この一枚物の印刷物は比較的手軽るに印刷できたので、チーニーのような専門業者のみならず、多くの印刷業者がこれを手がけた。ノリッジのホワイトも、チェッシャーウォリントンのウィリアム・エイヤーズもそうである。コヴェントリ、ウォリックシャーのサザム、ソールズベリでも印刷され、ソールズベリのE・ファウラーは一七七〇年頃から世紀末にかけて数百編のバラッドを印刷している。その内容は一七八五年のソールズベリ市役所再建のような地元のできごとや行事を扱ったものが多かった。これはバラッドやチャップ・ブックが地元のひとびとを読者にしたことを物語っている。

　バラッドやチャップブックの発行者が新聞エイジェントを兼ねるばあい、その販売は自分の店で売り、外ではかれらが雇うニューズマンが売って歩いた。しかし、バラッドやチャップブックの販売で最もよく知られているのはチャップマンと呼ばれた行商人である。かれらはいたるところへ行き、イギリスの町や村にチャップ・ブックやバラッドを普及させた。

アルマナック（一枚物のさし絵入りこよみ）

　その販売は地方の印刷業者の収入の大きな部分を占めた。イギリス好みの商品だったが、最初からうまくいっていたわけではない。というのは、一六〇三年以後、アルマナックの発行はステイショナリーズ・カンパニーが独占したからで、一七世紀を通じてイングリッシュ・ストックの重要な収入源となっていたのである。しかし、一七九五年以後、アルマナックの独占販売はかならずしもうまくいかなくなった。一七四〇年頃から海賊版の横行がはじまり、加えて独占販売にたいする抗議が激しくなったからである。表立った抗議はレディングの印刷業者ウィリアム・カーナン（『レディング・マーキュリー』の発行者。継父は本――とくに児童用の本――と特許薬品の販売で知られたジョン・ニューベリである）によるもので、かれは法廷でステイショナリーズ・カンパニーと争った。結果、一七七五年に上院は独占販売を不法としてこれを退けた。おそらくこれは前年のドナルドソン対ベケットの裁判結果が強く影響したものと思われる。この裁判では永久版権を主張するロンドンの出販者がエディンバラの出版者に敗訴したのである。以後、アルマナックの印刷は地方の印刷業者たちの重要な仕事になった。一八世紀の最後の二〇年間はとくにさかんで、チャップ・ブックやバラッドとともにチャップマンがイギリス各地の町や村を売り歩いた。

かくして、チャップ・ブック、バラッド、アルマナックは地方における印刷物の重要な部分を占め、大きな収入源となった。その市場は広く、地方の流通ネットワークが広範囲な販売を保証した。しかし、「本」についてはそうはいかなかった。

流通システムの問題

ひとことでいって、この世紀に地方で印刷される本には不利な点が多々あった。流通システムに問題があり、本はロンドンを中心に売買され、地方の本はほとんど成功が期待できなかったからである。もともと地方で出版される本は、地元の市場向けのものが多かった。いちばん多かったのは昇進を望む牧師が自費で出版する神学関係の本であった。しかしこのような本には流通手段がなく、自費で出版し、かつ自分で売らねばならなかった。読者は地元のひとたちがほとんどで、ときには地元向けのガイドブックのような本もあった。

しからば地方の出版で全国的な販売をめざす本はどうすればよいのか。そのためには、地方の印刷業者はロンドンの販売業者（当時のことばでパブリッシャー）を探さねばならなかった。一七八三年、ソールズベリの印刷業者、B・C・コリンズはロンドンの書籍業者ジョン・ニコルズ宛てに書いている。

パブリッシャーが必要です。私はパタノスター・ロウのボールドウィン・ブックスター氏以上の適任者を知りません――勤勉と完璧性と手段がじつにみごとに結びついたひとです。これらの強力な理由で、私はかれに優先順位をあたえ、貴殿の手紙にあるように、仕事をゆだねることにしました。

当該の本をニコルズと共同で出版するにあたって、ボールドウィンにたのんで販売してもらおうというのである。コリンズは出版業界に通じ、コネを持ち、ロンドンの業者の信頼も厚かったので、自分の出版物の販売業者をさがすのにさほど苦労をしなかったようである。しかし、コリンズほどの才覚もコネも金もない地方の業者はそうはいかなかった。ミドランド東部の複数の場所で印刷業者兼ブックセラーをやっていたウィリアム・ハロッドは、一八一九年バーミンガムで貧窮のうちに死ぬが、生前自分で書いた四冊の（古物に関する）本を出版していた。そのうちの一冊が出版されようとする一八〇一年六月三日ニコルス宛てに書いている。

作品はタイトル・ページを除いてすべて印刷完了です。ロンドンのブックセラーはまだ決めていません。だれか喜んでやってくれるひとを教えていただけませんか。

結果はニコルス自身が本の販売にあたることになった。タイトル・ページの奥付にかれの名前が印刷されていることからそれがわかる。ハロルドはロンドンにつてがなかったわけではないが、ニコルスを説得するのにかなり苦労したようである。

さて、ロンドンのブックセラーがやったのは本の販売だけではない。ロンドンの新聞に広告を出すときのアドバイスやその手筈を整えてやった。同じハロッズはニコルスに自分の出版物の広告を〔ニコルスが出していた〕雑誌『ジェントルマンズ・マガジン』の表紙に二号にわたって掲載してくれるよう依頼し、「貴殿のアドバイスがほしい」という。べつの手紙では「送ったコピー通りか別の書式か、あるいは貴殿が適当と考えるやり方に従って」広告の文面を考えてほしいと依頼する。つづけて書く。

どうか販売促進のため、ロンドンの〔雑誌のみならず〕新聞にも一度広告を掲載していただきたい。そして、貴殿が目的にかなうと考えるロンドンのべつの新聞にも載せてほしいのです。

一八〇八年、ハロッズはふたたびニコルスに手紙を書いている。「……の広告を五月号の『ジェントルマンズ・マガジン』の外側の表紙に載せてください。文面は貴殿にお任せします。」

地方の出版物はその規模と読者に限りがあり、全国的な成功を得るのは難しかった。にもかかわらず、以上の手紙が示すように、本の内容や印刷業者や著者の希望によって、ロンドンを中心とする全国的な流通システムにアクセスしようとした。それができたのはロンドンの業者だけであった。そのよい例が非国教徒ジョブ・オートンの著書である。オートンは非国教徒のあいだで国民的人気のある教師であり、その本は地元のミドランド西部、とくにその発行地であるシュルーズベリのみならず、バーミンガム、ウスターなどミドランド中部でよく売れた。それ以外にもミドランド東部、西部、イースト・アングリア、ヨークシャー、ランカシャーでも、またウェールズ、ミドランド南部、ロンドンでも売れている。この成功は著者の名声にもよるが、もっと重要なのはシュルーズベリーの印刷業者エドウズ兄弟が五人のロンドンの業者（ジェイムズ・バックランド、チャールズ・ディリー、ジョゼフ・ジョンソン、トマス・ロングマン、G・T・ウィルキー）をエイジェントとして依頼したことである。五人はいずれもロンドンで名の知れた書籍業者であった。この例は地方の本でもロンドンのしかるべき業者を販売人として持ち、効果的に宣伝するなら、広範囲に売れることを物語っている。すべての本がこのように成功するわけではない。しかし、業界の構造はロンドンから地方へという一方通交の流通システムからなり、その逆ではなかったのである。つぎに述べるチェシャー州ウォリントンの印刷業者ウィリアム・エイヤーズのばあいはまれな例外であったといえる。

エイヤーズの場合

ウィリアム・エイヤーズは一七五六年に父から家業を継いだ。ウォリントンはかなり有利な場所にあった。イギリス北西部に通じる主要道路沿いの町で、マーシー川にかかる最初の橋のあるこの地域は商業の中心地であった。ジョン・エイヤーズは一七三一年に仕事をはじめ、主として半端物の印刷を手がけた。後を継いだ息子のウィリアムは多少の冒険心があり、一七五六年三月に『エイヤーズ・ウィークリー・ジャーナル』を創刊する。このままでいけば新聞発行を兼ねる地方の印刷業者としてそれ相応の成功をおさめて終わっていただろう。事情が変わるのは一八か月後にウォリントン・アカデミーが開校してからである。

ウォリントン・アカデミーは非国教徒のアカデミーのなかでも特出したものであった。開校後五年以内に、教師としてジョン・エイキン、ジョゼフ・プリーストリー、ジョン・セドン、さらにのちにはギルバート・ウェイクフィールド、ジョン・エンフィールドなどそうそうたるメンバーを迎えた。エイヤーズはこのチャンスを見逃さなかった。一七六〇年に二冊の本を印刷する。エイヤーズ一家の記録にある最初の出版物である。一冊は二八ページの、もう一冊は四ページの薄い本であった。しかし、これらにつづく本は違っていた。一七六二年に出したプリーストリーの『言語の理論と汎用文法講義』は一二折れ本、三一四ページの大きな本であった。これを契機にエイヤーズの出版は急速に拡大してゆき、一七六〇年から一七九八年にかけて、少なくとも二〇五冊の本を出版、その多くはアカデミーの教師が書いたものであった。

エイヤーズはウェリントン・アカデミーのすぐれた学者たちのおかげで大きな成長をとげることができた。プリーストリーの本を五冊（なかに『電気の歴史と現状、およびその実験』と題する重要な著作が含まれる)、ウェイクフィールドの本を七冊、エイキンの本を一〇冊、エンフィールドの本を一六冊出版した。そればかりではない。エイキンの本のように本としての出来ばえが傑出したものもあった。こうした実績は評判を呼び、アカデミーの教師以外の多くの著者を招きよせる結果になった。トマス・ペナントやジョン・ハワードなどはその一例で、一七七七年に出た後者の『イングランドおよびウェールズの監獄事情』はいまなお古典として読みつがれている。一七八三年にアカデミーがマンチェスターに移ってからも、エイヤーズはハワード、エンフィールド、ウェイクフィールドの著作をそれぞれ一冊ずつ出版している。

もちろんエイヤーズも地方出版固有の限界から完全には免れ得なかった。他の業者と同じように地元の牧師の本を多数出版していたし、流通に際してはロンドンの業者の協力を必要としたのである(エイヤーズが接触したのは急進主義者のブックセラー、ジョゼフ・ジョンソンであった。ジョンソンもまたアカデミーのメンバーの本を多数出版しており、奇人ともいわれたが、そのこととこのことはこの際とくに関係はない)。

それでも、エイヤーズが手掛けた著者と作品の質は他の印刷業者と較べ際立っていた。これは幸運というべきであり、運命が思いがけなくも与えてくれた幸運をかれは見逃さなかった。この点でエイヤーズに匹敵できる者はいなかった。

エイヤーズの本にくらべると、一般に地方の出版物はとるに足らないものが多く、出版史に名を残すような著作はわずかだった。しかし、例外的なものがなかったわけではない。非国教徒の神学の本、医学の本、地方史の本がそれである。まず、非国教徒の本についていえば、もともと非国教徒のルーツは地方にあった。アングリカンの牧師はパトロンと昇進をもとめてロンドンやケンブリッジ、オックスフォードに目を向けた。名のある出版者から本を出し、全国的な普及を強く望んだからである。これにたいして非国教徒の牧師は地方指向型の者が多く、自分の本を地方で出版するのを問題にしなかった。さきのオートンの本もそうだったし、ウェスリーの本もそうだった。後者はブリストルのふたりの印刷業者が出版している。

医学の本も地方に分散する傾向があった。この世紀、オックスフォードやケンブリッジの医学研究はあまり目だたず、多くの医者はスコットランドやヨーロッパで修業した。ロイヤル・カレッジは医者の免許状を出してはいたが、名目だけのものだった。出版についてはどうか。地方の医者は自らの才覚と努力で成功する者が多く、パトロンの必要もなく、本をロンドンで出版する必要もなかった。それを裏付けるように一八世紀イギリスの最も重要な医学書のひとつはバーミンガムの印刷業者マイルズ・スイニーによって印刷されている。ウィリアム・ウィザリングの『ジキタリスとその医学的効用』がそれで、この本で著者は初めてジキタリスの属性と心臓病治療への有効性を説いた。

もうひとつは地方史の本である。地方に関する本が地方で出版されるのは当然であり、望ましいことでもある。まだ印刷術の普及しない一七世紀には、ロンドンで出版された地方史の本もあったが、一八世紀の二〇年代になって地方都市が書籍産業の重要な中心地になるにつれて、地方の出版が可能になった。

地方史の本には自費出版や予約出版が多い。大規模な州史のような本はほとんどがそうである。しかし、自費出版の本は、個人の本であれ、おおやけの本であれ、そのじじつを明記しないばあいが多い。いまだロンドンの出版を偽装する本があり、これはロンドン中心の業界への根強い信仰を物語っている。地方の出版を明記しながら、ロンドンの業者を奥付に併記する本もあり、これはあきらかにロンドンからの販売を意図したものである。一七三〇年に匿名で出版された『ストーン・ヘンジ遺跡擁護論』（作者はウィルトシャーの牧師スタンフォード・ウォリスだとされる）はその種の本のひとつであった。地元の印刷業者が印刷したが、内容が一般的関心のある本だったので、ロンドンの業者に販売を依頼したのである。

以上が地方の印刷・出版の概要である。地方の印刷で重要なものもあるが、なんといっても書籍業はロンドンを中心に組織的におこなわれたから、地方の業者が入る余地はほとんどなかった。かれらはロンドンのギャップを埋めるようなもの、すなわちローカルな新聞、チャップ・ブック、バラッド、アルマナックなどに目を向けたのである。新聞を除いてこれらの出版物はいずれも市場が大きすぎてロンドンの業者が扱いきれないものであった。しかし、なによりも地方の業者にとって重要な収入源は半端物の印刷であった。ビラ、チケット、カタログ等々の印刷がかれらの生活を支えたのである。

第四章　検閲法と出版

検閲法以前

一八世紀の地方の書籍業（ブック・トレード）を語るとき大切なことは、ロンドンの書籍業界の独占である。しかしそれは一八世紀に始まったことではない。

グレアム・ポラードはケンブリッジ大学で年一回おこなわれる著名な書誌学者の講演サンダーズ・レクチャー（一九五八年）で、一六世紀、一七世紀の書籍業の中心はロンドンであったと指摘している。たとえば、ヨークのプリンターや書籍業者はロンドンのウィンキン・デ・ウォードと関係を持ち、ジェラード・ウォンズフォースは一五一〇年にロンドンのもうひとりの書籍業者に遺産を残している。一五五三年に死んだエクセターのブックセラーはロンドンのジョン・ウォリーを遺書管理人に指名しており、かれの息子もまたロンドンのトマス・バースレットと関係を持っていた。

一五五七年の法律以後、地方とロンドンの関係はロンドン以外での出版は認めるという一五五七年の法律以後いっそう強固なものになる。よくある誤解は、地方はロンドンから孤立していたというものである。

しかし、ジョン・テイラーの詩『キャリアーズ・コスモグラフィー』（一六三七）を見れば、イギリスの全地域が（スピードはともかく）ワゴンや沿岸船で結ばれていたことが分かる。ヨークを初めとするいくつかの場所にはフット・ポスト（飛脚、徒歩の郵便配達人）が往来していた。D・F・マッケンジーのステイショナーズ・カンパニーの徒弟に関する研究によれば、かれらがどの州の出身者であり、いかに相互に影響し合い、ロンドンの親方と関係を保っていたかが明らかになる。

地方の書籍業者の市場

印刷機導入から宗教改革前、地方の書籍業者の市場は中世の写本市場と同じであった。印刷本と写本の区別はまだ明確ではなかった。

たとえば一四七四〜七五年に、ハル近郊ヘドンのセント・ニコラス教会の監督官（ウォーデン）が市長の命令で買った一〇シリングのミサ典書（祈禱書）は、印刷本であったか写本であったか不明である。

一六世紀と一七世紀の地方の書籍業者数

ポール・モーガンによれば、書誌学会編『プリンター及びブックセラー辞典』、E・A・カウ著『地理的に配列せるショート・タイトル・カタログ』等を参照した結果、一六世紀と一七世紀の地方の書籍業者の数はつぎのようであった。

一五五七年以前	一三
一五六八〜一六三九年	一五
一六四〇〜一六四九年	九
一六五〇〜一六五九年	二一
一六六〇〜一六六九年	一三
一六七〇〜一六七九年	二一
一六八〇〜一六八九年	二五
一六九〇〜一六九九年	一八
計	一三五

市民戦争の一〇年間の増加は顕著であり、共和制以後は一層顕著である。これらを地理的に見ると、マーシー、ディー、トレント、エイヴォン、セヴァーン川に取り囲まれた地域と、南西のブリ

ストルとプリマス地域がとくに目立っている。

　これにたいしてイースト・アングリア、ウェールズ、南東、北部の州はいたって少ない。おそらくこれは人口の多さ及び地理的な広がりと関係しているのであろう。

検閲法廃止以後

　一六九五年に検閲法が廃止されたとき、地方における印刷の歴史は皆無であった。地方の業者は技術も設備もなく、そうしたいと思っても印刷を始めることができなかった。できたとしても、経済力のない地方ではわずかな書物市場しか期待できなかった。

　一六九五年以後、こうしたハンディにもかかわらず、ロンドンで訓練を受けた職人によって地方都市の多くで印刷が行われるようになった。

　検閲法廃止後数週間以内に「印刷所は多くの点で有益である」と決議し、未認可のブリストル市民としてウィリアム・ボニィを招き印刷所を開設させた。

　ウィリアム・ボニィ――市の公文書を印刷し、他方では一般の商人のための仕事もし、数年以内に――たぶん一七〇二年の一一月に――この町の最初の新聞『ブリストル・ポスト・ボーイ』を創刊。これらすべてにおいて、ボニィは（最初の招待は除き）つぎの三〇年間典型的な地方の印刷業者として活躍した。かれとその仲間は無意識のうちに業界を変え、まったく新しい流通システムを創始したのである。

検閲法の廃止はロンドンの書籍業界にとって必ずしも福音とはいえなかった。じじつ、かれらは数度にわたって検閲法の延長（更新）を議会に請願した。といってもかれらは印刷の統制に協力しようとしたわけではない。むしろ印刷の自由がかれらを経済的苦境に陥れたのである。

問題は著作権（版権）——特定の作品を印刷・出版できる独占的権利——にあった。著作権は従来ステイショナーズ・カンパニーのホール・ブックに登録すれば獲得でき、検閲法が有効であるかぎり法的な独占権を主張できた。ところが検閲法の廃止によって事情が変わってきた。以後、著作権（版権）は大法官府での金のかかる長期の訴訟によってしか獲得できなくなったのである。業界は検閲法を必要とした、というより、本当にほしかったのは著作権法である。それをようやく獲得できたのは一五年後の一七一〇年になってからである。

書籍業界の自己防衛

その間、業界は内部的な方法で自己防衛をおこなった。

第一は本の販売システムに関するものである。ロンドンの少数のグループの業者が一六九〇年代以降定期的に会合を持ち、私的なオークションを行った。少数の業者グループだけで本が売買できることを保証したのである。「コンジャー」と称するこのグループで買った本をかれらは直接読者に売り、地方の業者にも売った。このシステムが有効に機能したことは、一六九五年から一七〇五年のあいだに一七万冊以上、約三万七〇〇〇ポンドの本が売買されたことを見てもわかる。

第二の防衛策は業界の最大の関心事である著作権に関係する。かれらはさきのコンジャーに似た、招待された業者だけが出入りできるトレード・セール――一種のオークション――をおこない、著作権（版権）や部分版権を売買した。内輪で版権を売買することによって、業界で最も利益になる（よく売れる）出版物を独占しようとしたのである。それが目的とするなら、かれらは見事に成功したといえる。というのは、このシステムは一九世紀まで存続し、その間かれらの独占は深刻な危機にさらされることはなかったからである。著者の獲得においても有利であった。ロンドンの大出版者のほとんどがこれに加入していたから、著者はかれら以外の業者に著作権を売ることはほとんどなかった。ある業者が版権を獲得すれば、版権も部分版権も同じグループのメンバーにしか売らなかったし、また売れなかった。権利の保護を完全なものにするために、版権所有者が死ぬか廃業したときは、トレード・セールで別の業者に売られた。これは権利の擁護が目的だったというが、版権の防衛がより大きな目的だったといった方がよい。カタログが残るような継続的なオークションが始まるのは一七一八年からだが、同様のセールはそれ以前からおこなわれていた。一六九五年の検閲法廃止以後、このシステムが慣例になるのは以上述べた理由による。

ロンドンの業者の独占

このようにして、代表的なロンドンの業者は版権と流通のふたつを手中にした。

もうひとつ手中にしたのは印刷業者（生産施設）へのアクセスである。印刷業者は一六世紀に持っていた業界の支配的地位をずっと以前に失っていた。いまでは本を出版する印刷業者はほとんどおらず、出版を専業とする業者の注文によって仕事をしていた。

なかには大きな規模を持ち資本を蓄えた印刷業者もいた。たとえば、一七三〇年のトンソンとワッツは五〇人の使用人を雇っていたし、のちのストラーン、リチャードソン、ボイヤーその他も同様の、あるいはそれ以上の規模を誇っていた。一五〇年にもおよぶ法的強制力による独占の結果、技術と資本はロンドンへ集中し、地方の競争を事実上不可能にしていたのである。したがって、大量の本が印刷できるのはロンドンの印刷業者だけで、印刷の注文もロンドンに限定された。版権と流通をみごとにコントロールした書籍業者は生産施設をも手中にし、独占を一層強化していったのである。

かくして、検閲法廃止の余波のなか、業界は驚くべき堅実さを示し、ほとんど困難をともなうことなく主要な目的を達成した。すなわち、ロンドンを唯一の出版中心地にするという目的を。

ロンドンと地方

検閲法下で発展した組織と、一六九五年以後における組織の維持と強化は、地方の業者がロンドンの業者に決定的に依存するという形を定着させた。ロンドンの業者は出版するすべての本の供給源であり、地方の業者はそれにたいして部分的な権利を持ち得ないというやっかいな問題があった。

一八世紀のイギリス書籍業史上、最大の問題である版権問題が、じつはロンドンと地方の関係を理解する最良の手掛かりになるのである。地方がロンドンに依存する決定的要因が版権問題だったからである。

地方の業者がもつ版権のほとんどは地方の本のそれだったが、ロンドンの版権の部分版権を持つ業者もいた。ソールズベリのベンジャミン・コリンズはとくにこの面で活発で、『ランブラー』(雑誌)、『パミラ』(リチャードソン)、『ハンフリー・クリンカー』(スモレット)、『ウェイクフィールドの牧師』(ゴールドスミス)の部分版権を持っていた。最初のふたつはウィリアム・ストラーンから個人的に買ったものだが、スモーレットとゴールドスミスはその部分版権(著作権)を最初に買った業者のひとりであった。

コリンズは版権所有者としてユニークであったが、同様のことをおこなった他の業者のばあい、距離と、ロンドンのパートナーたちの排他的な姿勢がしばしば問題の種であった。たとえば、イートンのジョゼフ・ポートはロンドンの業界と密接な関係を持ち、自身ステイショナーズ・カンパニーのフリーマンだったが、バートレットの『蹄鉄工』の共同版権所有者ジョン・ノースとの関係で辛酸をなめた。ノースはじじつ上ポートのことを何も知らないで本を出版したのである。

コリンズが部分版権を買ったのはトレード・セールにおいてではない。それは不可能であった。ケンブリッジのジョン・メリルは一七七四年にいっている。地方の業者でセールに参加しようとした者もいたが、拒否されたと。このときメリルは下院で、ロンドンの業者が主張し、メリルと地方の業者が反対する法案（ミラー対ドナルドソンの裁判――後出）をめぐって証言したのである。公式文書によると、「地方の業者は、セールで守るべきルールを無視して不品行な行為に及んだために退去させられた」のだという。しかし、詳細は不明である。文書はロンドンの業者寄りに書かれており、たぶんメリルの証言の方が正しかったであろう。

本以外に、地方の業者がロンドンの定期刊行物や新聞の部分版権を持つことはよくあることだった。地方における定期刊行物や新聞の販売は本よりもはるかに重要だったからである。コリンズは『マンスリー・レヴュー』の四分の一の権利をもち、死後九〇〇ポンドで他の業者に売った。コリンズはまた『ロンドン・クロニクル』『パブリック・レジャー』の部分版権所有者でもあった。オックスフォードのジェイムズ・フレッチャーも一七七五年頃から『ガゼッティアー』の部分版権を持ち、他にも同様の例がある。

部分版権所有者の増加とロンドンと地方の摩擦

少なくとも一八世紀前半、出版はロンドンと地方業者の摩擦の原因ではなかった。なぜなら主要な出版物は地方との競争の可能性、また地方の参加の可能性がほとんどなかったからである。

しかし、世紀の終わり頃には地方の部分版権所有者が増えてゆく。版権売買は（コリンズのばあいのように）トレード・セールの外側でおこなわれた。その証拠ははやくから存在する。「主なる部分版権所有者」に関する最初のルールができる一八二八年までには、地方のパートナーの存在は定着していた。

しかし、そのときでもかれらの地位はいちぢるしく低かった。距離によるものか、それとも他の理由によるものか、「ロンドンのパートナーの言動に束縛されていた」のである。かれらの持つ金は歓迎されても、かれらの意見は歓迎されなかった。

最後の四半世紀に地方の業者がこれまで以上に参加するようになる。それは一七七四年の裁判以後比較的新しい本のリプリントが大幅に可能になったからである。しかし、このリプリントの問題がロンドンと地方の業者のあいだの最大の関心事であった。これは一七一〇年の著作権法以前に出版された作品が他の業者によってリプリントできるかという問題に集約される。以後この問題はじつに多くの論議を呼ぶことになる。というのは、一七七四年の裁判で上院が最終的にロンドンの業者の主張を却下するまで、かれらは一七一〇年法は慣習法上の権利を確認したものだと考えたからである。

この法律は違反したばあいの法的な罰則期間を決めたものであり、著作権の期間を限定したものではない。法律の規定では一七一〇年四月一日までに刊行された作品の保護期間は二一年間である。ところがロンドンの業者の法解釈によると、作品はその後も永久に保護されるというのである。

一七七四年、ロンドンの業者ウィリアム・ジョンストンが、ケンブリッジのジョン・メリル（前出）と同じ委員会で証言したとき、かれが考える慣習法上の権利をいかに強化しようとしたかを述べた。

コヴェントリーのトマス・ラックマンが（ジョンストンが版権を持つ）『ピルグリム・プログレス』をリプリントしたのに腹を立て、大法院に訴えたが、法廷はとりあげてくれなかった。そこでラックマンに厳しい条件を課した。すなわち、（一）当該の本を引き渡すこと、（二）自分に金を払うこと、（三）ふたたび同じ違反を侵さないこと、というものであった。

ジョンストンが業界に入ったのは一七四八年、当のリプリントは一七三二年にバニヤンの版権が切れたのちに出たから、ラックマンは一七一〇年法が決めた当然の権利を行使したにすぎなかった。著作権法の解釈をめぐる四〇年におよぶ争いのなかで、これは地方で印刷された本が議会で問題にされた最初の例である。

ロンドンの業者が地方出版に干渉した例は他にもある。一七五七年にバーミンガムのジョン・バスカーヴィルは友人宛てに書いている。かれがミルトンのリプリントを出そうとしたとき「トンソン氏に阻止された。それをやれば大法官庁裁判所へ訴えると脅かされた」という。市場価値の高いミルトンの版権所有者トンソンはそのような「海賊行為」が許せなかったのである。

輸入リプリントの脅威

以上は国内の問題であったが、地方の業者が不法に輸入した国外の本を販売するという行為が恒常的な苛立ちと不協和音をもたらした。これは一七一〇年法と一七三九年法——特定の学術書をのぞくすべての本の輸入を禁じる――に違反する行為であった。一七一〇年法が適用されたのはイギリスとウェールズの本であったから、スコットランド、アイルランド、海外の植民地で発行された本は合法的であった。しかし、それを販売の目的でイギリスやウェールズへ持ち込むのは違法である。

多くの証拠はその種の本が多数輸入され、イギリス北部の業者の店頭で売られたことを物語っている。これに危機感を覚えたロンドンの業者は一七三五年、すなわち一七一〇年以前の本の版権（二一年）が切れ、かつ二八年（一四＋一四年）の版権のある最初の本がやがて法的保護を失おうとしていたとき、法的保護期限の延長と輸入に対抗する法律の強化を議会に求めた。かれらの主張は、自分たちの版権が「海外のみならず国内で発行されている不法なリプリントの侵害を受けている」というものであった。しかし、かれらの証人がじっさいに提出した証拠品は、国内のリプリントではなくオランダやアイルランドの輸入リプリントであった。一七三九年にようやく法律は効力を発するが、輸入リプリントがこの時代の大きな脅威であったことはたしかである。

チャールズ・リヴィングトンはフィリップ・ミラーと共同で出版した『庭師事典』を一ポンド五シリングで売ったが、アイルランド版がイギリスで一ポンド二シリングで売られた。かれ自身はヨークの「ヒリヤード氏」（たぶんフランシス・ヒリヤード）の店でその値段で一冊買ったという。べつなロンドンの業者ジェイムズ・クロカットはプレストンのある業者がアイルランドからきた小包を開いたときその場にいて、小包からウィリアム・バードンの『完全なる蹄鉄工』を一冊買ったという。いずれも聴聞会での証言だが、このときべつなふたりの業者もオランダのリプリント版が輸入・販売されていることを証言している。

一七三九年法の成立

「グレイト・ブリテンで執筆され印刷され、海外でリプリントされた本の輸入を禁止する法律」の成立によって、ロンドンの業者の不安は解消された。以後その種の本の輸入は禁止され、違反したばあい本は破棄され、五ポンドと本の値段の二倍に相当する罰金が課せられた。唯一の例外は古典と北方言語の学術書、それに一七一〇年に出版されて以来二〇年間国内でリプリントされたことがない本にかぎられた。

それでもなおロンドン業者の対抗処置があった。海外のリプリントの販売を禁止することはじじつ上不可能であった。それらは安く、イギリス北部では容易に入手できたからであった。ロンドンの業界は地方の業者に対して直接的な対抗処置を講じることにした。法律成立後ようやく二〇年目（一七五九年）のことである。

不法輸入本にたいする対抗処置

一七五九年四月二三日、ジョン・ウィストンはロンドンの業者に代わって、地方業者を代表するケンブリッジのジョン・メリル宛てに手紙を書いた。ロンドンの業者は一七三九年法に違反する業者を告訴する用意があると。しかし、ウィストンはつづけて書く。私とアンドルー・ミラー、オックスフォードのジェイムズ・フレッチャー、ケンブリッジの業者メリルの父親はかねてより会合を持ち、一定の金額を募り、地方の業者が所有するスコットランド、アイルランドのリプリントの在庫すべてを定価通りで買い取り、代わりにイギリス版を提供しようということで合意したと。しかし、五月一日以降、違反者については大法院裁判所に告訴をするつもりであることをつけ加えた。一五年後（一七七四年）、アレクサンダー・ドナルドソンはこの手紙は脅迫であったというが、ある意味ではその通りであった。しかし、脅迫は理性によって弱体化される。じじつ、ふたりの地方業者がロンドンの業者と協力して自分たちの力で法律を強化しようと試みた。オックスフォードのフレッチャーとケンブリッジのメリルが代表者となり、ロンドンの業者に積極的に協力することを表明したのである。これは重要である。少なくともふたりの業者が協力の必要性を認めたのである。

同様に重要なのは、スコットランドの印刷業者が初めて舞台に登場したことである。以後（一七七四年まで）一五年間のもめごとの主たる原因はかれらにあったからである。

さきの手紙の五日後（一七五九年四月二八日）、ウィストンはメリル宛に再度手紙を書き、今後の計画を具体的に説明した。「五月一日に全英の業者を調査するライダーズが指名されるだろう」といい、ついで三二人のロンドンの業者の名前（主要なメンバーはすべて含まれる）をあげ、かれらは全員協力して目的遂行のために総額三一七五ポンドを拠出するであろうという。実行に移すまでにはかなりもたついたと見え、一一月になってようやく地方の業者に書簡を送付し、かれらの意図と動機を説明した。これによって、不法な本と正当なロンドン本との交換がはじまった。一五年後にドナルドソンはこの書簡を「低劣な策略の傑作」と呼んだ。しかし、この計画がしり切れとんぼにならずに強力に押し進められていたら、かれの「海賊版」は大打撃を受けていただろう。

ともあれ、一七三〇年代と同様、ロンドンの業者は輸入本に神経をとがらせていた。ウィストンの二度目の書簡には「イギリスで印刷された海賊版」への言及があるが、ロンドンの業界の主たる憂慮はスコットランドやアイルランドの安売り輸入本にあった。これらはいずれも商売上価値のある本であり、ロンドンの業界が三〇〇〇ポンドもの大金を集めた理由もうなずける。

ウィストンの最初の書簡にリストされた主要な海賊版はつぎのような本である。

Spectator
Tatler
Guardian
Shakespeare
Gay's Poems and Fables
Swift's Works
Temple's Works
Prideaux's Connection
Barrow's Works

Rollin's Ancient History
Gil Blas
Whiston's Josephus
Burnet's Theory, 2 vols
Young's Works
Thomson's Seasons
Milton's Poetical Works
Parnell's Poems
Hudibras
Waller's Poems
Fable of the Bees, 2 vols
Young's Night Thoughts
Turkish Spy
Travels of Cyrus

このうち三冊を除くとあとはすべて法律の保護外にある。にもかかわらず、これらの部分版権は依然としてトレード・セールで売買されていた。いずれもくり返しリプリントされ、高利益をあげていた本である。

一七五九年以後、一五年間ロンドンの業界は輸入本にたいする法的な対抗措置の確立のために闘った。そして最後は一七七四年に結束してスコットランドのドナルドソンに対抗するという形をとった。一七七四年のミラー対ドナルドソンの裁判において上院はロンドンの業者の主張を却下し、これによって永久版権という架空の慣習法は消滅した。

しかしその後もロンドンの業者は希望を捨てなかった。かれらは上院の決定をくつがえす法案を今度は下院に求め、すべてがふたたび一連の論争の場におかれた。ケンブリッジのメリルは態度を変え、法の保護を失えばロンドンの業者は苦境に立たされるだろうと証言した。一七五九年の書簡が論議され、スコットランドとアイルランドの海賊版業者の行為が念入りに吟味された。ジョンストンの海賊版対策の方策ももう一度披瀝された。下院は耳を傾けはしたが結局は却下した。

業界の節度

以上の問題はロンドンと地方の業者の間にしばしば不協和音を引き起こした。しかしいずれのばあいにも両者は決定的な決裂にいたらなかった。なぜなら双方にはそれなりの節度があったからである。一七五九年にはケンブリッジとオックスフォードのふたりの業者がロンドンの業者に協力し、問題に対処した。輸入リプリントに対してロンドンの業者は迅速に対処したとはいえず（なんと二〇年もかかっている）、結果、違反者を告訴する代わりに、本を買い上げるための多額の金を集めた。

地方の業者のなかにはロンドンの業界の独占的な態度にいらだつ者もいただろう。しかし、ある者はじじつ上業界内のマジック・サークルのなかに入ることを許された。たしかにラックマンのように、権利を守ろうとするロンドンの業者から迷惑を被った者もいた。しかし、多くの者は輸入品を売ることでうまくゆくことを願っていた。

ロンドンの業界の節度はつぎの点によく現れている。すなわち、この四〇年間の論争のあいだ、地方の業者の多くは不法本のじじつを知らないで輸入本を売っているのだといいつづけた点である。しかしこれはリップ・サーヴィス以外のなにものでもない。というのはアイルランドやスコットランドのリプリントは大部分それを明記する奥付が付いていたからである。

なぜロンドンの業者は消極的だったのか――。一七三八年にかれらは輸入本に対して自分たちを守る法律を獲得したが、一七五九年以外には同じ法律を強化しようとしなかった。ひとつの理由はあきらかである。かれらはできるだけこの問題を、ドナルドソンのばあいのように、ものごとの本質から取り扱おうとしたのである。しかし、もうひとつの重要な理由は、地方の業界をじじつ上コントロールできなかった点にある。一七五九年の処置はひとつの警告だったが、永続的な監視システムにはあまりにも金がかかりすぎた。

やがてロンドンと地方の業者の関係は徐々に相互依存に向かっていることがはっきりしてきた。地方の書物市場の発展によって、出版者の利益の多くの部分が地方での販売によるものであることが分かってきたからである。ロンドンの業者は地方の読者との直接取引によって、地方の業者を迂回することもできた。しかし、それには大きな不利益がともなった。

これまでロンドンと地方の法的、構造的関係を見てきた。まだ触れていないのは、両者の商取引と流通システムの実態である。じつはそこにこそ、ロンドンの業界のいくぶん寛大な態度、そして法律を厳格に適用したがらない理由があった。一七三二年の著作権論争以前の三〇年間、地方の業界は相応の流通システムを持ち、それをロンドンの業界は享受していた。地方業界の発展と流通システムについてはつぎに考えるべき課題である。

第五章　書籍産業の発展

三つの時代

ロンドンと地方の業界が相互依存の関係にあったことは前章の説明から明らかになったが、その発展のあとをもうすこし詳しくたどってみよう。その際、一八世紀をひとつの時代として捉えるのではなく、三つの時代に分けて考えればより明確になるだろう。

ひとつは一六九五年から一七三〇年頃まで、つぎは一七三〇年頃から一七七五年頃まで、最後は一七七五年頃から一八〇〇年頃までである。もちろん、これらの区分は完全なものとはいえない。しかし、法律上かつ経済上の発展と軌を一にするものであり、書籍業の発展はその枠組から大きく外れることはなかったのである。

変化の兆候——一六九五年〜一七三〇年

書籍業者

一六九五年に検閲法が廃止されるとともに地方にもいくつかの印刷工房が設立される。しかし、これまでの状況が大幅に変わったわけではない。書籍業者の一般的な業態は本を売り歩く行商人、店舗をもつ小売商、その両者を兼ねる者であり、かれらは一八世紀になっても変わることはなかった。なかには世紀の半ばになっても、一〇〇年前とほとんど変わらない姿を維持する者もいた。印刷業者の出現が大きく影響することはなかったのである。

一八世紀になっても馴染みの存在だった行商の書籍業者は、チャップマンやバラッドセラーにくらべると控え目な存在であった。チャップマンは多くの商品（小間物）をたずさえて各地を売り歩き、とくに田舎のひとびとにとって不可欠の存在であった。行商の書籍業者は、チャップマン、バラッドセラーとともに商品流通における重要な役割を担った。

行商の書籍業者のなかにはふつうの本を扱う者もいた。一七世紀初期にブリストルやウェールズの辺境地帯で本を売ったマイケル・スパークは、カトリックの本を専門とする行商人であった。売る本の性格上やむなく行商をしたと考えられるが、他の業者はこのような危険な本を持ち歩かなかった。

ハワースという人物は一六九二年にベッドフォード、カンタベリー、イプスウィッチ、ケタリング、キンボルトン、ラターワス、ノーザンプトン、オウンドル、アッピンガム、ウェリングバラ（地図1参照）などで本を売った。その記録はほとんど残っていないが、（カンタベリーやイプスウィッチを除いて）これらの町に二週間に一度の間隔で行ったと考えられる。行商といっても、このばあいは本を売り歩いたわけではなく、市の立つ日に屋台で本を売ったのである。ハワースが各地で本を売りながら、自分の住む地元で店舗を構えていたかどうかは不明である。

その点、マイケル・ジョンソンははっきりしている。かれはリッチフィールドの教会のそばに店舗を構え、品揃えはかなりのものであったと息子のサミュエル・ジョンソンは回想している。かれはアシュビィ・ド・ラ・ズーチェ、バーミンガム、ユートキシターなどの市にも出かけている。このような例はジョンソンだけではない。

世紀の終わり頃、ノーザンプトンシャーダヴェントリーのジョン・クレイは屋台で本を売りながら、のちにレスターシャーのラターワスに一軒、ラグビーに一軒の店舗を持った。他にも同様の例はある。一軒であれ数軒であれ、店舗を持つ業者は行商の書籍業者とは一線を画していた。そういった業者のなかには、一〇〇年以上の寿命を持つ者もいた。

アイレスベリーのダグナル一族は最初の記録が一六五〇年にさかのぼるが、一七九〇年代になってもまだ商売をつづけていた。かれらは異なった時期に、チェシャムやレイトン・バザードに店舗を持ち、トマス・ダグナルが死んだとき現金と株で二〇〇〇ポンドのほかアイレスベリーとバッキンガムシャーに広大な土地を持っていた。

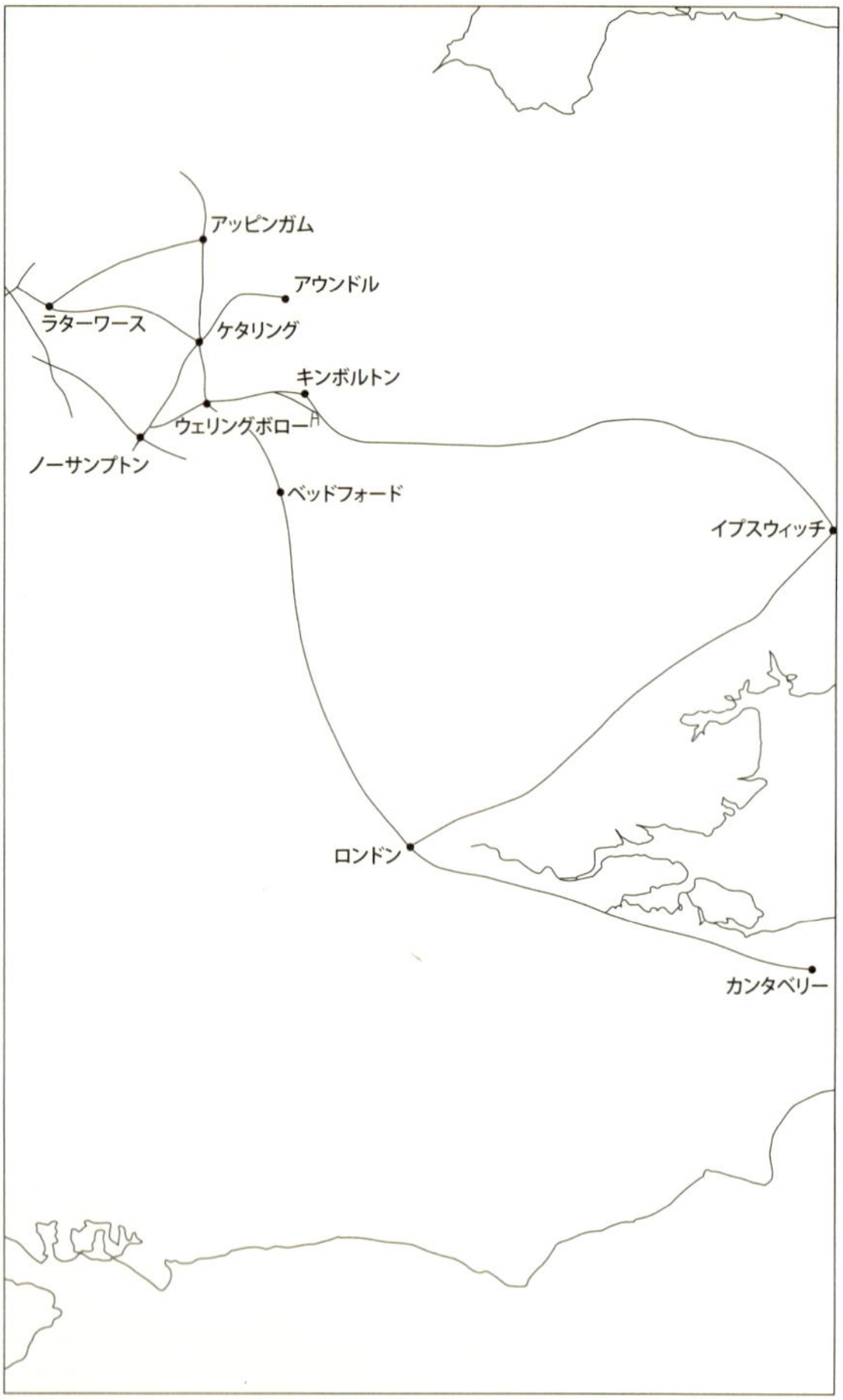

地図1　ハワースの行商地（1962）
（John Feather, The Provincial Book Trade in Eighteen Century England より）

上記のジョンソン、クレイ、ダグナルはいずれも店舗を持つ小売の書籍業者であり、印刷を行うばあいも単なる副業であった。ジョンソンのようにロンドンに印刷を依頼する者もいた。つまるところ、地方への印刷の到来は直接かれらの業態に影響することはなかったのである。

印刷業者

これに対して、印刷業者として地方にやってきた者の立場はまるで違っていた。当時ロンドンの業者が地方で印刷を始めるのは慣行化していた。

エクセターのクリストファー・ハントは一五九〇年代にステイショナーズ・カンパニーのフリーマンだったし、シュルーズベリのロジャー・ワードはロンドンとの特別のつながりをもっていた。一七世紀後半から一八世紀初めにかけて、多くのロンドンの業者が地方にやってきた。一六八一年、ジョン・バークスデイルはサイレンセスターで商売をはじめ、一七一八年に死んだ。オベディア・スミスは、一六八〇年代半ばにロンドンからダヴェントリーに移って商売をはじめ、死後あとを継いだクレイが一八〇〇年までつづけた。ネヴィル・シモンズは、ロンドンとキダーミンスターに店舗を持つブックセラーの息子だったが、一六九八年にシェフィールドで店を持ち、少なくとも一七〇二年までつづけた。

かれらはいずれも仕事を始める町と何らかの血族関係をもっていたと考えられる。なかには、シモンズやスミス、またバークスデイルのようにそれを証明できない者もいるが、ロンドン業界のきびしい競争から逃れ新天地を求めて地方にやってきた可能性は十分にある。すでにロンドンで経験ずみのことを地方でやればよかったのである。

検閲法廃止後、地方における最初の印刷業者はボニーであったといわれる。

また、同じ一六九五年に、ボニーにつづいてトマス・ジョーンズがシュルーズベリに印刷所を設立した。ウェールズ人のかれはロンドンからやって来て、ウェールズに関する本を印刷し、やがてウェールズ中部および北部地方の「文化のかなめ」的役割を果たすようになった。一七〇五年ないし一七〇六年にジョーンズは「あらゆる記事を網羅した新聞」を発行するが、短命だったらしく現存するものはない。

地方における三番目の印刷業者はサミュエル・ダーカーである。かれは一六九八年にエクセターで『賛美歌選』を印刷し、同じ年にサミュエル・ファーリーと提携を結んでいる。かれらは（年上のファーリーの名を冠した）『サミュエル・ファーリーのエクセター・ポストマン』を一七〇〇年（もしくは一七〇四年）に創刊する。

つぎにくる印刷業者はノリッジのフランシス・バーグズである。かれは一七〇一年九月二七日に創業、数週間後には『ノリッジ・ポスト』を創刊している。これは地方における正しい意味での最初の新聞であった。

新聞の発行

かれらはいずれも新聞を発行するか、新聞の発行と何らかの関係を持った。これは以後に登場する印刷業者もおなじである。

ジェイムズ・アブリーは一七世紀以来カンタベリーで印刷を行っていたが、一七一七年に自らの印刷所を設立するとただちに『ケンティッシュ・ポスト』の発行をはじめた。一七六八年の死後残した財産の多くは印刷、新聞発行、書籍販売によるものであった。

ダービーの最初のプリンター、サミュエル・ホジキンソンは一七一九年に『ダービー・ポストマン』の発行を始め、アブリーと同じ経歴をたどった。

一七二〇年、年季明けと同時にロンドンからイプスイッチに移ったジョン・バグナルは、早速『イプスウィッチ・ジャーナル』を創刊、アブリーと同様に子孫は約二〇〇年間にわたって繁栄をつづけ、多くのひとの手を経ながら一九〇三年まで生き延びた。

一八世紀の印刷業者が新聞を発行したのには理由がある。何よりもロンドンの新聞の流通システムが不十分であり、地方新聞への需要が高まったからである。需要の高まりは広告メディアとしての需要の高まりを意味し、地方新聞がロンドンの新聞に代わって宣伝広告をおこなった。それは流通網が発達する世紀後半になっても変っていない。要するに新聞の発行は利益のあがる商売だったのである。

その結果、地方の本の出版がたち遅れる原因になった。

シュルーズベリのジョーンズは新聞のほかに本も出版したが、本の市場は限られていた。サミュエル・ダーカーもはじめ本を出版したが、まもなく新聞発行に転じた。他にも本を出版する印刷業者がいたが、多くのばあい新聞発行が安定してからであった。したがって、地方の印刷業者はロンドンの業者を補完するものではあっても、決して競争相手ではなかったのである。

一八世紀前半三〇年間の新聞の発行で重要なことは、書籍販売と深く結びついていたことである。

新聞発行者は地元だけでは大きな利益を期待できず、広く新聞を売るために既存の書籍販売業者に依存する必要があった。つぎはその例である。

一七一四年、ヘンリー・クロスグローヴは書いている。自身が発行する『ノリッジ・ガゼット』は「ノーフォークとサフォーク全域、リンカンシャーとヨークシャーの一部に普及している」と。これは例外的ではなかった。

『ノーザンプトン・マーキュリー』の共同発行者ロバート・レイクスとウィリアム・ダイシーはかれらの新聞が「イギリスの他のどの地方新聞よりも広くゆき渡っており、毎週、ベッドフォードシャー、バークシャー、バッキンガムシャー、ウォーリックシャーにまで及んでいる」という。

これらの発言は新聞掲載の広告によって裏付けられる。『ノーザンプトン・マーキュリー』のある号にはノーザンプトン、セント・アイブス、ダヴェントリー、ラフバラ、ボストン地域の広告が載っており、この新聞の流通地域を物語っている。しかし、地域的広がりはあまり強調すべきではない。なぜなら、当時新聞の刷り部数は少なく（一七二〇年代におそらく一〇〇〇部程度）、少部数の新聞が広くゆき渡るということは、各地域の需要に限界があったことを意味するからである。

新聞発行人と書籍販売業者との協力関係

新聞発行人は辛うじて採算のとれる部数を維持しつつ、広告収入獲得のために各地にエイジェントを持つ必要があった。かれらは新聞販売のみならず、広告と定期購読者を獲得するのに不可欠な存在であった。エイジェントになったのは、通常書籍販売業者（もしくは文具商）であり、新聞発行人は書籍販売業者との相互利益のためにこのときはじめて接触したのである。

『ノーザンプトン・マーキュリー』を例にとり、地元のノーザンプトン以外の他の四つの町について考えてみよう。まずハンチントンシャーのセント・アイヴスは発行者であるレイクスとダイシーがノーザンプトンに来る前に新聞を発行した町であり、ふたりは一七一八年から一九年までいて、その後もこの町の書籍販売業者と関係をもちつづけた。ダヴェントリーについては、すでに見たように一六八〇年代以後ひとりの書籍販売業者（クレイ）がいて、一七四六年もしくはそれ以前から『ノーザンプトン・マーキュリー』を販売していたことが分かっている。ラフバラには一七二〇年に書籍販売業者がひとり、一七二八年にはマシュー・アンウィンという人物がいたという記録がある（この人物は一七一六年頃から中部地方で商売をしていたらしい）。四つ目のリンカンシャーのボストンには一七二〇年に少なくともひとりの書籍販売業者（ヘンリー・ウィルソン）がいたことが分かっている。これは要するに『ノーザンプトン・マーキュリー』を購入できる町には書籍販売業者がいたということである。

同様のことは他の新聞についてもいえる。一七二五年に『ヨークシャー・クーラント』が創刊されたとき、ハルとビヴァリーの古い書籍販売業者トマス・ライルズがエイジェントになり、一七一二年に創刊されたノッティンガムの『ウィークリー・クーラント』はダービー、ヨーク、アシュビー・ド・ラ・ズーチェ、チェスターフィールドその他書籍販売業者によって販売された。一七二

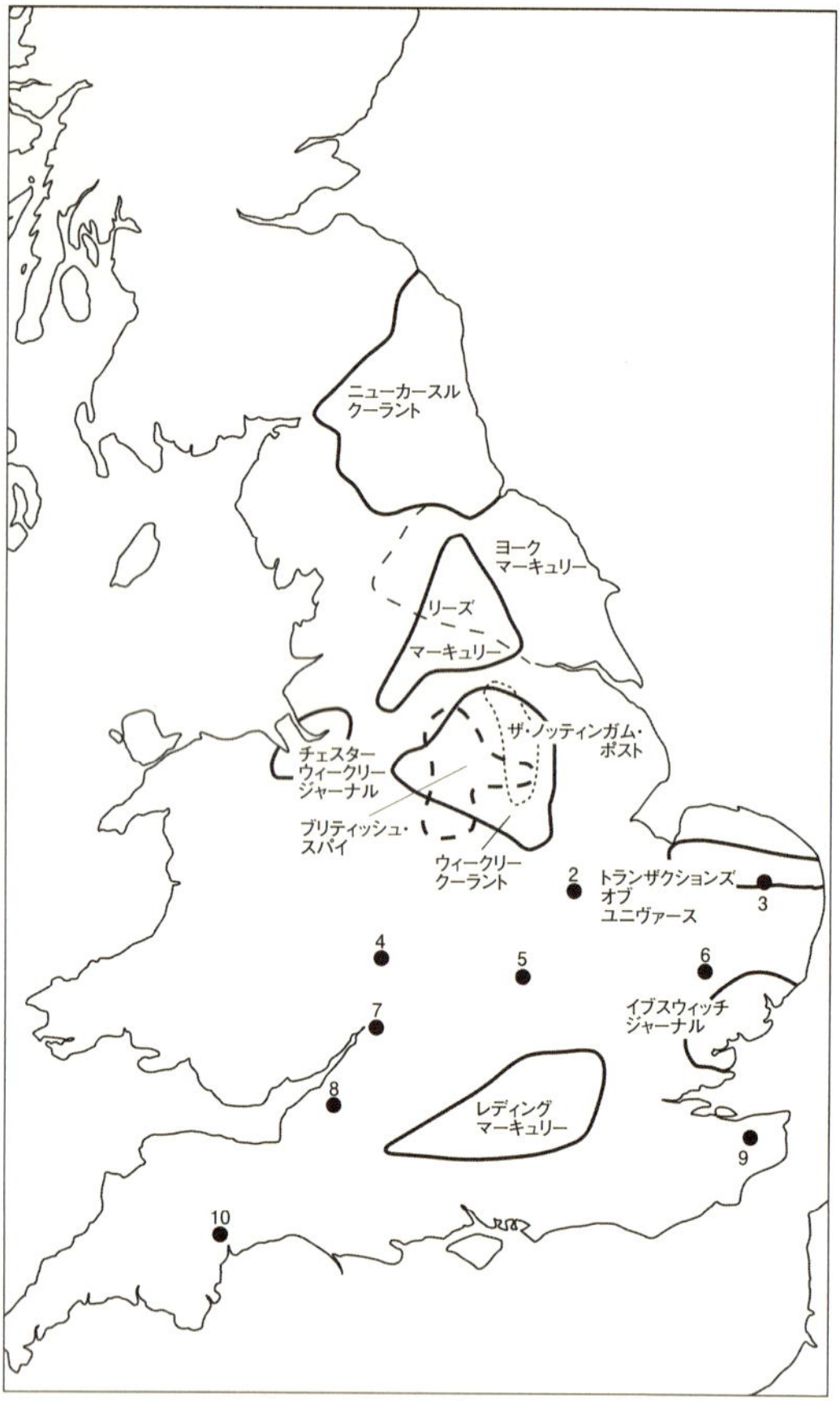

地図2　1730年の新聞の流通
（John Feather, The Provincial Book Trade in Eighteenth Century England より）

〇年には『ニューカースル・クーラント』がイギリス北東部の多くの書籍販売業者によって売られたし、書籍販売業者でない者もかつては書籍販売業者だった者が多い。

かくして、一七三〇年頃までには新聞発行者（＝プリンター）と書籍販売業者（ブックセラー）は互いに密接な関係を維持するようになっていた。

新聞がエイジョントを通して売られたことは以上の通りである。エイジェントは定期購読者に届ける新聞配達夫（ニューズマンまたはニューズ・ボーイ）を雇うのがふつうであった。ここに新聞発行者―エイジェント（主に書籍販売業者）―ニューズマン―購読者というひとつながりのラインができあがる。

一七三〇年には約二〇の地方新聞があり、ほぼイギリス全土をカヴァーしていた（地図2）。その約半数は一〇年ないしそれ以上つづいたものである。エイジェントは増しこそすれ減ることはなく、書籍販売業者も増えつつあり、本来は書籍販売業者でない者も書籍業と係わるようになる。以上が一七三〇年頃までに印刷業者の到来がもたらした変化である。これがつぎの五〇年間の地方業界を発展させる基礎となるのである。

発展――一七三〇年～一七七五年

書籍業界の分岐点

一七三〇年代はいくつかの点でイギリス書籍業界史の分岐点となる時代であった。

まず第一に、著作権の問題である。とくに一七一〇年以前に出版された本が著作権切れになる一七三二年にはそれが顕著になり、一七五九年には地方の業者が販売する海外の海賊版をロンドンの業者がすべて買い取り、代わりに正当な出版物を扱わせ、それ以前の一七三九年には輸入海賊版禁止の法律を勝ち取り、これに触れる業者を大法院裁判所に告訴することを宣言した。これを見ても地方市場の確保がロンドン業者にとっていかに重要だったかがわかる。第二に、一七三〇年までに地方新聞が大幅に発達し、読者はニュースと広告に容易に接することができるようになった。

第三に、一七三一年にエドワード・ケイヴが『ジェントルマンズ・マガジン』を発行したことである。これは真に全国的市場を持つ最初の雑誌であった。ケイヴは地方のコネを持つばかりでなく、市場の重要性をよく知り、かれを支援するダイシー、レイクス、アブリーなど地方の新聞発行者と戦略的に連携し、そのエイジェントを利用して地方市場を取り込んでいった。

第四に、一七三〇年代にロバート・ウォーカーその他の先駆者がポピュラーな廉価版分冊出版の刊行を始めた。分冊出版は明らかに地方の市場を念頭においたものであり、『ジェントルマンズ・マガジン』と同様地方新聞の流通網を利用して販売を広げた。

一七三〇年代、イギリスの新聞産業は多数の読者の需要を満たすようになった。前述のケイヴとウォーカーは新聞発行人の流通ネットワークを市場戦略にフル活用した。たとえばウォーカーは分冊出版を新聞に挟み込むという方法を考えた。

このようにして地方の書籍業は新聞とその流通を中心にして発展し、一七三〇年代以後はさらに多くの新聞が創刊される。一七五〇年頃には四〇紙以上、つまり一〇年前の二倍以上を数えた。

それとともに新聞の流通範囲はよりコンパクトになっていく。しかし、エイジェントとニューズマンの緊密なネットワークによってそれをうまくカヴァーした。すなわち都市部はエイジェントが、農村部はニューズマンが流通を担当したのである。

創刊後間もない『リーズ・マーキュリー』は一七六九年に一八のエイジェントを持ち、そのうちのふたりはニューズマンであった。ひとりはハロゲートを中心に、他はマルハムを中心にエアデールやワーフデイルなどを歩いた。それ以外のほとんどは店舗を持つ書籍販売業者であった。

個々の新聞発行人

一八世紀半ばの地方の業界をよく知るために新聞発行人、エイジェント、その他について具体的に見ておくのがよいだろう。これらのうち最も調査しやすいのは新聞発行人である。かれらの発行する新聞が残っており、多くの材料を提供してくれるからである。

ニューカースル・アポン・タインのトマス・スラックが一七六四年に『ニューカースル・クロニクル』を創刊したのは、アイザック・トムソンのもとを去り自ら印刷所をはじめた一年後のことである。一七八五年にスラックは死に、数か月後に娘のセアラは父の徒弟のひとりソロモン・ホジソンと結婚する。仕事を継いだのはセアラと妹のエリザベスだったが、采配をふるったのはホジソンであった。のちにホジソンはトマス・ビューイックと親交を結び、その本を数冊出版している。一八〇〇年にホジソンが死ぬと、息子のトマスとジェイムズがあとを継ぎ、一八四八年まで仕事をつづけた。その間、ジェイムズは出世してニューカースル市長にまでなっている。以上は主人の娘と結婚した徒弟のほとんど古典的ともいえる物語である。

ウィリアム・ジャクソンは、分冊出版を新聞に差し入れたウォーカーのパートナーとして一七四六年にオックスフォードの『オックスフォード・ウィークリー・フライング・ジャーナル』に加わった。この新聞は三年間しかつづかなかったが、六年後にジャクソンは自らの名を冠した『ジャクソンズ・オックスフォード・ジャーナル』を発行、見事に成功させた（第一次世界大戦後までつづく）。しかし、新聞発行はやがて仕事の一部分となり、一七八〇年にオックスフォード大学出版局聖書部門の貸借人、一一年後の一七八二年にはウォルヴコートにある製紙会社の貸借人になっている。さらに銀行家としてオックスフォードのオールド・バンク（いまのバークレー支店）の創設者ともなった。一七九五年四月二二日に大資産家として死ぬが、どれだけの資産があったかは死の前日に作成した遺言書が明らかにしている。それによれば、現金一万三〇〇〇ポンドを友人や親戚に遺贈し、オックスフォード周辺に広大な土地を残した。多くは銀行経営からくるものだが、成功のきっかけは最初の新聞発行であった。

ドーセットシャー、シャーボーンのロバート・ゴードビーは新聞で財産をきずいたもうひとりの人物である。ゴードビーは一七四四年に二三歳で業界に入ったが、もとはロンドンの鋳物業組合のフリーマンであった。プリンターとして一七五七年にステイショナーズ・カンパニーに移籍し、一七八三年までのあいだに数人の徒弟を雇っている。その後サマセットシャーのヨーヴィルに移り、おそらく一七四四年七月一日に『ウェスターン・フライング・ポスト』を創刊、一七四九年一月三〇日に『シャーボーン・マーキュリー』を吸収合併した。これはベチソンとプライスの新聞だったが、合併とともにゴードビーの紙名を踏襲した。かくしてゴードビーはイギリス西部地方のプリンターとして重要な地位を占めることになった。その意味で、シャーボーンは好都合な場所にあり、ゴードビーのニューズマンはサマセット、ドーセット、デヴォン、コーンウォールの各州で新聞を配った。ジョン・ニコルスはゴードビーを「精励刻苦のひと」と称し、「かれほど西部地方でよく知られた人物はいない」という。ゴードビーは著述家としても知られ、多くのポピュラーな信仰書を書いている。ニコルスは「ほとんど何も読んだことのない多くのひとたちにかれの出版物は読まれた」（ともに『一八世紀の文学的逸話』）という。ホジソンやジャクソンと同様ゴードビーも一七七八年に死んだとき多額の財産を残した。子供がいなかったので、弟のサミュエルと従兄弟のサミュエル・ラピニエールがあとを継いだ。ゴードビーのばあいも財産の基礎をきづいたのは新聞の発行であった。その額は約二五〇〇ポンドにも達し、年に二五ポンドを生む信託財産を残した。しかし、これは序の口である。ゴードビーは信心深く、教区教会に永久公債の三パーセントのうちの二〇〇ポンドを寄贈し、この金は教区牧師が五月の最初の日曜日に「創造の神の智慧と善意」に関する説教をする際の経費（年に二ポンド）として使われ、残りは教区の貧民に分け与えられた。かれが持っていた保養地ウェイマスのホテル所有権の半分はジョアンナ・リーなる人物に遺贈された。死後使用人たちはそれぞれ一〇ポンドをもらい、三人の徒弟はそれぞれ五ポンドをもらった。これら莫大な資産もまた（ホテルを除いて）すべて新聞や書籍業界における成功の結果であった。

エイジェント＝書籍販売業者のネットワーク

以上三人は地方都市で成功した新聞発行人の代表的な例である。かれらの仕事は長くつづき、経済的に安定し、社会的にも経営者として高く評価された。

いずれのばあいも、成功の基盤となってたのは新聞の発行であり、それを可能にしたのはエイジェントやニューズマンのネットワークである。これは読者へのアクセスの仕方としてユニークであり、新聞だけでなく、定期刊行物、分冊出版、書籍、その他多くの商品やサーヴィスにも利用された。かくして、新聞のエイジェント（すなわち書籍販売業者）は地方の業界で重要な存在となっていった。じじつ、書籍販売業者は地方新聞の成功をもたらしただけでなく、その受益者でもあった。エイジェントの重要性と必要性は多くの者をこの仕事に導き入れた。

ダービーシャーのアッシュボーンの最初の書籍販売業者トマス・ハンワースはまず『ダービー・ポスト・マン』のエイジェントとして一七二一年に仕事をはじめている。

一七二三年に『レディング・マーキュリー』を創刊したウィリアム・カーナンはレディング以外に五人のエイジェントを持っていた。すなわち、イートンのA・ポート、ニューベリの「エリオット氏」、バッシングストークのジュディス・タイサーブリッジ、ウィンチェスターのウィリアム・「プライヤー」、ソールズベリーのエドワード・イーストンの五人である。このうちのふたり、エリオットとタイサーブリッジはよく知られていないが、他の三人はいずれも成功した書籍販売業者、もしくはそれと関係のあるひとたちであった。

このうち最も成功したのはエドワード・イーストンである。一七二七年に業界入りしたかれは、すぐに地元とのコネを作り、『ジェントルマンズ・マガジン』が刊行されると、いち早く近くのウィルトン・ハウスに住むペンブルック伯爵にとどけた。以後両者の関係は一世紀以上もつづき、イーストンの孫のジェイムズは一八三〇年にそれを自慢しているほどである。一七五三年に死んだとき現金で四〇〇ポンドとソールズベリの広大な土地を残し、土地の一部は年間七〇ポンドの収入をあげた。ほかにもウィルトシャーのサットンに土地を残したが、ここはかれの誕生の地であったらしい。死後あとを継いだ同名の息子エドワードは一七八〇年にソールズベリ市長となり、市の治安判事も務めた。一七九四年にウィルトシャーのブラッドフォード・オン・エイヴォンに隠棲、一七九五年一一月に「見事な尊敬すべき」生涯を閉じた。七五歳であった。

ウィンチェスターのウィリアム・プライヤーは、イーストンほどはっきりした足跡を残していない。しかし、かれもまた成功したビジネスマン、尊敬すべき市民であったことに変わりはない。たぶんカーナンのエイジェントとして業界入りしたかれは、一七四三年に『ハーレイアン・ミセラニー』の予約購読者を募ったウィンチェスターのふたりの書籍販売業者のひとりであり、翌年ウィンチェスターの巡回裁判の説教集の発行者に名を連ねている。プライヤーの記録は断片的だが、これらの資料からわれわれはかれが書籍販売業者として店舗を持ち、新聞のエイジェントであったことを知ることができる。ジョン・ニコルス（『一八世紀の文学的逸話』）もC・H・ティンパリー（『文学的・タイポグラフィカル百科事典』）もかれをあまり大した人物とは思っていなかったようだが、一七五六年にウィンチェスターの市長にまでなっている。相応に評価されるべき人物であろう。

ここにひとつの教訓がある。小売りの書籍販売業者は新聞のエイジェントであろうとなかろうと、新聞発行人（プリンター）とは違い、際立った足跡は残さない。しかし、だからといってかれらがマイナーな存在であったとはかぎらない。プライヤーがまさにそれを物語っている。

イートンのA・ポートはなぞに包まれた人物である。ジョゼフ・ポートなる人物は町でも有名な書籍販売業者であり、J・バートレット『蹄鉄工』（一七五九）の部分版権所有者でもあった。かれには六人の子供がいたが、遺言で年下の弟トマスがあとを継ぎ、数年間仕事をつづけた。娘のメアリーは永久公債で二五〇ポンドの永代利息を受け取り、他のふたりの娘は五〇ポンドずつもらった。年上のふたりの子供、すなわち牧師のジェイムズとアンはそれぞれ五シリングもらって勘当の身となった。この勘当はふたりの行動が原因だったと考えられるが、それが何であったかは不明である。決定的なけんかか何かだったとも考えられるが、アンがエイジェントになった理由がこのけんかにあるのか、そもそもいかなる経緯で彼女が独立したのかなどについてはわからない。しかし、A・ポートのAがアンのイニシアルであり、ジョゼフと何らかの関係があったことは十分に考えられる。それはともかくも、ここで重要なのは新聞エイジェントと地方の書籍販売業者との関係（両者が同一人物であること）がここにも見られるということである。

エイジェントでない書籍販売業者

さて、ここで新聞と関係を持たぬ書籍販売業者のことに触れておこう。ジョン・クレイは地方で文具商を営みながら書籍販売をおこなっていた代表的な例である。しかし、代表的というのは少々語弊がある。なぜならクレイと同様の人物との比較ができないからである。クレイのように記録が残っているのはまれで、同時代の文具商のほとんどは忘却の淵に忘れ去られている。つぎのような例もある。

サセックスシャーライのジョン・ホグベンは書籍販売業者、文具商、製本屋を兼ね、同時に地図、版画、地球儀、数学用具、眼鏡などを販売した。さらにサン火災保険会社のエイジェントを兼ね、釣り具を売り、市立学校の校長をも務めた。これが三〇年間一家を支えたホグベンの商売であった。しかし、ホグベンの仕事の多様性はこの時代決して珍しいものではなかった。一七三五年に業界にはいったかれはいつか分からぬ年に息子のジョンに仕事を継がせ、ジョンは少なくとも一七八六年まで仕事をつづけた。

一八世紀半ばにはホグベンのような何でも屋がいる一方で、一七世紀の半ば以来在庫を十分にかかえて仕事をつづけた書籍販売業者もいた。ときには何十年もつづけた者もおり、ウスターのサミュエル・モンフォートもそのひとりであった。かれは一七二五年から少なくとも一七六〇年まで仕事をつづけ、開業した年には約一〇〇冊の著名な本とそれを上回る数の無名な本の広告を出している。その在庫の幅の広さはおどろくべきものである。

一七七六年にはスタフォードのエレン・フェアパウンドが約二〇〇冊の在庫を持っていたが、モンフォートの蔵書内容とはかなり異なっていた。

サフォークシャーハドリーのロバート・ケイマーは一七世紀半ば以来書籍販売を業とする一家に生まれ、かれ自身は遅くとも一七五〇年もしくはそれ以前に仕事をはじめ、一七七六年に死んでいる。死後総額五七〇ポンドと株と家を残し、家は二五〇ポンドの価値があった。

もう一例はグロースターシャー、サイレンセスターのジョゼフ・ターナーの遺書を見ればわかる。かれは一七三〇年代初期に創業し、ケイマーと同様かなり長期にわたって仕事をつづけたらしい。一七四八年に作成した遺書には三七〇ポンドの財産の記載があり、一七五四年の死後しかるべく分配された。

以上のべたホグベン、モンフォート、フェアパウンド、ケイマー、ターナーはいずれも書籍販売を業とし、発展する地方市場を背景に成功したが、共通しているのは新聞をベースにした流通網とは無関係だった点である。かれらがみな本を売る一方で、ある者は文具やその他の日常品を売り、この点では他の書籍販売業者と変わりはない。しかし、かれらが新聞発行人のエイジェントとは無関係であった点は決定的に異なっている。

印刷業のめざましい発展

一八世紀の半ばの数十年間はあらゆる面で地方の書籍業が成長発展をとげた時代である。新聞は各地で創刊され、多くは成功をおさめ、それと歩調を合わせて書籍販売業者はエイジェントとなり、新聞販売のネットワークを作りあげた。そのネットワークのなかで書籍販売もまた大幅に成長していった。印刷業は地方生活に浸透し、新聞発行に関与しない半端物の印刷業者も仕事量を増やしていった。いまやロンドンの業界は成長する地方市場に関心を持たざるを得なくなった。その市場に新しい出版物（雑誌や分冊出版物）を送り込むケイヴやウォーカーのような業者もいた。

ロンドンにあっては版権にこだわる書籍業者たちが外部の侵入からかれらの市場を守るのに懸命であった。そして地方の業界はよきにつけ悪しきにつけ外部との折衝の仲立ちになった。

地方の印刷業の目ざましい発展は同時代人の話題にもなった。一七五八年にサミュエル・ジョンソンは自ら編集する『アイドラー』に書いている。「ほとんどすべての都市に歴史家〔印刷業者〕がいて、毎週定期的にニュースを送ってくれる。」これはジョンソンだけの観察ではない。ウィリアム・ブラックストンはその二年前に「しかるべき地方の都市でプリンターが一、二軒いないところはない」といっているし、それより以前の一七四六年には、ヨークのプリンター、トマス・ゲントがその当時の印刷業とかれがロンドンから地方にきた一七二四年頃とを比較して（多少の誇張を込めつつ）つぎのようにいう。「その頃ロンドン以外にイギリスには数人のプリンターしかおらず、チェスター、リヴァプール、ホワイトヘイヴン、プレストン、ケンダル、リーズにはいなかった。いまではほとんどどこにでもいる。」

変貌する経済のなかの書籍業界——一七七五年〜一八〇〇年

業界の拡張

一八世紀の最後の四半世紀に勢いを増したイギリス経済のなかでドラスティックな変化を受けないものはなかった。バーミンガムやマンチェスターのような新興工業都市の急速な発展と巨大な富の拡大はあらゆる種類のサーヴィス業を繁栄させ、新しい富の受益者にした。

プリンターや書籍販売業者は大機構のなかの小さな歯車にすぎなかったが、それでも変化の波を受けないわけにはいかなかった。その数は増し、規模も拡大し、南部や東部から北部や中部の工業地域への地域的な移動も見られた。反面、急激な成長発展にともなう破綻も少なくなかった。

正確な数字はなくとも近似値は存在する。一七〇〇年に四一都市に九七の業者がいたというが、これは不完全な資料にもとづくものであり、都会の業者については大幅に上乗せする必要がある。この点、世紀半ばの最も優れた情報源はおそらく『ハーレイアン・ミセラニー』のエイジェント・リストであろう。それによれば一七四〇年代半ば一七四都市に三八一のエイジェント（書籍販売業者）がリストされている。多少のあいまいさと過小評価を考慮に入れても、これは確実な成長を物語るものである。

ジョン・ペンドレッドによって一七八四年から八五年にかけて作成された業界最初のディレクトリーは必ずしも完全なリストとはいえず、流通システムの貴重な資料にはなっても、このばあいあまり役にたたない。

一七九〇年代になると、かなり包括的な『ユニヴァーサル・ブリティッシュ・ディレクトリー』が刊行される。これはイギリスとウェールズの業者の完全リストを目指した最初の試みであり、これによれば三一六の都市で各種の書籍業を営む九八八の業者がリストされている。これに文具や教科書などを扱う特定できない者を加えると、業者数は約一、一〇〇人であったと考えることができる。ここにわれわれはひとつの傾向を見て取ることができる。すなわち、多くの小さな町に業者が浸透していたこと、世紀最後の数十年間にとくにそれが顕著だったことである。

地域的な移動

同じ資料からもうひとつの傾向をかい間見ることができる。地方の業界の中心が一七〇〇年にはケンブリッジ、カンタベリー、エクセター、ノリッジ、オックスフォードなどであったのが、一八〇〇年にはバーミンガム、リーズ、リヴァプール、マンチェスター、ウスターなどに移っていることである。書籍業界の発展が他の業界の発展と相関的な関係にあったといってよいのである。

その他の都市についても同様のことがいえる。業界の詳細な歴史が調査されているニューカースル・アポン・タインでは一七〇〇年にふたりの業者がいたが、一七三六年から一七七一年にかけてはどの年をとっても一五人の業者がいた。その後の成長は速く、一七七六年に二五人、一七八二年に三〇人、一七八七年には三八人とピークに達し、一七九〇年代は三〇から三五人を数えた。

ブリストルでは、一七七五年に三三人、一七九三年に四二人、一七九四年には『ユニヴァーサル・ブリティッシュ・ディレクトリー』に四五人がリストされている。リヴァプールでは一七六六年に一一人、一七七四年に一四人、一七九四年には『ユニヴァーサル・ブリティッシュ・ディレクトリー』に三四人がリストされ、一八〇〇年までに九八人に達していた。ニューカースルとリヴァプールの業界の発展は、ブリストルのような新しい産業から遠くはなれた場所よりもはるかに目立っている。

印刷業界はラヴェル、宣伝文書などの印刷の恩恵を受け、文具商は大規模な企業からの大量の用紙需要の恩恵を受けた。産業都市から離れたバンベリーでも、一七九〇年代にチーニーは半端物の印刷だけで年間約一〇〇ポンドの収入をあげた。三〇年前の二倍である。いかなる業界も拡張する新しい経済状況と無関係ではなかったのである。

拡張の陰にあるもの

しかし一方で、拡張のしすぎからくる破綻も目立つようになった。一八世紀最後の四半世紀まで業者の規模は家族単位と小さく、資本も少額で、地方の書籍業界における倒産は例外的なものであった。一七一〇年から一七六九年までに大法官庁裁判所に出廷したのは二四人であったが、一七七〇年から一七九九年までには八五人に増えた。世紀の最後の三〇年間は、どの業界でも倒産が増加したが、書籍業界はとくにひどかった。一七三二年から九九年までの倒産の約三〇パーセントが一七九〇年から一七九九年のあいだにおこり、地方では約五〇パーセントが最後の一〇年に集中している。拡張と過度の楽観からくる倒産であり、新入り業者の倒産は老舗業者との競争の結果であった。

ケントシャーアッシュフォードのジョン・ベイリーはそのよい例である。かれはたった二〇〇人しかいない町でエドワード・パイクと競争した挙げ句、一七九八年に倒産した。

このような倒産にもかかわらず、全体的な印象は明るかった。ヨークのウィリアム・テッシーマンは一七六〇年代に業界に入り、「長期にわたる尊敬すべき書籍販売業者」として引退し、田舎に土地を買い、自らを「ジェントルマン」と称した。このような例はほかにもある。成功したブリストルの書籍販売業者エイブラハム・ブラウンもまた自らをジェントルマンと称し、エセックスシャーチェルムスフォードのウィリアム・クラッチャーもそうであった。ヨークシャーハリファックスのウィリアム・エドワーズは製本業者として知られ、発展する工業都市で、一八〇七年に永久公債だけで一万一〇〇〇ポンド以上を獲得した。成功者の報酬はじつに大きかったのである。

一八世紀の書籍業はロンドンから地方へ拡張していった。

最初の三〇年間、初期の新聞発行人はエイジェントとニューズマンの協力で発展の基礎をきずいた。一七三〇年から一七七五年にかけては、地方の潜在的かつ巨大な市場を確保しようとするロンドン業者を背景に大幅な発展をとげた。

世紀の最後の四半世紀においては、書籍業界は社会全体の経済的発展を背景に主たる受益者となり、成功者のなかには地主や資本家も現れた。製鉄業者や製粉業者には及ばずとも、かれらがれっきとしたビジネスマンであることに変わりはなかった。こういった成功は市場とそれへのアクセスによって実現したものであり、つぎはその市場に目を向けてみることにしよう。

第六章　地方の書籍市場

一七〇〇年、フランシス・バージェスが地方都市で初めて新聞を発行したノリッジはロンドンにつぐ大都会であり、羊毛産業の中心地であった。その頃ちょうど発展のピークを迎えつつあったこの都市は、いたるところで専門職人や交易商人が活躍していた。しかし、ノリッジがこの地方の中心だったのは経済的理由からだけではない。ここはノーフォークシャーのジェントリーや富裕な農夫たちがあつまる社交の場であり、シーズンには舞踏会、コンサート、芝居が盛んにおこなわれた。いわば産業革命以前の典型的な都市であったノリッジはつぎの五〇年間に飛躍的な発展をとげるのである。

都市と市場町

一八世紀前半の地方都市は大きくふたつに分けることができる。ひとつはノリッジのような大資本をもつ都市、ひとつはそれ以外の群小の市場町である。前者の大部分は州の首都として経済的、社会的、政治的に重要な役割を担い、巡回裁判や選挙、競馬やアセンブリー（特別集会）など社会的なイヴェントがおこなわれる場所であった。資本はこのような大都市に集中し、周辺の田園地帯もその経済効果の恩恵をうけた。南部や東部の豊かな農業地帯では、ウィンチェスター、レスター、カンタベリーなどがノリッジに匹敵する都市として繁栄した。

一般に大規模な産業都市が出現すると、これまでの小規模な商業パターン――たとえば定期市が立つとか商人が小売商に小規模な卸しをやるとか――は姿を消すが、産業主義の影響を直接受けない業種では依然としてそれが残っていた。書籍業もそのひとつで、一方ではそれ自身の流通システムを持ちながら、依然として昔ながらの商業パターンを踏襲していた。

じじつ、地方都市やその周辺では書籍販売業者から本や雑誌や新聞を直接買うのがふつうであった。そして、われわれが知りたいのはその種の読者（本を買う者）の実態であり、じつはそれを知るのはたいへん難しいのである。現代でもそうだが、一八世紀においてはなおさらそうである。しかし、そうはいっておれず、われわれは本の読者、そしてかれらがどのような本の読者であったかを大まかに知っておく必要がある。そうすることによって、はじめて地方における書籍業発展の正しい姿を知ることができる。

まず、背景には経済の発展があった。それは都会ではなく地方から始まった。もうひとつは一七四〇年頃から始まる急速な人口増加である。一七〇〇年に希少だった書籍販売業者は一〇〇年後には日常茶飯的な風景になっていた。このことはいうまでもなく読者数の大幅な増加を意味している。

われわれは比較的やりやすい方法から始めて、まず本と本を買う読者をいくつかのカテゴリーに分けて考えてみよう。

教育書と市場

教育を受けた読者は書籍業の成長を支える。じじつ一八世紀の書籍業発展の背景には教育の普及があり、それを証明するかのように地方の新聞は各種の学校やアカデミー（非国教徒の学校）の広告であふれている。この時代の学校経営者（教師を兼ねる）の能力は低かったかもしれないし、ライの書籍販売業者ジョン・ホグベンの算数の能力はあやしかったかもしれない。しかし、低水準であっても基本的な読み書き能力が向上したことはたしかである。世紀末には都会の男性の約七五パーセントが読み書き能力を持っていたといわれる。

貧しい人たちの教育についていえば、世紀初めの慈善学校（チャリティ・スクール）から世紀末の日曜学校にいたるまで、長い博愛教育の歴史があった。読み書き能力は階層的に下降し（といっても労働者階級のそれは依然として低かったが）、教育書の市場、ついで安い素朴な娯楽読み物の市場が広がっていった。

かくして、国家主導の民衆教育の皆無なイギリスにおいて本を読む読者は急増し、それはちょうど産業革命が始まる時代と時を同じくしていた。

教科書はベストセラー

慈善学校やおばさん学校（デイム・スクール）の生徒は教科書を持たなかったが、学校そのものの数が多かったので、教科書はベストセラーとなった。たとえばロンドンの印刷業者チャールズ・アッカーズはトマス・ダイシェの『英語教程』を一七三三年から一七四七年までに三三版、合計二六万五〇〇〇冊、年に約一万八〇〇〇冊を印刷している（現存しているのは僅かだが）。かくして初等教育のもたらす教科書販売は書籍販売業者の大きな収入源となった。一七七六年、スタフォードのエレン・フィーパウンド書店の在庫本で最も多かったのは「英語およびラテン語の学生用の本約一四〇冊」であった。

教科書の売れ行きが多数を占めたことは、一八世紀を通じて書籍販売業者の広告や他のソースが明らかにしている。一七三〇年、ヨークのトマス・ハモンドの在庫の広告はまず「聖書、祈禱書、教科書」から始まっており、三七年後のダラムのパトリック・サンダーソンの在庫も同種の本の優位を示している。一七八八年のバンベリーのチーニーの宣伝用ビラも同じ傾向を物語っている。

聖書、テスタメント、祈禱書、辞書、習字帳、『やさしい読み方』など

『やさしい読み方』はダイシェの『英語教程』同様何万部も印刷され、一七七〇年にはノーザンプトンシャー、ダヴェントリーの書籍販売業者ジョン・クレイがコヴェントリーのJ・W・ピア

シーから数百冊購入している。

初等教育の読み書きは英語でおこなわれ、それがこの世紀のふつうの学習方法であった。もっと高いレヴェルではギリシャ・ラテンの古典語教育が重視されたが、非国教徒のアカデミーでは両者の区別はつけなかった。

アカデミー

アカデミーというのは、国教徒のグラマー・スクールや大学へ入れない（入学を許されない）非国教徒が自分たちで作った学校であり、当時イギリスで最良の教育をほどこした学校だといわれる。その評判は非国教徒以外の者にもおよび、多くの生徒を招きよせる結果になった。カリキュラムは古典に一部しか割かず、現代語（英語）と文学、歴史、地理、数学を教え、それに非国教徒の伝統である商業科目に重点をおいた。科学をまじめに教えた唯一の学校でもある。

化学者として名をなすジョゼフ・プリーストリーは初めウォリントン・アカデミーの教師であった。ウォリントンの書籍販売業者ウィリアム・エイヤーズはアカデミーのメンバーに本を売り、加えてプリーストリーを初めとする教師やその友人の本をつぎつぎと出版し評判を獲得した。ダヴェントリーではクレイがアッシュフォードアカデミーの生徒と教師に本を売った。かくして革新的で活発なアカデミーは地方の書籍販売業者の重要な収入源となった。

この世紀、アカデミーは大きな学校から算数や簿記を家庭で教える小さなものまで数百校を数えた。その経営者（校長）のなかには書籍販売を兼ねる者もおり、ライのジョン・ホグベンはそのひとりであった。サセックスシャー-イースト・グリンステッドのトマス・パーマーも、バースのウィリアム・パークスも同じである。後者は同時に文具商と作文教師と会計士を兼ねていた。一七九〇年代、レスターのふたりの書籍販売業者――リチャード・フィリップとアイザック・コックショー――は同時に学校経営者であった。比較的小さなアカデミーでは数学、測量、航海術などの技術教育に重点を置き、関連の本は世紀の終わりまでよく売れた。

グラマー・スクール

他方、純粋な古典カリキュラムを採用するグラマー・スクールは、書籍業界にとって大きな意味を持たなかった。多くは学生数が減少しつつあったが、ときに繁栄する学校がなかったわけではない。イートン校がウィンチェスター校を抜きイギリス有数のグラマー・スクールになったのは一八世紀のことであり、ジョゼフ・ポートはイートンの恩恵を受けた書籍販売業者であった。しかし、重要な書籍市場は実用的・商業的なアカデミーであったことに変わりはない。

出版傾向

法律書

学校の市場にはある程度全国的な共通性があったが、実用書や娯楽読み物には地域的な差があった。なかでも法律書は広く読まれた分野で、法律家だけでなく、アマチュア紳士がこれを買い、そういったひとのためにジャイルズ・ジェイコブは多数の本を書いた。なかでも『教区役人便覧』や『完全なる法廷管理人』は有名である。ハンドブックの形で一七一三年に出た『完全なる法廷管理人』は現存するものが少なく、出版部数など書誌的なことは不明だが、少なくとも六版を重ねている。土地法、不動産譲渡法、権利侵害法、狩猟法の本は司法官のみならず土地所有者からも需要があり、十分の一税に関する本はしばしば牧師がこれを買った。さきの教科書と並んで、この分野の本は書籍販売業者のカタログや広告によく見られた。

法律とその施行者が本以外に書籍業界に及ぼした影響は見過ごせない。弁護士は文具や半端物印刷物の最良の顧客であり、たとえばダヴェントリーのクレイの売り上げの約四分の一は市裁判所判事トマス・コールディコットのものであった。コールディコットは弁護士でもあり、さきのクレイから紙、インク、ペン、ヴェラム用紙、各種の書式などを買っている。バンベリーのチーニーは一七九四年から一八〇〇年にかけて、地元の弁護士のために約二〇〇〇ポンド相当の法律文書を印刷している。これは半端物印刷による全収入の約五分の一に相当する。やがてオークション業者が大手の顧客として登場し、弁護士を上回る存在になっていった。

実用書——分冊出版

本に話をもどすと、実用書のなかに地方の読者向けに出版された分冊出版があった。その最初期のものが有名なジョゼフ・モクソンの『メカニック・エクサイズ』（一六七八～九三）で、これは最初の印刷技術の解説書としてよく知られている。つづいてG・バードの『実用代書』（一七三三）、ジョゼフ・チャンピオンの『実用算数』（一七三三）、エリザベス・ブラックウェルの『ふしぎな薬草』（一七三七）、ジェイムズ・ドッドソンの『耐磁性規範』（一七四〇）、ジョン・タッカーの『料理読本』（一七六四）などが分冊出版として出版された。タイトルからもわかるように、内容は家計簿から料理まで多様であった。このことは単行本についてもいえる。

この種の実用書は専門的な職業を越える市場を目指していた。つまり、徒弟、家庭の主婦、その他一般のひとびともこれらの印刷物から技術を覚えることができた。複雑な競争社会のなかにあって、これらの需要は高く、なかでもバティ・ラングリーの『都市および田舎の建築業者と職人のためのデザイン百科』（一七四〇）は、一八世紀前半に出たベストセラーであった。この本はジョージアン様式として知られる古典建築様式を普及させ、ブランドフォード、ニューカースル・アポン・タイン、バースなどの都市景観をデザインするのに貢献した。

新聞広告

新聞についても触れておく必要がある。実用的な目的を持つという点では本と変わらなかったからである。初期の地方新聞はロンドンの新聞を一週間ほど遅れてリプリントしたものであり、社説も同様だった。ようやく独自の記事を載せるようになるのは一七九〇年頃からである。これは地方新聞が記事よりもその広告で地方にアピールしたからである。つまり広告メディアとして地方の社会的・経済的生活に大きく貢献したのである。各種の品物やサーヴィスを宣伝し、雇用主が雇用者をさがし、職のないひとが職を求めて広告を出す。一八世紀半ばの地方新聞の広告量は現代のそれとほとんど変わらない。新聞発行人も新聞の発行・販売だけでなく、店舗とエイジェントを通して宣伝した品物を売る。このようにして、新聞は地方都市とその周辺で重要な役割を果たすのである。

ロンドン新聞と地方新聞

地方新聞はしだいにローカルな傾向をもつようになる。一八世紀の半ば頃からロンドンの新聞が地方でも容易に入手できるようになったからである。

新世紀初めの三〇年間、新聞は数千部しか地方に送られていなかった。その頃ロンドンの新聞（新聞はふつう週刊である）の総発行部数も少なく、戦争や政治的危機のときだけ例外的に一万部の大台に達した。その後、地方での売り上げは徐々に伸びていった。『ロンドン・ジャーナル』の売り上げは一七二二年に週六五〇部だったのが、一七二六年頃には二二〇〇部に増えた。以後も地方市場は拡大をつづけ、一七九六年には一日二万三五〇〇部、すなわち一年に八五〇万部がロンドンから地方に送られた。

ロンドンの新聞の普及と地方の書籍業界についていえば、両者はほとんど無関係であった。というのも、その頃新聞の流通を請け負っていたのは郵便局だったからである。その結果郵便局とその経営者は多額の収入を享受した。

しかし、書籍業界がロンドンの新聞からまったく利益を得なかったわけではない。一八世紀の半ば頃から全国紙になったロンドンの新聞が、地方紙を補う全国的な広告媒体となり、その結果、書籍業界に大きな利益をもたらしたからである。前述したように、真にローカルなメディアとなった地方紙が、読み書き能力を持ち知識欲に満ちた――そして書物をもとめる――地方の読者の誕生を促したのである。

宗教的出版物とその市場

宗教的な無気力、哲学的懐疑、無関心の時代といわれた一八世紀のイメージは宗教的な出版物の絶え間ない出現によって相殺される。英国国教会がサッシャヴェレルやホードリー論争に熱中していたころ、非国教徒は活気づき、ウェスリーのメソディズムは地方の宗教生活に新しい息吹を吹き込んでいた。

北部、中部、西部地方では、教会が町をメソディストに解放した。かれらは――非国教徒らしく

――個人的な読書と信仰による神と人間の直接的な関係を強調し、それ故に聖書と信仰書の売れ行きは衰えることはなかった。かくしてメソディストの本は地方出版の重要な一部分を占めるようになり、ギボンの読者ひとりにたいしてウェスリーの信仰者は何千人もいて、読書を通して救済を求めたのである。

しかし、もともとウェスリー以前から聖書を基礎に置いたプロテスタンティズムは書籍販売業者の重要な商売の糧であった。一六世紀にそうであったように、一八世紀においてもそうであった。一七三三年の一年間だけで、バーキットの『新約聖書の釈義的覚書』、おなじくバーネットの『宗教革命史』、コートとリンゼイの『新約聖書』、フォックスの『殉教者の書』、ハリー・リンダーの『殉教者の書、最良の教皇排除策』、ストックハウスの『新約聖書の歴史』などが分冊で刊行されている。代表的な宗教書を買ったのは牧師であったが、安い分冊出版は信心深い平民のためのものであった。

宗教書はほかにもたくさんある。カンタベリーの首席司祭ジョージ・スタンホープによる『イミタチオ・クリスト』の翻訳『クリスチャンの鑑』は一六六〇年に初版が出て、三〇年間に二〇版以上を重ね、一七二〇年代になってもいまだベストセラーであった。同じ著者の典礼の使徒書簡と福音書はさらに長い成功の歴史を持った。その証拠に一八世紀を通してクレイ、モンフォート、フィーパウンド、その他多くの書籍販売業者は皆これらを在庫として持っていた。宗教書の市場を大きくしたのは牧師よりもむしろ集会にやってくる平民たちであった。

読書傾向

ジェイムズ・ラッキントンは売れ残り本販売の先駆者として知られるが、一八世紀半ばの地方の読書習慣を伝えた人物としても有名である（『回想記』一七九一）。つぎはかれ自身が一七六〇年代にブリストルで買った蔵書を説明した部分である。ほかの個所と同様ここでも多少の誇張はあるが、地方における宗教書の読書傾向を知ることができる。

われわれは皆よく働いた。とくにジョン・ジョーンズさんと私は。それはお金を稼いで本を買うためであった。数か月ためたお金はすべて古本屋、屋台その他で費やされ、短い期間にすぐれた蔵書とわれわれが呼んだものを手中にした。つぎにわれわれの選んだ本を挙げる。――ポルヒルの信仰、ポルヒルの悪魔払い、シェパードのまじめな信者、バニヤンの天路歴程、バニヤンの極悪な罪人へのよき報せ、バニヤンの天国の僕、同じくバニヤンの罪人への慈悲、バッドマン氏の生と死、マンソウルの町の聖戦、ハーヴィーの瞑想、ハーヴィーの対話、ロジャーズの天国への七つの助け、ホールのジェイコブの梯子、信仰者の聖なる吐息、アダムスのペテロの第二の書簡、アダムズの黒い悪魔、白い悪魔等に関する説教、コリングの人間への聖なる強壮剤、ピアースのキリストへの人間擁護、アースキンのゴスペル・ソネット、アベルの死、神の選民の信仰、マントンの聖ジェイムズへの書簡、パンブルの著書、バクスターのクリスチャンへの道、バクスターの異教徒への呼びかけ、メアリー・マグデレンの葬儀の落涙、ムア夫人の天国へいたる確証、ミードのほとんどクリスチャン、天国への三つのステップ、ブルックスの自信、殺人者への神の復讐、地上の天国、天国への道、ウィルコックスの永遠なる栄光への導き、ダーハムのキリストの探しえぬ富、啓示の顕示、アレインの天国への確かな道、誠実なる改宗、ワトソンの嵐の天国、天国の復讐、ウォールのただひとりのキリスト、アリストテレスの代表作、コールズの神の主権、チャーノックの摂理、ヤングの救済への確かな小径、ウェスリーの説教集、日記、宗教的パンフレット、その他同種の物。

実在と架空のタイトルを共存させるところはいかにもラッキントンらしい。同じ『回想記』のべつな個所でラッキントンは地方の靴屋の蔵書に言及している。トウトンで短期間徒弟をしたときの靴屋の親方ジョージ・ボウデンは再洗礼派の信者で、かなりの蔵書を持っていた。これらはウィリアム・フットの『洗礼に関する実際的な論』（一七三九）を除いてとくに宗派色はなかった。

私の親方の蔵書はつぎの物からできていた。学校用サイズの聖書、ワットの賛美歌集、フットの洗礼についてのパンフレット、カルペッパーの植物標本、釣魚史、薬学・医学等の古い不完全な処方、そして勘定早見表である。

このうちワットの『賛美歌集』は一七〇七年に出版されると、しばしばチャップブックとして出版され、バニヤンの『天路歴程』に匹敵する重要な作品となった。このように商人や労働者のリテラシーの向上と密接な関係を持つプロテスタント原理主義は、地方の書籍業界に大きな影響力を持つことになった。

娯楽本とその市場

必要に迫られて本を読むひとは、同時に娯楽のために本を読むひとでもあった。ダヴェントリーの書籍販売業者ジョン・クレイの記録を見ると、珍しく人間味にあふれた部分がある。アカデミーの生徒マスター・ワッツが『トミー・トリップの生涯』（チャップブック）に六ペンスを使ったことが書かれている。コルデリウスとベイリーの難解さから解放されるためであった。ワッツのみならず娯楽のための読書はあらゆる階層で広く行われた。ドクター・ジョンソンはいっている。「イギリス民衆の知識は他の卑俗な国民の知識よりも偉大である。」

読書は人気のある娯楽であった。一七四〇年代の小説の成長はこれに大きな拍車をかけた。リィディア・ラングィッシュ（シェリダンの『恋敵』の女主人公）が読んだ貸本屋の小説は彼女の義父にとっては困ったものだったが、彼女にとっては楽しいものだった。小説は主として上流および中流階級の娯楽であった。

もっと下の階層の読者には半ば歴史、半ば伝説の物語を扱ったチャップブックやバラッドがあった。これらはボウやオルダーメリー・チャーチヤードの大きな印刷屋で何百万と印刷されたが、需要を満たすには十分でなかった。その結果、地方の多くの町で印刷され、とくに有名なのはニューカースル・アポン・タインであった。ダイシーは長年この地で印刷をつづけ、バンベリーのチーニーもチャップブックの印刷で有名であった。ジョン・クレイの記録によればコヴェントリーでも数人の印刷業者が印刷していたという。このように、チャップブックやバラッドは地方都市のどこにでも見られる最もポピュラーな印刷物であった。広告に「ヒストリーズ」とか「ペニー・ヒストリーズ」とあるのはチャップブックを意味し、大量の生産は広大な市場の存在を物語る。

一七九〇年代に、ハナ・モアは「これらの忌まわしい小冊子を買う多数の下層階級」と「貧乏人のポケットに見合う卑俗で下品な一ペニ本」と呼んでチャップブックを非難したが、これこそチャップブックの人気を裏書きするものである。のちに彼女が一連の宗教パンフレット（Cheap Repository Tracts）を発行するとき模倣したのはチャップブックだったのは皮肉である。そうすることによって彼女は多くの読者に訴えようとしたのである。

貸本屋の蔵書

しかし、娯楽読み物は小説やチャップブックにかぎらない。それを知るガイドになるのは書籍販売業者の蔵書だが、もうひとつの重要なガイドはサーキュレーティング・ライブラリー（貸本屋）

やブック・クラブの蔵書である。なかでも貸本屋は大衆向けの本を多く所蔵しており、一八〇一年には「一〇〇〇軒を下らない貸本屋」があったといわれる。これは推定される書店（ブックショップ＝書籍販売業者）の数とほとんど同じで、書店が貸本屋を兼ねるばあいが多かったことを物語る。じじつ、エレン・フィーパウンド（ブックセラー）は「貸本部門に約三〇冊の本を持っていた」し、多くの広告は書店が貸本屋を兼ねていたことを裏書きしている。

地方の貸本屋のカタログで残っているのは僅かである。しかし、数少ないカタログが示唆するものは、（さきのフィーパウンドのような）小さな貸本屋の蔵書はほとんど小説であったことである。一七九〇年、ダラムシャー、ダーリントンのマイケル・ヘヴィサイズの持っていた四六六冊の蔵書のうちの約五〇冊は小説であった。しかし、一方では一七八九年のレスターのアン・アイルランドのように、約二五〇〇冊の蔵書のうち小説はわずか五パーセント程度であったという例もある。

小説の平均在庫は約四〇パーセントだったといわれ、そうなるとまじめな読み物にたいする需要が結構高かったことがわかる。そもそも貸本屋の利用者は誰か。育ちのよい令嬢やそのメイドが貸本屋の流行小説を読んだというおなじみの情景は、真実というよりパロディに近い。シェリダンが『恋敵』のなかで風刺したバースの貸本屋のなかにはそのような店もあったかもしれぬが、この町のすべての貸本屋がそうだったわけではない。ロンドン以外の最大の貸本屋といわれたバースのマーシャル貸本屋は多くの男性を顧客に持ち、その蔵書の九〇パーセントはノン・フィクションであった。

貸本屋のほかに、とくに男性のためにできたのが女人禁制のブック・クラブや会員制図書館(Proprietary libraries)である。

ブッククラブは会員の趣味を反映してノン・フィクションが多く、たとえばイーリーのパンフレット・クラブでは一七六六年から一七七六年にかけて買った一四七冊のうち小説はわずか二九冊であった。同様のことは他のブック・クラブでもいえ、グロースターシャーのサイレンセスター、フェアフォード、ビルベリー、一七八〇年代のエセックスシャー、クレヴァリングのクラブなどはみなそうである。

会員制図書館は地方の大都市に多く見られ、世紀最後の四半世紀に地方文化の重要な拠点となった。そこではまじめな文学への需要が顕著に見られ、数千冊の蔵書を持つ会員制図書館でも小説のパーセンテージはごく僅かにすぎなかった。ブリストル会員制図書館のメンバーのおもな関心は歴史、古物、旅行記にあり、これと同じ傾向を書籍販売業者のカタログに見ることができる。以上のことから会員制図書館やブック・クラブはまじめな本にたいする重要な市場であったことがわかる。

同様のことはこれらのメンバー自身についてもいえる。たとえば、イーリーのパンフレット・クラブの商人や牧師、ブリストルの会員制図書館の市民は本や新聞や雑誌を買う余裕のあるひとたちであり、かれらは書籍販売業者の市場の中心をなしていた。これは今日のイギリスとほぼ同じである。本の購入は基本的に中流・上流階級によってなされ、人口の僅かな部分が異例の数の本を購入したことになる。

一七八〇年頃から本の値段が徐々に上がり、本の出版点数も増えていった。これにともないこのグループの読者は買うよりも借りる読者になり、少なくとも買う分を借りて補うようになった。このためこれまで以上にブック・クラブや会員制図書館の本の共同購入が盛んになった。歴史、地理、政治にたいする趣味は、書籍販売の市場を性格づけた。市場は世紀とともに拡大し、それを買ったのは金持ちの商人や専門職のひとたちであった。その存在は地方都市の社会階層のなかで特異であり、書籍販売業者を裕福にしたのはかれらであった。

教育、教養、娯楽のための読書市場、これがロンドンの業界が生産と流通をコントロールし、また確保しようとした市場であった。

第七章　流通システム

ロンドンの業界が既存の地位を守ろうとした最大の理由が地方市場とその急激な拡大にあったことは前述した。しかし、その市場に商品を提供できないなら無にひとしい。たとえばロンドンのチャップブック印刷業者たちは地方での出版のあおりを受けて、全国的市場を獲得できなかった。このことは業界全体にとってさい先のよいものではなかった。

しかし、あまり人気のない種類の作品のばあいはロンドンの業者に有利だった。それは全国的なものでありながら需要に限りがあったから、多くのばあい初版二〇〇〇部で十分需要を満たすことができた。そして、この部数を販売するためには、ロンドンだけでなく地方の顧客を当てにしなければならなかった。

この章では、地方の書籍業理解に欠かせない流通のプロセスを検討する。一冊の本が出版され、地方の書店に行き着くまでの経路をたどり、つぎの五つの疑問を検討することから始めよう。

（一）地方の書籍業者や読者は出版情報をどのようにして知るのか。
（二）出ている本を誰にどのようにして注文するのか、そしてどのような条件で本は売られるのか。
（三）卸売やその他の中央集権的な本の供給システムはあるのか。
（四）本はじっさいにどのように運搬され、その経費を持つのはだれか。
（五）本は地方の書店にどのように運ばれ、顧客に届くのか。

出版情報

広告――ブックス・イン・プリント

広告は広いマーケティングの鍵をにぎる。本に関していうと、一八世紀のイギリスには四つの広告媒体があった。ブックス・イン・プリント（出版された本のリスト、市販されなかった）、新聞、出版社カタログ、出版趣意書である。印刷とほとんど同じ古い歴史をもつ本の広告は、しかし、徐々にしか普及しなかった。個々の作家の作品リストは一五六一年に出ており、新聞の広告は一六二六年に始まる。出版社が自社の出版カタログを出したのは一六四九年のことである。しかし、単独の刊行物としてのカタログは一八世紀の後半までおこなわれなかった。本の最後のブランク・ページにカタログが印刷されることが多かったからである。

ブックス・イン・プリントから見ていこう。ブックス・イン・プリントは書籍業界における最初のマーケティングを意味するものとして重要である。第一号は一五九五年のアンドルー・マウンセルのものだが、総リストといえるのはウィリアム・ロンドンの『イギリスで最も売れる書物カタログ』（一六五七）が最初である。ついで一六六八年にはジョン・スターキーの『マーキュリアス・ビブラリアス』が刊行される。これは長期にわたるシリーズ物で、一般に『ターム・カタログ』として知られる。一六八八年から一七〇九年まで季刊で刊行され、それ以前には一六七三年、一六七五年、一六八〇年に年刊本が、以後は一六九六年に合冊本が刊行されている。このカタログの目的はどのような本が出版されているかを読者に知らせることにあった。とくにロンドンの読者が直接書店に赴いて本を買うときの便宜のために。

さきのウィリアム・ロンドンはニュー・カースル・アポン・タインの書籍業者であったこと以外はほとんど知られていない。「ニューカースルの自分の店で……販売されるすべての本」と銘打った『イギリスで最も売れる書物カタログ』は、ロンドンが北部イギリスで最大の蔵書を誇る書籍業者であったことを物語る。ロンドンのカタログは書籍販売業者の蔵書カタログが一般に意図するものよりも広い意図をもっていた。つまり、かれはこの『カタログ』を「ノーザンバーランド、ダラム、ウェストモアランド、カンバーランドの北部諸州の賢明で学識のある学究的なひとびと」に献呈しており、読者への書簡（まえがき）ではこれら四州の住民のために「この国の多くの場所で一般に販売されていると私が承知している」本の総合カタログを作成しようとしたのだという。さらに四九ページを割いて「学問と知識の価値と恩恵についてのエッセイ——本の利用に関する手引き」を添え、おそらくこれは「賢明で学識のある学究的なひとびと」がルーン川とティーズ川以北にあまり多くいなかったことを物語るものであろう。

つぎにジョン・スターキーの『ターム・カタログ』について。一六九六年の合冊版の序文につぎのように書かれている。

> イギリスのすべての書籍販売業者にとってこの『総合出版カタログ』(『ターム・カタログ』)はたいへん有益であろう。離れたところに住む紳士諸君にとっても本の注文に便利である。著者、出版者を教え、〔地方の業者を通じて〕注文すれば、容易に入手できるからである。

『ターム・カタログ』は書籍販売業者ばかりでなく読者を意識したものであった。しかし、読者が直接ロンドンに注文するのは稀で、書籍業者を通しておこなうのがふつうだった。

つぎにブックス・イン・プリントを出したのはジョン・ウォラルである。かれの『年刊出版総カタログ』は一七三七年と一七三八年の二回出ており、前者の序文でウォラルはつぎのように書いている。

これらのリストはロンドンから遠く離れて住み、本の広告が載る新聞をめったに見ない紳士淑女その他のひとびとのものであり、昨年どのような本が出版されたかを僅かな経費で知るためのものである。

一七三八年版では、カタログを「もっと完全で有益なもの」にするために、ロンドンの業者の名前と住所が追加されている。著者、書名を知らせるだけでなく、注文が間違いなく出版者に届き、読者にも本が届くようにと配慮したためであろう。

ウォラルの一七三八年版を最後に、単独のブックス・イン・プリントは一七六〇年の『現行出版物総合カタログ』まで出なかった。それ以後『ロンドン・カタログ』（一七七三〜一八五五）、『イングリッシュ・カタログ』（一八五三〜一九六八）、『英国総合カタログ』（一八五〇年以後）とつづくが、はたして一七三八年から一七六〇年までの約二〇年間はまったくの空白期間だったのだろうか。

雑誌掲載の新刊カタログ

じつは、この期間は定期刊行物に掲載される新刊カタログが補っていたのである。

一七一四年からこの種のカタログがお掲載されており、この年ロンドンのブックセラー、バーナード・リントットが『マンスリー・カタログ』を創刊、定期的に新刊書の紹介をはじめた。これは一七一七年までつづき、一七二三年にはジョン・ウィルフォードが同じタイトル同じ装丁の同誌を復刊させ、五年後の一七二八年一月には『マンスリー・クロニクル』が出る。これはカタログ専門の雑誌ではなく、毎月のニュースを抜粋して載せる当時よくおこなわれた形式の雑誌で、そこに毎月の新刊リストを載せたのである。この形式は一七三一年創刊のエドワード・ケイヴの『ジェントルマンズ・マガジン』でも採用され好評であった。一七三〇年三月、『マンスリー・カタログ』は『マンスリー・クロニクル』と合併、後者のタイトルを名乗るが、一七三二年三月、『ジェントルマンズ・マガジン』に対抗して『ロンドン・マガジン』と誌名を変える。結果、ふたつの雑誌ははげしく競争し、やがて二大雑誌時代がはじまる。ケイヴは新聞の広告から新刊リストを作成するこれまでの方法をやめ、出版者から直接新刊情報を仕入れることにし、出版者もケイヴの雑誌の人気を見てよろこんでこれに応じた。こうして、新鮮かつ正確な新刊情報が読者に届けられるようになった。

ケイヴの革新はこれだけではなかった。かれは『ジェントルマンズ・マガジン』を地方にまで浸透させ、業界に寄与するところ大であった。もともと一七二〇年代半ば頃、ケイヴは『グロースター・ジャーナル』『スタンフォード・マーキュリー』『ケンティッシュ・ポスト』『ノーザンプトン・マーキュリー』のロンドン通信員をやっており、そのときのコネをフルに利用することができたのである。かくして『ジェントルマンズ・マガジン』は幅広い販売網を確立させ、『マンスリー・カタログ』やその先行カタログよりも楽しく有益な情報を提供する雑誌になった。

カタログは単行本であれ、雑誌掲載であれ、ロンドン業界の独占が不動であることを示すものであった。すでに見たように、一七世紀の半ば頃までには地方の書籍業者とその顧客に新刊書の出版情報を提供する必要性が出てきていた。スターキー、ウィルフォード、リントットなどはロンドン業界の重要なメンバーであり、ロンドンの独占を維持する必要性を痛感していた。そしてそれを強化する有力な手段が地方読者に本の正しい情報を提供することだと考えたのである。

ウィルフォードが始めケイヴが完成させた形、すなわち雑誌に新刊リストを掲載するという形は広告料なしに新刊書情報を提供でき、このような新刊リストは業界の重要な一部分となっていった。

新聞広告

つぎは新聞の広告である。新聞は一八世紀初期にロンドンで確立し、一七〇二年の『デイリー・クーラント』は最初の日刊新聞として知られる。その後も新聞の創刊はあいつぎ、多くは火曜日、木曜日、土曜日の週三回発行され、発行されるとその夜のうちにロンドンから主要な地方都市に輸送された。一七一二年に発行部数は大幅に増加する。この年、『ポスト・ボーイ』と『ポスト・マン』の二紙だけで一回の刷り部数が三〇〇〇部を越え、一七二一年には週刊新聞『ロンドン・ジャーナル』が一万部に達している。

一八世紀の新聞を特徴づけた本の広告には書名の他に出版者名、書店名とその住所が記されており、広告を見て本を注文することができた。新聞の広告はブックス・イン・プリントと同様の重要な情報源になったのである。

ロンドンの読者を対象にした『セント・ジェイムズ・クロニクル』や『ワールド』のような新聞

も財政的理由から地方での流通を重要視した。夕刊新聞はとくにそうである。たとえば、一七七〇年から一七八五年のあいだ『ジェネラル・イーヴニング・ポスト』は地方向けのメール・コーチの出発時間に合わせて印刷する時間を調節したという。ロンドンの新聞発行人は道路長官に「格別の迷惑をかけた償い」としてしかるべき金を払った。その「格別の迷惑」のなかには、新聞の発行が遅れたときコーチの出発を遅らせてもらったり、地方の通信員の手紙を通常の手紙よりも特別早く配達してもらったことなどが含まれる。

新聞が地方での流通を重視した理由のひとつは、新聞発行人の多くは同時に本の出版者であったからで、地方の新聞代理店に本を置くことができた。そして新聞発行人は自分の本ばかりでなく、どの出版者の本でも広告したから、新聞という全国的な広告媒体を通して、ロンドンの業界は地方の書籍業界をうまくコントロールできたのである。

つぎの例を見てみよう。一七八〇年一月、二六八タイトルの本の広告がロンドンの新聞四紙と地方の新聞五紙に掲載され、その後広告総計は八七六に達した。これら二六八タイトルのうち、地方の新聞だけに載ったのは八パーセント以下、ロンドンと地方の新聞の両方に載ったのは六パーセント以下であった。このことは、地方新聞五紙はそれぞれの地域で広く流布していても、結局ロンドンの新聞の方が満足すべき広告媒体であったことを意味する。

一方、地方新聞にだけに広告が載るような本は、ほとんど例外なく地方で出版され地元で需要のある本である。土地所有者や国会に議席のある地方紳士が関心を示す法律の本、土地法や狩猟法や十分の一税に関する本、宗教の分野では福音主義者や非国教徒が書いた本がそうである。いずれも地方の読者向けの本であった。

ロンドンと地方の両方で広告が出る本は、全国的な宣伝にふさわしい内容の本である。たとえば、一七七九年から一七八〇年にかけて週刊分冊で出たチャールズ・バーリントン、デイヴィッド・リーウィン・リーズ、アレクサンダー・マレイ三人の『現代のイギリス旅行家』はロンドンと地方で広告が出、九つのうち七つの新聞に広告が出、少なくとも五つの異なった出版趣意書が発行された。シャーロット・カウリーの『ご婦人がたの英国史』も同様である。一七八〇年に完結したこの分冊は八つの新聞に広告が出ている。他方、地方の出版でロンドンの新聞に広告が出るような本は、著者の知名度が高くロンドンでも需要が見込まれるものである。

定期刊行物もおなじ基準で宣伝された。一七八〇年一月に四つの定期刊行物が発行され、そのうち『ポリティカル・マガジン』（一七八〇～九一）、『スカウジ』（一七八〇）、『シェイクスピア・ニュー・ペリオディカル・ウィークリー・ペイパー』（一七八〇～未詳）の三誌は広く宣伝されたが、『ノベリスト・マガジン』はそうではなかった。これにたいして既存の定期刊行物は『ウェストミンスター・マガジン』を除き、ロンドンの新聞にはあまり広告が出ず、『ジェントルマンズ・マガジン』と『ロンドン・レヴュー』の広告がひとつずつ、『ユニヴァーサル・マガジン』はふたつである。広告が出る定期刊行物は例外的であったといえる。同様に『アニュアル・レジスター』『パーラメンタリー・レジスター』『リメンブランス』の広告はなく、ジョン・アーモンが編集する最後の雑誌は自らの新聞『ロンドン・クーラント』に広告が出たにすぎない。そのほか、一回だけ広告が出たもののなかには『レイディズ・マガジン』『ロンドン・マガジン』『タウン・アンド・カントリー・マガジン』『ユニヴァーサル・マガジン』などがある。

新刊本と新聞の広告

遅くとも一八世紀半ば頃にはロンドンの新聞は地方に普及し、本の有効な広告媒体として機能した。新刊本の情報をいち早く地方に伝えたのである。地方の新聞が広告を載せるのは地方で出版される地元の読者向けの本であり、ロンドンで出版された本で広告が載るのは作者が地方に住み地方をテーマにした本であった。新しい分冊出版や定期刊行物が発行されるとき、全国的なキャンペーンの方法として地方の新聞が利用されることもあった。

以上のように、新聞の広告は新刊本への恰好の道案内であった。

レヴューの登場

やがて一八世紀も半ばをすぎた頃から、新聞に加えてもうひとつ重要な案内役である「レヴュー」（書評誌）が登場する。一七四九年創刊のラルフ・グリフィスの『マンスリー・レヴュー』、一七五六年創刊のスモレットの『クリティカル・レヴュー』がそれで、新刊本を批判的に扱うことを目的にした書評専門誌であった。とくに『クリティカル・レヴュー』は高い水準の書評を掲載し、作者の政治的・宗教的な見解よりも本をひとつの作品として見ようとする傾向に特徴があった。レヴューはロンドン以外でも広く読まれ、地方の読者が本を選択するときの有力な助けとなった。たとえば、イーリー・パンフレット・クラブ（ブック・クラブ）では、一七六六年から一七六九年まで『マンスリー・レヴュー』を、一七七五年から一七七六年まで『クリティカル・レヴュー』を講読し、本を購入に役立てた。

出版者のカタログ

本の情報の入手方法のつぎのものは出版者のカタログである。これは最初はそれほどでもなかったが、急速に重要性を増していった。その理由のひとつは内容の充実である。一七三〇年頃から世紀初めのカタログになかった値段の記載がおこなわれるようになる。最初期のものは一七三二年二月七日に出たロンドンのブックセラー、ジョン・ダービーの在庫カタログである（じつは一七二九年にはすでに同様のものが出ていたらしい）。やがて一七四〇年頃になると値段の記載がほぼ慣例化するが、その背景には読者と業界の強い要請があったからである。読者が注文する前に値段を知りたいのは当然のことだが、そのためには（地方の読者のばあい）時間もかかるし金もかかった。したがって値段のついたカタログはかれらにとって朗報だったし、業者にしてもそうだった。本来カタログは業者が見るものだが、一七三〇年代にはかれらはカタログの修正を要請するほど数を増し力を増していた。

出版趣意書

つぎは出版趣意書である。出版者のカタログは、ブックス・イン・プリントや新聞の広告と同様、在庫の本もしくはこれから出る本の情報を載せた。これにたいして、出版趣意書は本が印刷される前、ときには書かれる前に出し、本の予約読者を募り代金の支払いを要求するものである。したがって出版趣意書は予約出版と表裏一体をなし、イギリスでは一六一〇年に始まっている。この年ジョン・マンシューが出版趣意書を刊行、読者の予約を募ったのである（すなわち予約出版である）。予約出版はやがてある種の本、とくに学術的な本を刊行するばあいの一般的形態になっていく。

予約出版

初期の頃、業者は予約読者を募るために旅をして回ったが（マンシューは一六一八年から一六一九年にかけて各地を回った）、一八世紀の半ばすぎからその必要がなくなった。地方の業者が増し、ロンドンの業者の代りをつとめるようになったからである。

つぎの例を見てみよう。

一七七一年一月一日にジョン・グレン・キングの『ロシアにおけるギリシャ正教の典礼と儀式』の出版趣意書が発行された。これにはロンドンの九人の書籍業者（うち四人は出版された本の奥付にもその名がある）と一四人の地方の書籍業者の名前が載っていた。かれらは中部地方と北西部以外のイギリス全土にわたる業者であり、幅広い分布の理由は著者にあったと考えられる。

一七三二年にノーフォークに生まれた著者キングはケンブリッジを出て、長年セント・ペテルスブルグにあるイギリスの工場で司祭をつとめ、帰国後はハーフォードシャー、ウォームリーの教区牧師となった（一七八九年に聖職禄を受けている）。著者の経歴と知名度が理由のひとつだとすれば、もうひとつは本の性格にあったと考えられる。

この本はアカデミックな教会論として大学や聖堂内で需要が見込まれたのである。ただし予約購読者リストが残っていないため、出版者が意図した読者を獲得できたかどうかは不明である。ちなみに、刊行本の奥付には地方の業者の名前は見あたらない（つまりこの本の共同出版者になっていない）。とすれば出版趣意書に地方の業者が一四人も名を連ねたのはなぜか。もうひとつの例がこれを説明してくれる。ウィリアム・ベサムは、イプスウィッチから約七マイル北方のストナム・マーケットにある寄付金学校の校長であった。かれの著書『世界の君主の系図』の出版趣意書は一七九五年三月に刊行され、本は同じ年の末に刊行された。趣意書にはロンドンの書籍業者が六人、六つの地方都市の書籍業者八人の名前が書かれている。ベリ・セント・エドモンズのデック、ケンブリッジのデイトンとルン、チェルムスフォードとコルチェスターのケラム、イプスウィッチのブッシュ、フォスター、ジャーミン、オックスフォードのフレッチャーの八人である。ただし、刊行本の奥付にはこれらの名前はない。ということは、フレッチャーを除いて、かれらは作者ベサムを知るひとたちのために一肌脱いだと考えられる。つまり本を容易に入手できるように配慮したのである。じじつ、デイトン、フォスター、ジャーミン、ルンは（同著に掲載された）予約講読者リストにその名があり、ルンは三冊、他は一冊を予約している。このようにして地方の書籍業者は自分たちの役目をはたしたのである。前記キングの『ロシアにおけるギリシャ正教の典礼と儀式』のばあいも同じである。

ベサムの本の予約購読者は（出版社の）エイジェントでもある書籍販売業者にかぎられていたが、例外もあった。『サーロウ政府文書』のトマス・バーチ版は一七三九年一二月四日に出版趣意書が出て、本は一七四二年に刊行された。出版趣意書にはロンドンの業者が六人いて、そのうちの三人は本の奥付の予約購読者リストにも名前が見える。そのひとりは故人のフレッチャー・ガイルスである。出版趣意書にはロンドンの業者のほかにダブリンとエディンバラの二人を含む地方の業者の名前が見えるが、いずれも本の奥付には名前がない。予約講読者に名を連ねるのはひとり（ニューカースルのマーティン・ブライソン）だけだが、かれは三冊予約している。他に四人の地方業者の名（バースのフレデリック、ニューカースルのもうひとりのブックセラーを含む）が出版趣意書に見えるが、本の予約購読者リストにはない。ここでさきの例を思い出すとよい。かれらはエイジェントとして機能し、かれらを通して読者は予約注文したのである。そしてその名は予約購読者リストに載っている。なかには地方の業者が予約購読者のリストに載っていることがある。これはどう説明すればよいのか。ウィリアム・プライスの『ミネラオジア・コルヌビエンシス』のばあいを考えてみよう。この本の出版趣意書には二〇人の地方の書籍業者が名を連ね、そのうちの五人が自分の名前で予約している。趣意書にはない他の五人の名前もある。ヨークのサザランは八冊を予約し、シャーボーンのゴードビーは四冊を予約している。これだけの部数を自分用に買うことはあり得ず、店の在庫のために買ったと考えられる。すなわち、顧客のエイジェントとして、レドラスに住むプライスの本をその地方の読者が入手しやすくしたのである。このように、予約購読者リストに名前のある地方の業者はエイジェントとして機能し、読者はかれらを通して本を買った。まとまった数の本を予約したのはそのためである。

出版趣意書でもうひとついっておくべきことは、それ自体が新聞の広告として載ったことである。したがって他の広告とほとんどおなじ機能をもち、広い地域に向けて本を宣伝した。反面、地元の本もしくは限られた関心の本が、その地域で買えることを保証するものでもあった。ともかくも、出版趣意書がロンドン業界の独占を維持するのに一役かったことはたしかである。

読者はブックス・イン・プリント、新聞の広告、出版社のリスト、出版趣意書によって本を選び、地元の書籍業者を通して注文した。一七世紀の終わり頃にはすでにこれがおこなわれていたと推定されるが、書店の数が増すにつれて、本を注文する際の慣行になっていったと考えられる。書籍業者がロンドンの業者とコンタクトをとり、読者とのあいだを取りもった。店頭に在庫があるとき以外は、読者の求めに応じて一冊一冊の本を注文するのがその役割であった。

ここにひとりの本の買い手の話がある。名前はジェイムズ・ヒッチコック。かれはレスターシャー、ビッツウェルの牧師で、熱心なブック・コレクターとして知られた。ケンブリッジのペンブルック・カレッジで学位をとり、一七五四年に牧師に任命され、一七六二年にビッツウェルで聖職禄を得て、一七八九年に死んでいる。教区牧師としての才能は教区民が次々と非国教徒に改宗していったことからもわかる。となり町の牧師がジョン・ニコルスに語ったところによると、かれは「文字通り本の虫」で、才能を無駄に使った恨みはあるが、たいへんな学識者だったという。本を買ったのは書籍業者のクレイからで、クレイは一七八一年にニュー・ボンド・ストリートのジェイムズ・ロブソンのカタログから一四冊の本を注文している。当時、定期的に本を買うひとは地方の書籍業者を最良の媒介と考え、ロンドンの本を取り寄せたのである。

この例で見るように、地方の書籍業者はロンドンの複数の業者のエイジェントとして機能し、客の求めに応じて本を取り寄せた。ちなみに、ヒッチコックの本は死後レスターの書籍業者に売却され、その後ロンドンの業者にかなりの安値で売却されたという。

地方の書籍業者がロンドンの業者と交わした手紙が残っている。レスターシャー、マーケット・ハーバラの書籍業者ウィリアム・ハロッドがジョン・ニコルスに宛てた手紙である。

ホールトの郷士ネヴィルが私の娘に語ったところによると、かれは貴下をたいへん賢明なる紳士であると考えている。そして彼女につぎの本を取り寄せるよう注文した。**Gartree hundred**を一部、ボード装でお送りくだされば幸甚です。

もっとポピュラーな本を複数注文した例もある。

今月七日付けの貴下の書簡ありがとうございました。バリントンズのわがよき友人の著書『新登記簿』五〇部にたいしても。

取引条件と代金の決済

本の注文はしかしプロセスの第一段階にすぎない。つぎには支払いである。比較的大きな書籍業者はロンドンに銀行口座を持ちそこから金を引き落とした。通常の支払い猶予期間は二か月だが、レスターのトマス・クームは三か月の猶予を求める請願書を書いている。コリンズは『レジスター・ブックス』のために「ステイプル・アンド・カンパニーに宛てた二一日間通用の手形一七ポンド三〇シリング」を振り出している。

しかし、物事はそれほど単純ではない。ジェイムズ・ラッキントンによれば、「地方の多くの業者は銀行の紙幣以下の小額の金を支払うのが困難であった。」一七二〇年の泡沫法の規定から除外された銀行システムはばらばらであり、請求書と手形が往復し、地方銀行が振り出す手形はロンドンでは通用しなかった。解決方法はワイト島、ニューポートのジョン・アルビンのようにロンドンにエイジェントを持つことだが、すべての業者がそうはいかない。アルビンはロンドンで支払いを担当する兄弟がいたのである。

大量部数の本が売買されるときはふつう委託販売が採用された。しかし、これによると書籍業者が出版者にたいしてやや消極的になる可能性があった。たとえば、一七七三年、エディンバラの出版者キンケイドとベルはニューカースル・アポン・タインの書籍販売業者ウイリアム・チャーンリーに手紙を書き、「どんな本を売ったか。手持ちの本が知りたい。手紙で知らせよ」と要求している。その二年前にもチャーンリーに宛ててもっと断定的に「他の本は夏までキープしてよろしい。できるだけ多く売るよう努力せよ」と書いている。委託販売の裏書といってよいだろう。

ちなみに、新聞のばあいは委託販売がふつうであった。一七八〇年代『ザ・ガゼッティアー』の発行人はバースのエイジェント、ウィリアム・メイラーと委託販売契約を結んでいる。委託販売には問題もあった。ソールズベリーのジェイムズ・イーストンはジョン・ニコルズに手紙を書いている。「数年間据え置きになっている私のわずかな口座のことでお手数をおかけします。ご都合のよろしいときに清算願えれば幸いです。」

地方の業者にとって、小売り価格にたいするマージン（値引き）が利益を左右した。値引きは争いのもとになることもあり、とくに世紀末にラッキントンが業界の均衡を破ろうとしたときそうであった。しかし、一般に容認された慣行があり、本の出版者はそれに従うのが一般であった。自費出版の作者も例外ではない。サミュエル・ダンが一七七七年に『航海術提要』を出したとき、タイトル・ページの前のページにつぎのメモを印刷した。

この作品の作者ダン氏はロンドン、コヴェント・ガーデンのメイデン・レインに住んでいる。製本屋の向かい側である。装丁の堅固な数学書を当人から入手できる。業者には通常の値引きで。

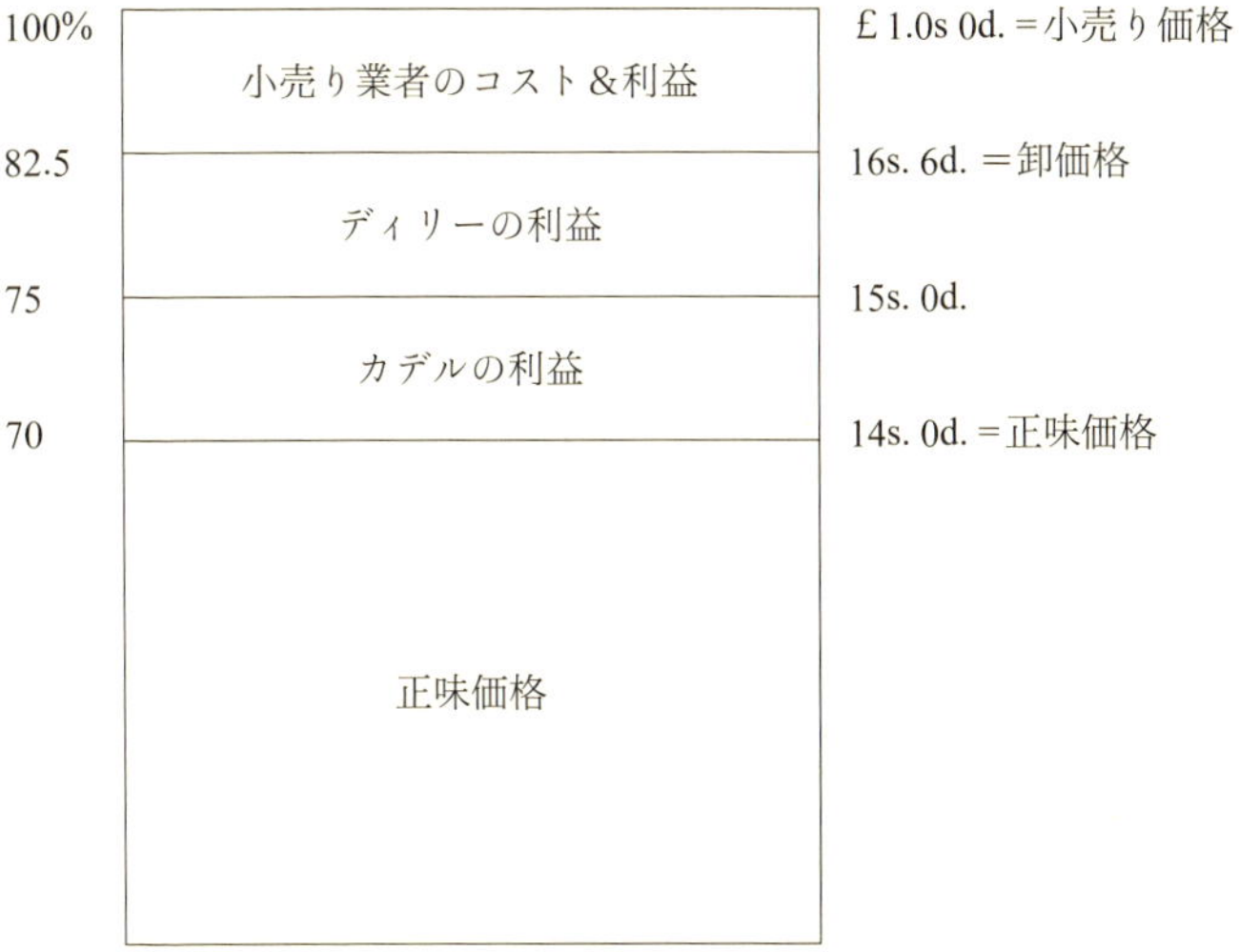

図1

小売りの書籍販売業者にとって「通常の値引き」がかれの生活を支えた。「通常の値引き」という昔ながらのいい方は一七七六年にサミュエル・ジョンソンがオックスフォードの学長ネイサン・ウェザーウォールに宛てた手紙に出てくる。大学はジョン・フェルの時代から問題をかかえていた。ロンドンの書籍業者に大学出版局の出した本のエイジェントになることを要請するという問題である。出版局はカデルに本を送り、カデルはエイジョントであるディリーに卸す。ディリーは地方の業者にそれを売る。そうしたばあいの利益配分をジョンソンは図1のように考える。

　これで見ると、地方の書籍業者は小売り価格にたいして約一七・五のマージンをとり、それで経費と利益をカヴァーしている。そしてカデルは一ポンドにつき一シリング（五パーセント)、ディリーは一シリング六ペンス(一〇パーセント)を得る。ジョンソンは業界の慣行を正しく把握していたようだが、これは地方で出版されエイジェントをロンドンにもつ本のばあいである。ロンドンで出版された本については、多少の修正が必要になってくる(図2と3)。

図2では本は出版者から卸売り業者を経て小売り業者へと流れている。図3では出版者から直接小売り業者へ本が渡っている。ジョンソンの基準を採用して出版者が七〇パーセントを顧客への小売り価格からとるとする。そのばあい卸売り業者を利用すれば、かれの利益は書籍販売業者の値引きから捻出される。しかし、一般に、地方の書籍業者は一七・五と三〇パーセントのあいだを期待する。この幅は徐々に縮まってゆき、一九世紀になるとマージンが定価販売制度によってじじつ上コントロールされ、ある程度標準化されるにいたる。問題は異なった装丁の本が同時に出て、値段の開きが生じるばあいである。しかし、どの装丁本にもほぼ決まった価格があり、「シート」(未製本)「ステッチト」(仮綴本)「ラッパー」(簡易製本)「ボード」(型紙製本)によって値段が違っていた。「通常のマージン」は特別の装丁の値段を基礎にしている。

つぎの例を見てみよう。一七九五年、ハリファックスのウィリアム・エドワーズがロンドンのトマズ・フッドに手紙を書き、ジョン・エイキンの『マンチェスター周辺三〇〜四〇マイルの地域の概説書』のマージンのことで苦情を述べた。フッドは二ポンド一五シリングを要求したのである。小売り価格は三ポンド三シリングである。エドワーズは以前他の業者から同じ本を二ポンド一二シリング六ペンスで手に入れたことがある。フッドのいう値段だとエドワードのマージンは一七・五

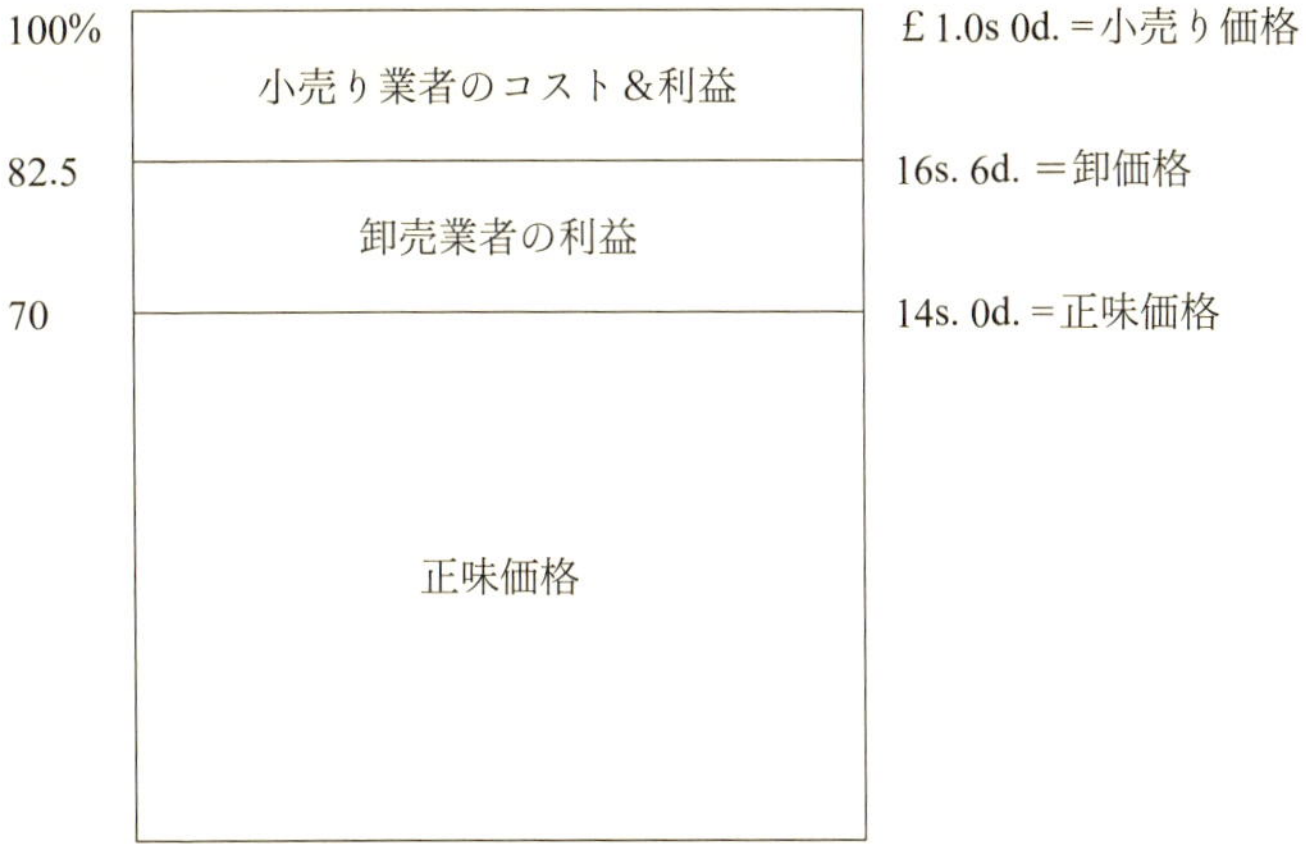
100%
小売り業者のコスト&利益
£ 1.0s 0d. =小売り価格
82.5
卸売業者の利益
16s. 6d. ＝卸価格
70
14s. 0d. =正味価格
正味価格

図2

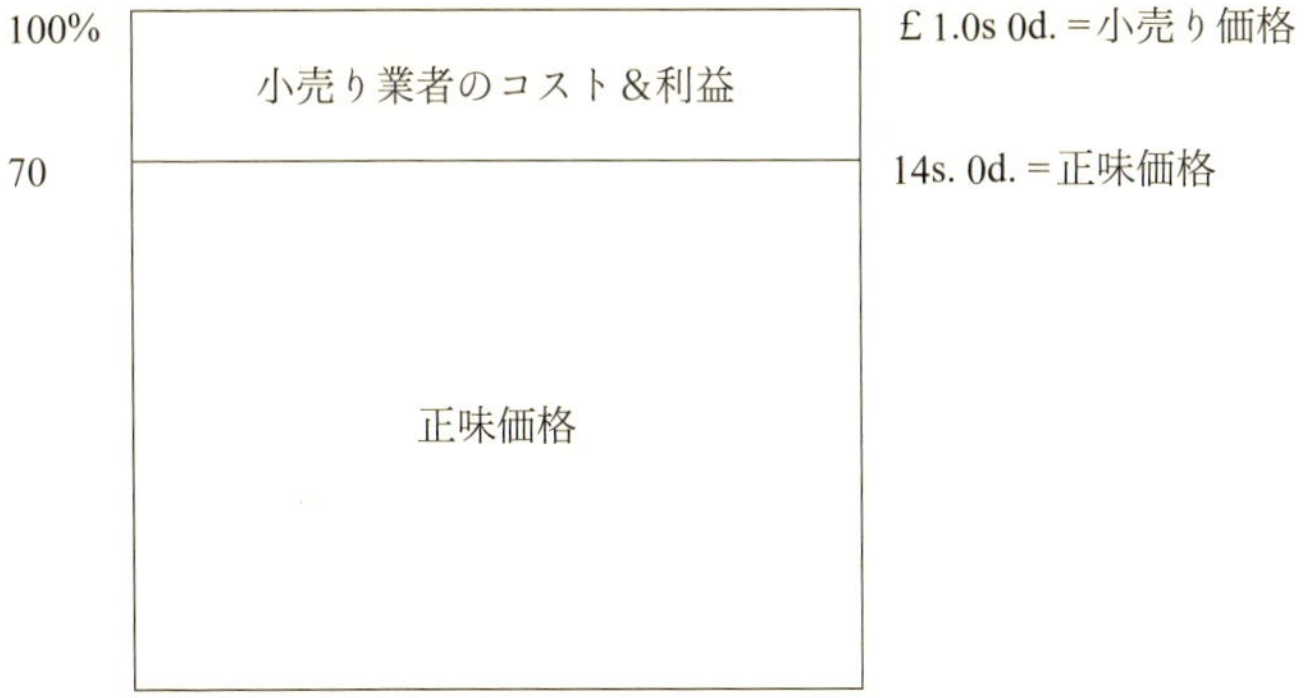
100%
小売り業者のコスト&利益
£ 1.0s 0d. =小売り価格
70
14s. 0d. =正味価格
正味価格

図3

パーセント以下になる。エドワーズが卸売り業者から直接買えば、マージンはちょうど一七・五パーセントになるはずである。

この説明はジョンソンの計算が正しいこと、そして地方の書籍業者がマージンを最高にし、利益も最高にしようとするなら、正しい売り手を選ばねばならないことを物語っている。

第八章　市場の拡大

奥付が語るもの

だれが本の出版者（＝卸売り業者）で、どのようにしてそれを識別するのか。地方の小売り業者は特定の本の出版者はだれであるかをどのようにして知るのか。クラヴェルはかつて『ターム・カタログ』を出版する目的は「注文がロンドンに届いたとき最も容易に入手できるよう、だれの本で、だれのために印刷したのか」を知らせることだといった。このばあい「だれのために印刷したのか」というのが重要で、これによって出版者がだれであるかを知ることができる。

奥付には不明な点が多いが、版権所有者について多くのことを語ってくれる。たとえば、そこに印刷された名前の順序は版権所有者の序列を示している。つまり、奥付はそれを業界のコードとして読むとき価値をもってくる。コードをひもとければ、業界に関する多くのことが分かってくるのである。

一八世紀の奥付の最も完全なものをつぎに挙げよう。

Printed by X, for Y, and sold by Z.

（「Yのために　Xが印刷し　Zに販売される」）

このばあいXはプリンターであり、Yは版権所有者（＝出版者）、Zは小売り業者（もしくは卸売り業者）である。一般には次のようにプリンターが省略されることが多い。

Printed for Y, and sold by Z.

（「Yのために印刷され　Zによって販売される」）

版権所有者が同時に小売り業者であるときは、

Printed for Y.

（「Yのために印刷される」）

もしくは、

Printed for and sold by Y.

（「Yのために印刷され　Yに販売される」）

もしくは、

Printed and sold by Y.

（「Yによって印刷・販売される」）

となる。これらはいずれも重要な情報――小売り業者の名前という――を含んでいる。

このように奥付は故意のいつわりがないかぎり、つねに本の販売（マーケティング）と密接な関係を持っている。

つぎに具体的な本の例をいくつかあげよう。まず、出版者が小売り業者を兼ねる代表的な例は、ジョン・ノースが出版した本の奥付にみることができる。

London, Printed for J. Nourse at the Lamb opposite Katherine-Street in the Strand. MDCCLX.

（「ロンドン、J．ノースのためにスコットランド、キャサリン・ストリートの向かい側ラム通りで印刷される、一七六〇年」）

ここでノースが住所を明記しているのは、宣伝のためと注文が正しく届くようにとの配慮からである。新聞の広告やブックス・イン・プリントでは、一般に住所をフルに記載することは稀で、省略することが多い。

やや複雑なものでは一七九〇年版『オシアン』がある。

London: Printed for A. Strahan; and T. Cadell, in the Strand. MDCCXC.

（「ロンドン・ロンドン、ストランドでA・ストラーンとT・カデルのために印刷される、一七九〇年」）

この奥付にはふたつの疑問点がある。ひとつはなぜストラーンのあとにセミコロンがあるのかという疑問、もうひとつはなぜカデルの住所だけが印刷されているのかという疑問である。カデルは一七八〇年にストラーンの父とパートナーを組み、一七八五年の父の死後その息子とパートナーを組んでいる。しかし、両者の店舗は別である。かれらはともに『オシアン』の部分版権をもち、ストラーンは一七七三年に父が買ったものを受け継ぎ、カデルは一七八四年に買っている。そこまでは同じだが、ふたりの違いは奥付を見ればわかる。すなわち、カデルはストランドの店で小売業を営み、業者はここに注文するが、ストラーンには注文しない。セミコロンとカデルの住所表記はそれを物語っている。

版権所有者、もしくは部分版権所有者は必ずしも小売り業者とはかぎらない。つぎの例がそれを物語る。

London: Printed for T. Pitcher No. 44 Barbican; Also sold by C. Dillyk, Poultry; T. Parsons, Paternoster-Row; and T. Matthews, Strand. M.DCC.XC.

（「ロンドン・バービカン四四番地ピッチャーのために印刷され、ポールトリーのC．ディリックとパターノスター・ロウのT．マシューズによって販売される、一七九〇年」）

このばあいピッチャーは版権所有者である。本はピッチャーの「ために」出版され、金を出したのもかれである。かれは小売りはせず、それをするのは部分版権を持たない他の業者である。その利益はピッチャーの卸し値によって決まった。

奥付にはロンドンばかりでなく、地方の卸売り業者ないし小売り業者も登場した。つぎの例がそれを示す。

London: Printed and Sold by R. Hindmarsh, No. 32, Clerkenwell-Close. Sold also by J. Buckland, Pater-noster-Row; J. Denis, New Bridge-Street, Fleet Street; W. Brown, Corner of Essex-Street, Strand; J. Cuthell, Middle-Row, Holborn; J. Clarke and J. Haslingden, Manchester; T. Mills, Bristol; and may be had by giving Orders to any of the Booksellers in Town and Country. M.DCC.LXXXVI

（「ロンドン・クラーケンウェルス三二番地のR．ヒンドマーシュで印刷・販売され、パターノスターロウのバックランド、フリートストリート添いのニューブリッジストリートのJ．デニス、ストランド、エセックス・トリート角のW．ブラウン、ミドルホウボーンのJ．カッセル、マンチェスターのクラークとハスリンッグデン、ブリトルのT．ミルズ、その他国中の都市のブックセラーにす注文すれば入手可。一七七六年刊」）

ロバート・ハインドマーシュは版権所有者であり、ロンドンのほかの四人の業者――バックランド、デニス、ブラウン、カッセル――は卸売り業者ないし小売り業者である。この四人のほかにマンチェスターのアイザック・クラークとジョン・ハスリンデン、ブリストルのトマス・ミルズの名前があり、この三人はロンドンの四人と同等の序列である。かれらは地方の町でロンドンの四人と同じ機能をはたしていたと考えられる。

いくつかの本においては、地方の小売り業者の名前がじつに多彩である。

London: Printed for E. and C. Dilly, in the Poultry; and Sold by Messrs Goadby in Sherborn, Thorn in Exeter, Haydon in Plimouth, Tozer in Modbury, Painter in Truro, Allison in Falmouth. MDCCLXX.

(「ロンドン・ポールトリーのE．ディリーとC．ディリーによって印刷され、シャボーンのゴードビー兄弟によって売られエクセターのソーン、マドベリーのトザー、トゥルーロウのペインター、ファルマのアリソンによって売られる、一七七〇年刊。」)

この本の作者トマス・ヴィヴィアンはトルノ生まれのコーンウォール人である。デヴォンのコーンウッドの牧師補を約五〇年間つとめ、著者としても有名だった。そのために、ロンドンで出版された本は、全国的な流通網にのせられ、需要が最も多いと思われる地域には複数の業者が配置されたことがわかる。かれらは小売り業者でありながら卸売り業者としても機能し、このような形は本が特別の市場をもつ地域ではよくおこなわれた。

もうひとつショーの『辞書』の例を挙げておこう。

London: Printed for the Author, by W. and A. Strahan; And sold by J. Murray, Fleet-street; P. Elmsly,

Strand; C. Elliot, J. Balfour, and R. Jamieson, Edinburgh; D. Prince, Oxford; Messrs. Merril, Cambridge; Wilson, Dublin; and Pissot, at Paris. MDCCLXXX.

（「ロンドン・著者のためにW．とA．ストラーンが印刷、フリートストリートのJ．マレイ、ストランドのエルムズリー及び、J．バルフォア、エディンバラのR．ジェイミーソン、オックスフォードのD．プリンス、ケンブリッジのメリル兄弟、ダブリンのウィルソン、パリのピソで買える、一七八〇年刊行。」）

これで見るかぎり、この先駆的な学術書のためにロンドンのみならずスコットランド、アイルランド、オックスフォード、ケンブリッジ、さらにはヨーロッパ大陸にいたるまで流通網が用意されていたことがわかる。この本はベストセラーとはいえなかったが、小売り業者が卸売り業者として機能し、より多くを流通させたなら、地方でも海外でも大いに利益を上げたと考えられる。

本の輸送

地方への本の輸送については、本が小売り業者にいたる経緯を考える必要がある。スピードは本の輸送にとってそれほど重要ではなかった。郵便料金が高かったので、むしろ安い輸送方法の方が重要だったのである。

陸路の輸送

一八世紀の初め、地方では通常馬による輸送方法（pack-horses）が利用され、英国北部全体をカヴァーしていた。しかし、道路網の発達とともに、数匹の馬を連ねた馬車輸送ができるようになると、世紀の終わり頃には輸送用ワゴン（carrier's waggon）がごくふつうの輸送手段として使われるようになった。その流通網は広範囲におよび、ロンドンと主要な地方都市から放射線状に伸びていた。

たとえば、一七九四年には二〇二台のワゴンがブリストルから毎週出発し、周辺の西部地方はもちろん、ロンドン、レスター、ノッティンガム、ヨーク、リンカーン、ケンブリッジ、リヴァプール、バーミンガムまで及び、さらにはもっと遠くまでゆく乗り継ぎ便もあった。ワゴンのスピードは遅かったが、料金は安かった。通行料金のいる道路でも一マイルごと五〇・八キログラムにつき一ペニを越えることはなかったのである。

しかし、ワゴンは本の輸送手段として必ずしも信頼できなかった。一八一二年、レスターのクームがジョン・ニコルズに五〇ポンド相当の本を発注したとき、「包装をしっかりと」特別に注文をつけている。輸送中に本が傷んだり破損することが多かったのである。

他方、スピードが要求される輸送にはコーチ（駅馬車）が使われた。一七四九年六月一日、イートンのジョゼフ・ポートは六冊の本を「土曜日の朝、ウィンザー・コーチ」で送るようジョン・ノースに依頼している。たぶん本の到着をお客が待っていたのだろう。一八一〇年、ウィリアム・ハロッドがニコルスにニコルス自身の著書『レスター州の歴史と古物』の一分冊を注文したとき、

「アンジェル・ストリートのアンジェル・インからホープ・コーチですぐに一冊送ってほしい」と依頼している。これは一七九五年から一八一五年にかけて八分冊で出版されたフォリオ判の大きな本であった。

水路の輸送

スピードを必要としないばあい、大量の本の輸送にはしばしば水路が使われた。一七九七年、トマス・カデルがジョージ・ルーツの『キングストン・アポン・テムズのチャーターズ』を入手するとき、キングストンの自分の店に一〇〇部送ってくれるよう著者宛てに頼んでいる。その際水路の輸送を考えたが、やはりコーチの方がよいと判断した。「小包の大きさからして、陸路の方が注意深くあつかわれる」からである。テムズ川は水路として利用されたが、内陸部では運河が利用された。バースの小売り業者リチャード・クラットウェルは、運河はロンドンと西部地方の輸送手段として便利なので、投資する価値があると考えた。しかし、カデルが危惧したように水路を利用する危険性はつねにあった。一七三一年、セント・アスファのビショップ・タナーが自作をノリッジからオックスフォードへ水路で運んだ際、ひどい目にあっている。何冊かは水に落ちて二〇時間も放置され、何冊かは決して修復できない惨状を呈したのである。

海路の輸送

陸路や水路のほか、北部と南部を結ぶ海路もまた世紀を通して利用された。一七六八年、エディンバラのキンケイドとベルがヨークのトッドとサザランのカタログから大量の本を発注したとき、「貴下の最寄りの港町（ヨーク）から送ってほしい。最初の便はハル発レイス行きだと思う」と書いている。同様にエディンバラのある出版社が一七七一年に財政難に陥り、ニューカースル・アポン・タインのウィリアム・チャーンリーに委託販売の本を返還するよう要求したとき、荷物は海路レイスまで送るようにとたのんでいる。もっとも、一七六七年にニューカースルへごく小さな荷物を送るときはワゴンを利用しているが。

以上のように、本の輸送には陸路のワゴン、水路のはしけ、海路の帆船が使われ、スピードが必要なときはコーチが利用された。郵便はもっぱら新聞やある種の雑誌や分冊出版に使われ、ふつう本の輸送には使われなかった。このようにして本は地方の小売り業者に届けられる。届けられた本は店頭に並べたり、依頼した読者にとっておいたり、配達したりした。配達のためには（新聞広告から判断するかぎり）ワゴンやニューズマンが使われたらしい。

輸送代金を払うのは購入する読者だったので、好きな輸送手段を選択できた。エドワーズは一七・五以下のマージンでは利益にならないと苦情をのべているが、低いマージンに加えて輸送費も負担したのだろう。これは小売り業者が輸送費を負担した例だが、信用のある小売り業者は卸売り業者から業界の取り引き条件で本を仕入れていた。

ロンドンの業者と地方の読者

地方の読者の本の入手方法

新聞広告、出版趣意書、ブックス・イン・プリントなどから判断すると、読者はロンドンと地方のどの小売り業者からでも本を購入できたようである。地方の比較的小さな小売り業者は読者の注文に応じてロンドンに一冊単位で本を注文することが多かった。クレイのようにロンドンのひとりの業者と取り引きしているときは、その業者がエイジェントの働きをした。

これとは逆にロンドンの業者が新刊本を地方市場に広く普及させたいときはどうしたか。かれらは地方の小売り業者を利用して本の販売・流通をおこなったのである。

奥付はこれを解くヒントになる。さきに挙げたトマス・ヴィヴィアンの『エスポジション』の奥付をもう一度見てみよう。

London: Printed for E. and C. Dilly, in the Poultry; and Sold by Messrs Goadby in Sherborn, Thorn in Exeter, Haydon in Plimouth, Tozer in Modbury, Painter in Truro, Allison in Falmouth. MDCCLXX.

（「ロンドン・ポールトリーのE．ディリーとC．ディリーによって印刷され、シャボーンのゴードビー兄弟によって売られエクセターのソーン、マドベリーのトザー、トゥルーロウのペインター、ファルマのアリソンによって売られる、一七七〇年刊。」)

ここに名前のあるゴードビーはイギリス西部地方の小売り業者であり、同時に地域と広いコネをもつ新聞発行人であった。これは新聞発行人が本の小売り業者として理想的であったことを物語る。かれらは本を宣伝し、注文や支払いを受け、エイジェントやニューズマンを使って配達や販売をおこなうことができる。

多くのばあい地方新聞はロンドンとの接触が容易な地方の中心都市で発行され、発行人はすぐれたコネを持ち信用があった。かれが地方業界で重要な役割を担った所以だが、地域における独占を増大させる結果になったことは否めない。

さて、一七六一年、ひとつの広告が『ノーザンプトン・マーキュリー』に掲載された。そこには複数の新刊本がリストされ、つぎのような前書きがあった。

つぎに挙げる本は当のプリンター〔クルアー・ダイシー〕から入手でき、この新聞のニューズマンからも入手できる。加えて下記の小売り業者、すなわち、……〔以下ブックセラーの名前〕……からも入手できる。

このばあいの流通システムは明らかである。ダイシーのニューズマンとハンティンドンシャー、エリントンのニューズマンが本を売る。エイジェントも注文を取り本を売る。新聞発行人に注文が入れば、ロンドンの業者に発注する。ウスターのハーヴィ・ベロウは同様のことをつぎのように書いている。

あらゆる種類の本、パンフレット、議会の法律文書、雑誌数種類、すべての定期刊行物がウスター、グーズ・レインのH・ベロウによって売られる。かれは予約注文後本が出版されるとただちにロンドンからとりよせる。これは地方の小売り業者の通常のやり方であり、かれらが注文した品は毎週ロンドンからやってくる。

とくに地方的関心の高いさきのトマス・ヴィヴィアンのような本は、このシステムをうまく利用できた。小売り業者は幅広い本を売って利益をあげることができるし、かれらはジョンソンがいうように基本的には卸売り業者だったのでリスクを避けることができる。同様のことは、ジェイムズ・ウッドの Thoughts on the effects of the application and abstraction of stimuli on the human body（1793）についてもいえる。

London: Printed for J. Murray, Fleet Street; and W. Creech, Edinburgh: And sold by W. Charnley, R.

Fisher, and S. Hodgson, Newcastle; W. Phorson, Berwick; J. Graham, Sundreland; R. Christopher, Stockton; and L. Pennington, Durham.

（「ロンドン・フリートストリート、J．マレーとエジンバラ、W．クリーチのために印刷され、ニュウーカースルのW．チャームリーとR．フィッシャーとS．ホジソン、バーウィックのフォーソン、サンドルランドのJ．グレアム、ストックトン、R．チャリストンファー、ダラムのL．ペニントンによって売られる」）

ウッドはエディンバラのロイアル・メディカル・ソサエティのメンバーで、ニューカースル・ディスペンサリーの医者であった。ゆえに北東部の七人の小売り業者がリストされている。

しかし、すべての奥付が地方の業者を含んでいるわけではない。一般的な興味に訴える本にあっては、地方の小売業者はむしろ例外的であった。しかし、一八世紀の半ば以降「都会と地方のすべての小売り業者によって販売される」という書き方が普及するようになり、つぎの例が示すように広い地域をカヴァーするために、主要な地方都市の代表的な小売り業者をリストすることもあった。

London; Printed for the Author, and (by his Appointment) sold by J. Coote, in Pater-Noster-Row, London; Mr. Fletcher, in Oxford; Mr. Merril, at Cambridge; Mr. Leake, at Bath; Mr. Etherington and Hinxman at York; Mr. Fleming, at Edinburgh; Mr. Wilson, in Dublin; and all other Booksellers in Great Britain and

Ireland.

（「ロンドン・作者のために印刷され作者の約束でロンドンのパターノスターロウのJ．クートで売られ、オックスフォードのフレッチャー氏、ケンブリッジのメリル氏、バースのリーク氏、ヨークのエセリントン氏とヒンクスクマン氏、エジンバラのフレミング氏、ダブリンのウィルソン氏、その他グレイト・ブリテン、アイルランドのすべてのブックセラーで売られる。」）

奥付に地方の小売り業者の名前がないときは、新聞の広告が重要な役割をはたした。スモレット編集のヴォルテール（一七六一）はロンドンのニューベリ、ボールドウィン、クローダー、クート、ジョンストン、ケアースリーのために印刷され、グレイト・ブリテンとアイルランドのすべての小売り業者が販売にあたった。この本は『ノーザンプトン・マーキュリー』に広告が載り、『ヨーク・クーラント』（一七六一年四月七日号）には、奥付も記載されている。「ヨーク、コーニー・ストリートのC・エサリントンとミンスター・ヤードのW・テシマンによって販売される」というのがそれである。ウスターのハーヴィ・ベロウもかれの『ウスター・ジャーナル』に（以下の加筆とともに）奥付を掲載している。

Particularly by H. Berrow, at the Printing Office in Goose Lane, Wocester; and by the several Booksellers in Worcester, Shrewsbury, Bridgnorth, Bewdley, Kidderminster, Stowerbridge, Gloucester,

Tewkesbury, Hereford, Ludlow, Coventry, Lichfield, Stafford, Warwick, Stratford-upon-Avon, Leminster, and Evesham. Of whom Proposals may be had.

（「とくにウスターシャーのH．ベロウによってグースレインの印刷工房で印刷され、ウスター、シュルーズベリー、ブリジノース、ビュードレイ、キダーミンストン、ストウブリッジ、グロースター、チュークスベリー、ヘレフォード、ラドロウ、コヴェントリー、リッチフィールド、スタッフォード、ウォーリック、ストラットフォード・アポン・エイヴォン、レミンスターエヴィシャムでも印刷された。彼らに注文すれば手に入る。」）

ここにある「ウスターの数人の小売り業者」というのは、ベロウの新聞エイジョントのことで、かれが掲載する本の広告にはしばしば登場する。ベロウを介してこれら数人の小売り業者を利用することによって、ロンドンの業者は他ではない広範囲な市場に達することができたのである。

ペンドレッドの『便覧』

一七八〇年代にはこのシステムが複雑になり、増加するロンドンの業者が地方市場をさがすガイドブックが必要になってきた。出版物は一七七四年上院において一七〇九年の著作権法の有効性が決定されたのち、既存本のリプリントが増加の一途をたどっていた。ガイドブックが出版されたのは一七八五年、ジョン・ペンドレッドの『便覧』（ヴェイディィ・ミーカム）がそれである。ペンドレッドはロンドンと地方の業者を注意深く選択し、リストには本の販売にあたる主要な小売り業者が含まれていた。新聞発行人についていえば、三四の都市の四九人がリストされ、このうち五人を除いて他はすべて地方の業界リストにも登場する。三人は新聞を一紙以上もつ都市の新聞発行人である。この新聞発行人リストは『便覧』をたいへん便利なものにしている。

『便覧』は三つの点でロンドンの業界に裨益した。ひとつは地方で広告を出すとき情報が得やすくなり、とくに地方的関心のある本の広告を出すときに役立った。地方新聞はロンドンにエイジェント──大部分はコーヒー・ハウス経営者である──を持っていたから、そこへ広告を依頼すればよかったのである。数名のエイジェントを持つ者もいたが、どの新聞発行人も最低一名は持っていた。

ふたつ目は誰が地方の新聞発行人であるかをロンドンの業者に教えている点である。新聞発行人が持つエイジェントとニューズマンのネットワークを利用して本の宣伝と販売ができる。

最後は、『便覧』に掲載された小売り業者のリストが新聞のない小さな地方都市のギャップを埋めたことである。

以上のように、『便覧』は地方の業界を利用するためのガイドブックであり、これまで広告、出版趣意書、奥付に見られた業者のすべてがここにリストされている。リストされていない業者もその地方の大手の業者を通して機能する群小の小売り業者、新聞エイジェント、その他である。かれらは読者の注文には応じても、大量部数の注文には応じられなかった。

流通システムの実態

流通システムの実態はようやく明らかになってきた。これによってロンドンと地方の業界の相互依存のすがたもはっきりしてきたし、両者が真剣な争いを好まない理由も理解できる。業界と読者の双方が入手可能な本、これから入手できる本の情報に接することができることも、値引きをコントロールする卸し売りのシステム、地方新聞が売られる場所ならどこでも本を届けられることもわかってきた。これによって、出版を支える全国的な市場へのアクセスが可能になり、本が経済的に採算のとれる商品であることも明らかになった。地方の読者は地元の小売り業者から本を買い、ロンドンから直接買う必要がなくなってきたこともわかってきた。さらにはコード化された奥付のルールを正しく遵守することによって、相互の利益が維持されることも理解できた。つまり、ロンドンの業者は生産者、地方の小売り業者は販売者であり、両者のバランスが維持されるかぎり、利益はお互いのものになる。以上のような流通システムが一八世紀半ば頃にはじじつ上イギリス全土に普及していたのである。

第九章　書籍業の仕事（その一）

ブックセラーを志す若者は、文学的才能、本や科学にたいする一般的知識、明晰な頭脳、確かな判断力を持たなければならない。ことばにたいする嗜好とそれを会得するすぐれた記憶力を持たねばならないし、受ける教育はいかなる学問にも向くリベラルなものでなくてはならない。また人間や物事にたいする知識はその広さにおいて聖職者、弁護士、医者に匹敵するものでなくてはならない。たんなるタイトル好きでは不器用者でしかなく、日々でしゃばりがちで、蘊蓄をつまらぬもので使いつくし、読者に出版者の（出版する）クズを提供するにすぎない。

一七四七年にR・キャンベルが描いたこの理想的なブックセラー像は、一八世紀の地方において見ることはまれであった。それを裏書きするように、一七八七年というかなり遅い時期になっても、ラッキントンはブックセラーの店頭に「つまらぬもの」と「出版者のクズ」しか発見できなかったという（『回想』）。

ヨークとリーズにはよい本がわずかに（ほんのわずかだが）あった。しかしロンドンからエディンバラまでのどの町へいってもクズしか発見できなかった。これは本当の話である。

キャンベルとラッキントンの発言はおおむね真実をついている。地方の都市にはよいブックセラーがなく、じっさい経営するのも楽ではなかった。サフォークシャー、バンゲーのブックセラー、トマス・ミラーは一七五五年から一八〇四年のあいだに在庫がよいことが必ずしも成功につながらないといっている。

これまで見てきたのは、地方の業者が本を入手する方法、かれらの顧客、ロンドンの業界との法的・経済的関係などであった。そこでつぎに地方の書店そのものについて検討しよう。かれらはどのような店舗を持ち、どのような在庫を持っていたのか。利益はどれほどで、家業は誰が継いだのか等々についてである。

ブックセラー（書籍販売業者、書店）の店舗

建物の内部

一八世紀の一般的なブックセラーの内部を描いた同時代の絵は存在しない。ロンドン、フィンズベリ・スクエアのラッキントンの「詩神の殿堂」の絵は馴染みのものだが、これは典型的なものと

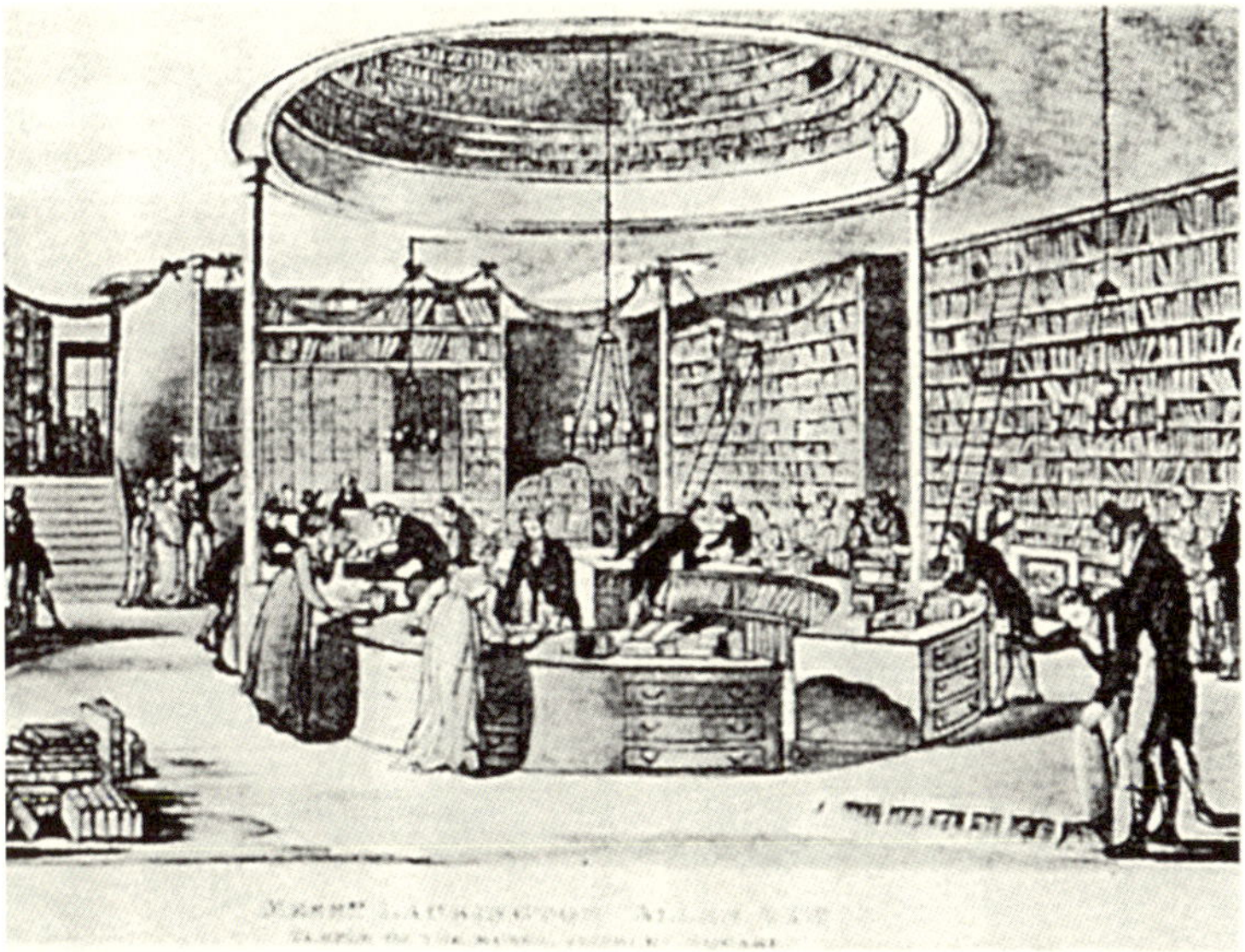

図１　ジェームス・ラッキントン〈ミューズの神殿〉

はいい難い（図1）。というのも、ラッキントンの夢はイギリスで最大の書店を作ることであり、この店はその夢を実現したものだからである。これ以外にはダービーシャー、アッシュボーンのスザンナ・オークスの貸本屋の絵がある。書店ではないので内部は多少異なっている（と考えられる）が、見えるのは数棹の書架だけで、あとはよくわからない。絵や挿絵がない以上、残された断片的な文献によって店舗の様子を想像するしかないだろう。

当時、書店の店舗は大きさの割りには財産的価値は小さかった。一七九四年、コーンウォル、ボドミンのジェイムズ・リデルは「ひとつ屋根の下に」家屋、店舗、事務所を構えていたが、これに一〇〇ポンドの保険をかけている。一八世紀の終わり頃、一軒の建物に店舗と家屋を同居させるのは小規模な書店ではふつうであった。一七九五年、ケント、テンターデンのジョン・グレドンも二〇〇ポンド相当の家屋兼店舗を持ち、カンバーランド、コッカマスのピーター・ウォーカーも一五〇ポンド相当の同様の家を持っていた。一方、規模の大きい業者が持っていたのは複雑に入り込んだ建物である。たとえば、ケンブリッジのジョン・メリル・ヤンガーは住居に「隣接する店舗と倉庫」を持ち、もうひとつの倉庫をセント・マイケル教区に持っていた。エセックス、チェルムスフォードのウィリアム・クラッチャーは、家屋と倉庫二つ、それに二つもしくは三つの印刷所と離れ家に蔵書を置いていた。

建物の外観

つぎに建物の外観について。一七八八年のA・クローフォード『ブライトヘルムストン』のタイトル・ページにはエセックスシャー、ブライトンにあった店舗の外観が印刷されている（図2）。クローフォードは著者、出版者であると同時に、この絵に見るように貸本屋のオーナーでもあった。しかし、それだけではない。バルコニーの看板から分かるように、ブックセラー、ステーショナー、ブックバインダーを兼業していた。バルコニーの下にある複数のテーブルの上には本が置かれている。店の入り口はたぶん建物の側面にあるのだろう。あるいは海に面した裏側にあるのかもしれない。この建物は家屋と店舗を兼ねたものだと考えてよいだろう。

ヘイスティングスから数マイルの海岸沿いにあったマリーン・ライブラリーの外観はクローフォードの貸本屋とよく似ている（図3）。一七九七年出版のI・スティール『ヘイスティングズ・ガイド』に掲載されているこの建物は一七九〇年代初期からあったらしく、家屋と店舗が同居しているように見える。内部の様子については、本文中に「貸本屋の上方にはたいへん立派なビリアード・ルームがあり、そこから海が眺望できる。近くには快適なロッジング・ハウス、マリーン・コテッジがある」と書かれている。

図2　クローフォードの貸本屋（1788）

図3　マリーン・ライブラリー（1792）

上記ふたつの貸本屋からある程度は書店の店舗が想像できるが、海岸保養地のファッショナブルな客相手の貸本屋と書店とは自ずから別物であった。想像できるのは、保険の額から考えて地方のブックセラーは独立した建物を持たず、多くは長屋のなかの一軒家だったらしい。

店の備品についてはどうか。小さな書店の備品については、スタフォードのエレン・フィーパウンドの競売目録がある程度教えてくれる。以下は一七七六年の破産時に作成されたものである。

古い机二つ
鏡一つ
引き出し一セット
ガラス・ケース三つとそのうちの一つの下の引き出し
大きなカウンター一つ
金庫一つ
モミー材のボックス八つ
棚数個
スケール二つと真鍮の分銅八種類、それにヤード尺一つ

このブックセラーは海岸保養地の貸本屋とは大いに異なる。書架を置くスペースは少なく、本以

外のものは引き出しやボックスに収納し、カウンターやウィンドーに陳列していたのだろう。スケールとヤード尺は本や紙用に使われたとは思えず、かといって計る必要のあるようなものはない。ヤード尺は壁紙を計るときに使われたのだろう。これらが書店の典型的な備品だったかどうかわからないが、ミス・フィーパウンドの店がとくにユニークだったとは思えない。

本の在庫

在庫の金銭的価値、数量、内容は店によって異なるが、各種のソースからおおよそのことは想像できる。金銭的価値はそれにかける保険金によって分かるが、必ずしも一様ではない。ドーセットシャーブリッドポートのトマス・マグリーの在庫は三五ポンド相当だったのにたいして、ウィリアム・クラッチャーの在庫は二三〇〇ポンドであった。一七九〇年代にサン保険会社と契約を結んだブックセラーの半数近くが一〇〇ポンドから五〇〇ポンドの在庫を持ち、一〇〇〇ポンド以上の在庫をもつ者は数えるほどしかいない。キャンベルによれば、ほかの業種と比較して書店の設立には多額の金を要するというが、これはロンドンの業者のことであろう（版権所有者はとくにそうである）。一八三七年になっても書店設立のための「相応しい資金」は約五〇〇ポンドが相場であった。これは肉屋、紳士服仕立て屋、金物屋と同じ額である。以上からわかるように五〇〇ポンド以下の在庫をもつ平均的な地方のブックセラーは他の専門職とほぼ同じレヴェルで仕事をしていたのである。

マイケル・ジョンソンの在庫

具体的な例をあげよう。一八世紀初頭、リッチフィールドのマイケル・ジョンソンの在庫は誰が見ても充実したものであった。それは息子のサミュエル・ジョンソンが証明している。かれがオックスフォード大学入学前に読んだのは「ギリシャの作家は僅かだが、あらゆる男性的な古典作家」であり、それらはすべて父の店にあった本であった。ガワー卿の牧師をつとめ、ジョンソンの常連客であったジョージ・プラクストンは「マイケル・ジョンソンは……司教管区の全域に学問を普及させた」といい、ジョンソンが定期的に在庫を補充していたともいう。

ジョンソンの在庫はかくの如しであったが、一般の書店は古典や神学書が在庫の多くの部分を占めていたとはかぎらない。一七世紀末、チェスターのジョン・ミンシュルは『一週間の夕食の献立』を一四四部売り、九種類の教科書を七四八部売ったという記録が残っている。これが一八世紀初期のふつうのブックセラーの在庫だったといってよかろう。

在庫の標準化――本の種類

世紀が進むと、ブックセラーの広告に画一性が見られるようになる。これは在庫の標準化を物語るものである。ジョン・ホグベンの広告用ビラはつぎのように始まる。

あらゆる種類の聖書、祈禱書、神学書、歴史、その他古典・現代もののすべて。

同じころ、レクサムのトマス・ペインは「あらゆる分野の本、聖書、祈禱書等」を売り、一七三〇年にはヨークのトマス・ハモンド（図4）が「聖書、祈禱書、教科書、歴史、法律、物理、その他あらゆる種類の本。最新のパンフレット」を売っている。ノリッジのブックセラー、ヘンリー・クロスグローヴが一七二〇年に開催したオークションでは、半数以上が神学関係の本であった。多くの在庫が神学で占められていたことは印象的である。聖書、祈禱書はどの地方のどの書店でも必

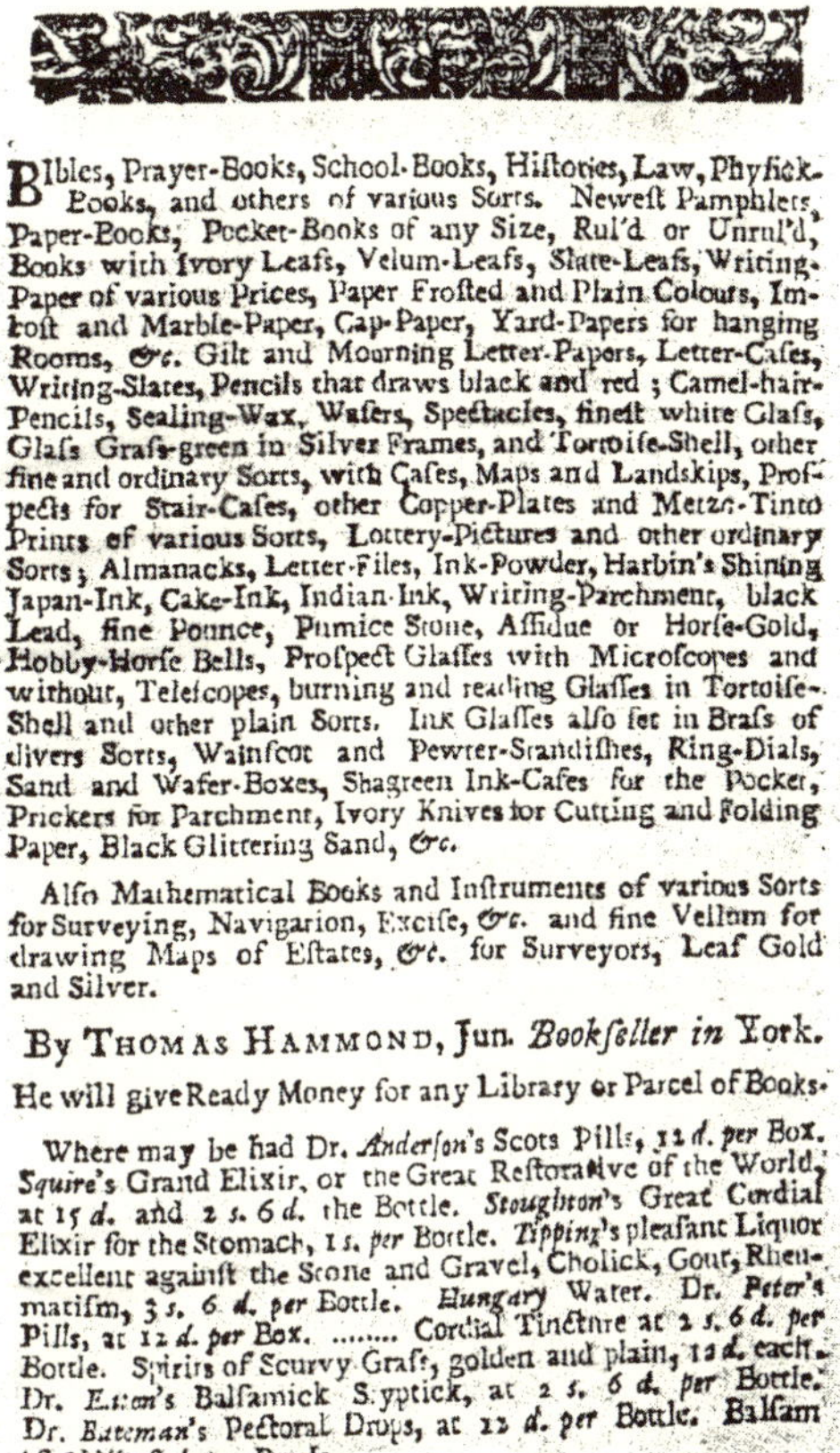
Bibles, Prayer-Books, School-Books, Histories, Law, Physick-Books, and others of various Sorts. Newest Pamphlets, Paper-Books, Pocket-Books of any Size, Rul'd or Unrul'd, Books with Ivory Leafs, Velum-Leafs, Slate-Leafs, Writing-Paper of various Prices, Paper Frosted and Plain Colours, Imbost and Marble-Paper, Cap-Paper, Yard-Papers for hanging Rooms, &c. Gilt and Mourning Letter-Papers, Letter-Cases, Writing-Slates, Pencils that draws black and red; Camel-hair-Pencils, Sealing-Wax, Wafers, Spectacles, finest white Glass, Glass Grass-green in Silver Frames, and Tortoise-Shell, other fine and ordinary Sorts, with Cases, Maps and Landskips, Prospects for Stair-Cases, other Copper-Plates and Metzo-Tinto Prints of various Sorts, Lottery-Pictures and other ordinary Sorts; Almanacks, Letter-Files, Ink-Powder, Harbin's Shining Japan-Ink, Cake-Ink, Indian-Ink, Writing-Parchment, black Lead, fine Pounce, Pumice Stone, Assidue or Horse-Gold, Hobby-Horse Bells, Prospect Glasses with Microscopes and without, Telescopes, burning and reading Glasses in Tortoise-Shell and other plain Sorts. Ink Glasses also set in Brass of divers Sorts, Wainscot and Pewter-Standishes, Ring-Dials, Sand and Wafer-Boxes, Shagreen Ink-Cases for the Pocket, Prickers for Parchment, Ivory Knives for Cutting and Folding Paper, Black Glittering Sand, &c.

Also Mathematical Books and Instruments of various Sorts for Surveying, Navigation, Excise, &c. and fine Vellum for drawing Maps of Estates, &c. for Surveyors, Leaf Gold and Silver.

By THOMAS HAMMOND, Jun. *Bookseller in York.*

He will give Ready Money for any Library or Parcel of Books.

Where may be had Dr. *Anderson*'s Scots Pills, 12 *d. per* Box. *Squire*'s Grand Elixir, or the Great Restorative of the World, at 15 *d.* and 2 *s.* 6 *d.* the Bottle. *Stoughton*'s Great Cordial Elixir for the Stomach, 1 *s. per* Bottle. *Tipping*'s pleasant Liquor excellent against the Stone and Gravel, Cholick, Gout, Rheumatism, 3 *s.* 6 *d. per* Bottle. *Hungary* Water. Dr. *Peter*'s Pills, at 12 *d. per* Box. .... Cordial Tincture at 2 *s.* 6 *d. per* Bottle. Spirits of Scurvy Grass, golden and plain, 12 *d.* each Bottle. Dr. *Eaton*'s Balsamick Styptick, at 2 *s.* 6 *d. per* Bottle. Dr. *Bateman*'s Pectoral Drops, at 12 *d. per* Bottle. Balsam of *Chili* 18 *d. per* Bottle.

図4　トマス・ハモンドの広告（1730）

ず置かれる種類の本であった。

しかし、宗教書が主たる在庫ではない書店もある。ルーク・ハンサードが「学識ある人たち」と呼んだノリッジのブックセラー、ベリーとブースが一七七三年に発行したカタログはそれを物語る。また、ウィリアム・ハットンが一七五〇年にバーミンガムへ移ったとき、「精神修養のためのすぐれた（本を持つ）三人のブックセラー、アリス、ウォレン、ウォラストンの存在を知った」。ハットンはノッティンガム、サウスウェルと比較してそういっているのだが、前年かれはそこで書店を開業して不守備に終わっている。しかし、「一日にしてこの町の最も傑出したブックセラーになった」という。かくして地方の主要な都市は一八世紀半ばまでに在庫豊富な良質の書店をもつほどに成長していた。

サミュエル・マウントフォートの在庫

特定のブックセラーの在庫では、一七六〇年に出たウスターのサミュエル・マウントフォートのものがその広告からわかる。マウントフォートは一七二〇年代からウスターで仕事を始め、その後二〇年ないし二五年間、この地の代表的なブックセラーとして活躍した。その在庫はウスターという地方都市の性格を反映していた。ウスターは大聖堂のある町であり市場町である。一七世紀に機織り業が衰退したあと農業が主体となり、工業化されつつあった北部の町はウスターよりバーミンガムに目を向けた。

そのような土地柄を反映して、マウントフォートの在庫のなかには法律書や法律論文が一二冊以上、裁判記録が三冊ある。法律書の何冊かは土地所有者、治安判事を初めとする地元役人、商人の関心と需要を物語っている。やや一般的な本ではホーキンズの『制定法詳述』、ブラックストンの認可状、傍系親族、土地無条件相続などの本、同じブラックストンの『法律解明』などがある。

法律書のつぎに多いのは宗教書である。大聖堂の町なら当然のことで、マウントフォートの本のなかには聖職者でない敬虔な信者のためのものもある。ジョージ・スタンホープの意訳『敬虔な家族のための信仰形態』（一七五八）、くり返し再版されたジョン・プレイフォードの賛美歌の翻訳などがそれで、牧師が興味をもちそうな比較的最近の本もある。匿名の『宗教と美徳に関する理論』などがそれで、あきらかに地元の需要と思われる『道徳的政治的対話』（一七五九）という本もある。これは匿名の出版だが、ウスターの大執事リチャード・ハードの著作であることがわかっている。

もうひとつの大きなカテゴリーは歴史書、地理書、時局の本である。このなかには高価なジョン・リンゼーの『アフリカ海岸への旅』（一七五九）や、ホレス・ウォルポールの『イギリスの貴顕による著作カタログ』（二巻、一七五九）が含まれる。『ウルフ将軍伝』はケベック陥落後、将軍の死後わずか六ヵ月にして出版された伝記だが、たいへんよく売れたらしい。べつの四冊はイギリスの戦争への参加と関係がある。一七五六年の『イギリス史』、一七五七年の同じく『イギリス史』、一七五九年のニューベリ、カーナン共著の『軍事事典』、そして『軍人列伝』がそれであり、これ以外にも「現行の戦争開始以後出版された政治的パンフレットのほとんど」がそろっていた。もし最後のものが本当だとするなら、マウントフォートの在庫は相当充実していたと考えられる。概してこの広告から判断できることは、かれの顧客は当時おこなわれていたブック・クラブや会員制図書館（プロプラエタリー・ライブラリー）の会員と歴史、地理、時局の本において共通の好みをもっていたということができる。

マウントフォードの在庫のなかで、よく売れたのはジェイムズ・マッケンジーの『健康の歴史と維持法』だったと思われる。これはダイエットと消化機能に関する論文で、一七五八年に初版が出、一七六〇年に第三版が出ている。マウントフォードがこの本をもっていたのは特別の理由がある。作者は一七四五年に開設されたウスター・ロイアル・インファーマリーの医者を一七五一年まで務め、この本はウスターのビショップ、アイザック・マドックスに献呈されているからである。マドックスはじじつ上インファーマリーの創設者であった。マウントフォートの在庫には上記以外のものに科学書や医学書があり、さきの法律書と同様専門的なものと大衆的なものが含まれていた。

修道院の町であるとともに市場町であったウスターの性格も、マウントフォートの在庫からうかがい知ることができる。土地法と並んで、蹄鉄の本、果物栽培の本がある。果物栽培の本は近くのエヴェシャム渓谷でたいへん重宝された。商人のためには会計と数学の本があり、家庭の主婦のためには家計の本が三冊ある。余暇の時間を過ごすにはエドワード・ホイルの有名なトランプ遊びの本がある。この本によってホイルはウィストの遊び方を定着させたといわれる。余暇の時間はまた小説と詩文集を読んですごすことができる。マウントフォートの広告には戯曲一二冊、小説四冊、詩集二巻がリストされている。

以上から分かるように、マウントフォートの在庫の特徴はまじめさにあり、多くが比較的最近の、しかも最良の本であった。これらはウスターと周辺の読者の需要を物語っており、地域に相応しい在庫をもつ店は他の地方都市にも見られた。

エレン・フィーパウンドの在庫

これよりおよそ一五年後のスタフォードのエレン・フィーパウンドの在庫は大幅に異なっている。神学が突出しているが、ほとんどが古い本で、一七世紀の本が多い。一八世紀初期の国教徒ビショップ・フリーウッドの本も数冊あり、聖書を韻文にしたウィリアム・ダーニーの『賛美歌』（一七五一）はめずらしく最近の本である。大衆的な信仰書もあれば時代後れの法学書もある。ウィンゲート（一六五五）とワシントン（一七〇四）の『抄約聖書』もあり、マウントフォートの店にあったような専門家と一般向きの実用書も何冊かある。医学書も同様である。教科書はベイリー、ウィリーモット、ウィリアム・ウォーカーの『英語の小辞論』（一六五〇版と以後の版）など、いずれも時代遅れだが、依然として学校で使われていたものである。

在庫はマウントフォートほど特徴的ではなく、多くはラッキントンが同じ頃地方の書店で見たのと同じような本である。ほとんどが古い本で、新刊本を在庫しようという意図はほとんど見られない。そのせいか、マウントフォートが四半世紀にわたって存続したにもかかわらず、エレン・

フィーパウンドはまもなく破産している。要するに、すぐれた在庫の書店は、それを支える地元の顧客が存在し、貧しい小都市のブックセラーはせいぜい聖書、教科書、ペニー・ヒストリーを売るしかなく、市場の貧弱さがブックセラーを支え切れなかったのである。

最後の四半世紀のブックセラー

一八世紀最後の四半世紀の地方のブックセラーを知る最良のガイドは、業界に最も通じたジョン・ニコルスであろう。といっても、ニコルスの紹介するブックセラーがすべて経済的に成功していたとはかぎらない。バンゲーのミラーは限られた市場にたいしてあまりにも良質の本をもっていたために失敗している。ケンブリッジのジョン・ウッダイヤーは、この章の冒頭に引用したR・キャンベルのいう広い知識を持つ理想的なブックセラーであったが、必ずしもすぐれたビジネスマンとはいえなかった。パートナーのジョン・サールボーンの死後経営が困難に陥ったことがそれを物語る。

世紀末になると、書籍販売は市場の拡大とともに比較的容易になった。中部地方東部の文化不毛地帯でも、トマス・クームはレスターで「たいへん刺激を受けている」し、一七五七年から一八一一年の死の年までヨークで仕事をしたジョン・トッドも立派なカタログを発行し、景気のよさを示している。ニコルスはトッドを「地方のブックセラーでかれほど熱心で我慢強く仕事をする者はいない」と高く評価した。並みはずれたブックセラーもいた。ニコルスによれば、ウィリアム・ハロッドはレスターシャーのマーケット・ハーバラ、リンカンシャーのスタムフォード、ノッチンガムシャーのマンスフィールドにそれぞれ店を持っていたという。ケンブリッジのウィリアム・フラックトンは六〇年間業界で活躍した熱心なアングリカンで、「不敬で不品行」な本を一切拒否したので有名である。

各種の兼業

多くのブックセラーは書籍販売の仕事だけでは生活できなかった。したがって、小規模のブックセラーや小さな町のブックセラーは本の販売以外の仕事をしなければならなかった。多いのが学校の校長だったが、他にも多くの仕事をした。リヴァプールのロバート・ウィリアムソンは綿のブローカー、バンベリーのジョン・チーニーは紳士服の仕立屋、イプスウィッチのジョン・バグナルは金属細工師を兼ねた。アイレスベリのトマス・ダグナルとオックスフォードのウィリアム・ジャクソンはともに銀行家であった。

『ユニヴァーサル・ブリティッシュ・ディレクトリー』を見ると、各種の仕事を兼ねるブックセラーがリストされている。リネン服地商（ウィルトシャー、チッペナムのウィリアム・エンジェルの他ふたり）、銀細工師（サリーシャー、ギルドフォードのジョン・ラッセル。かれは食卓用金物も商っていた）、帽子屋（ラトランド、オークハムのヒックス夫人）、葬儀屋（ブリストルのアイザック・ジェイムズ）などである。

文具の販売

しかし、最もよくあったのは文具の販売である。「ブックセラー・アンド・ステイショナー」という看板はどこでも見られ、地方のブックセラーの生活の糧は文具の販売（ステイショナー）であった。『ユニヴァーサル・ブリティッシュ・ディレクトリー』によれば、ブックセラーの半数以上が文具商を兼ねている。その歴史は古く、一七世紀の昔から文具を売るのはありふれた光景であった。かれらが各種の紙を売るのは日常茶飯だったのである。

文具の種類は多様である。レックスハムのペインは「商店用のノート、贈答用の紙や無地の紙、その他あらゆる文具」を売っていたし、ララムのサンダーソンは一七六七年につぎのようなものを売っていた。

All Sorts of Stationery Wares, as Writing Paper, Paper Books for Accompts, Ledgers, Journals, Waste Books, Music Books, Letter Cases, Maps, Landships, and Mezzotint Prints, Sealing Wax, Wafers, Slates, Quills, Pens, Pencils; Standishes, Japon Ink, Ink Powder, Indian Ink.

（次のようなすべての文具。筆記用紙、計算用紙、元帳、新聞、保護用紙、楽譜、用紙入れ、地図、海図、ゾティント版、封蠟、封緘紙、石版、羽ペン、ペン、鉛筆、インクスタンド、日本製墨、インク入れ、墨）

ハモンドのリストも用紙、ペン、インク、筆記に関係するあらゆるものをカヴァーしていた。顧客はこの種のものを書店で求め、書店の重要な収入源になった。

文具の比重は店によって異なる。比較的小さな店では本よりもはるかに重要な商品であった。たとえばジョン・クレイの本の在庫は少なく、文具を売って十分生計をたてることができた。多くは法律関係の用紙であり、その会計簿から法律家が大口の顧客だったことがわかる。書式類、無地の紙、法律文書用のヴェラム紙、各種の事務用品、質やサイズの異なる各種の紙をもち、定期的に在庫補充もおこなった。スペースが許す以上の品を持っていたようである。といっても、クレイの在庫が他と大きく異なっていたわけではない。他のステイショナーがあつかう品物とさほど異なってはいないのである。

製紙業の発展

業界全体がそうであったように、ステイショナーの仕事も一七三〇年代に大幅な変化をとげる。過去何世紀にもわたり輸入の紙に頼ってきたイギリスは（筆記用の良質紙以外は）ようやく自給できるようになったのである。一八世紀初頭には一〇〇をちょっと超える製紙工場が南部と東部に集中していたが、生産の規模は小さかった。ところが、一七四〇年代になると印刷用と筆記用の紙が相当程度生産できるようになり、以後イギリスの製紙業は急速な発展をとげる。クレイは一七四二年に商売をはじめて以来ほとんどの紙をノーザンプトンシャーやオックスフォードシャーの製紙工場から買い、ときにはもっと遠くの工場や卸のステイショナーから買って補った。

一八世紀の第二・四半世紀にはあらゆる種類の紙がイギリス全土のブックセラーで入手できるようになった。世紀も終わりに近づくと、産業革命の影響が顕著で、マンチェスターやリヴァプールの製紙業の発達は紙と包装用紙の需要拡大と深い関係がある。文具商が大きな利益を獲得するにつれて、やがて大規模な業者も出現しはじめた。

ウィリアム・ハットンが一七五八年に書籍販売をやめたのは、急速に発展するバーミンガムで文具商がより儲けになると考えたからである。一〇年もたたないうちに、家屋だけでも二〇〇〇ポンドに相当する資産家になり、その後一七八一年の暴動で在庫が破損するまで、卸しと小売りを兼ねる文具商として成功の道を歩んだ。

ハットンの他に、この地域には大きな文具商がいた。リンカンシャー、ラウスのディキンソン・ポイズは一七一九年に叔父の書籍商を継ぎ、つづく半世紀のあいだに紙の卸売り業として大きく発展した。初めはアクセスの便利な東海岸の港から紙を輸入し、その後地域的にも全国的にも幅広く商売を営み、なおも本を売りつづけたが、かれが名をなし財産を作ったのは文具商としてであった（ジョン・クレイはかれの顧客のひとりだった）。

文具販売は書籍販売にくらべると面白みに欠けただろう。しかし、地方のブックセラーにとっては経営的にきわめて重要であった。収入の多くの部分をなし、安定した財政を保証したからである。紙やヴェラムや筆記用具をもたないブックセラーは顧客の期待を裏切るものでもあった。

特許薬品の販売

地方のブックセラーは、通常ロンドンから取り寄せた本を売り、地方で仕入れた紙を売った。しかし、かれが提供するサーヴィスはこれだけではない。デヴォンシャー、ロウンストンのロバート・マーティンは『ユニヴァーサル・ブリティッシュ・ディレクトリー』には文具商と書かれているが、じっさいはブックセラーであり、「特許薬品、楽譜、楽器、化粧品、その他」の販売もした。ドーセットシャー、ブリッドポートに店を持つソーナーという人物は、一八世紀の半ば、「良薬、虫よけ、目薬、いぼころり」を売った。マンチェスターのジョゼフ・ハロップは同じく『ユニヴァーサル・ブリティッシュ・ディレクトリー』で「ブックセラー、ステイショナー、プリンター、印紙販売、薬屋、郵便局」と書かれている。

多くの兼業のなかでよくあったのが特許薬品の販売である。地方のブックセラーにとってこれが大きな意味を持ったことは、新聞に載る各種薬品の広告を見ればわかる。たとえば、一七三八年の『リーズ・マーキュリー』に載った「ダフィー長寿薬」の広告には、ヨークシャーとランカッシャー東部の一八の都市にある一九の販売店がリストされている。これらのうちの七店がブックセラーであり、その他も『リーズ・マーキュリー』のエイジェントであったりブックセラーであったと推定される。世紀が進むにつれてこの傾向はいっそう顕著になってくる。一七七五年、『ベローズ・ウスター・ジャーナル』の広告には「スピルズベリ抗壊血病錠剤」の販売人が六人リストされており、いずれもブックセラーである。そのなかにはベローとふたりの新聞発行人（『グロースター・

ジャーナル』のロバート・レイクス、『バーミンガム・アンド・スタフォード・クロニクル』のマイルズ・スウィニー）が含まれる。五年後『ノーザンプトン・マーキュリー』に載った長寿薬の広告には、一二人の地元の販売人がリストされており、ひとりを除いて他はすべてはブックセラーや新聞のエイジェントである。同じ号にはべつの薬品の広告もあり「ニューズマンから買える」と書かれている。

以上のように多くのブックセラーは薬を売った。ヨークのハモンドは一七三〇年に一〇種類の薬品の広告を出し、一七六七年にはダラムのサンダーソンが八つの薬品のほかに、「他の真正の薬品各種」も販売するという（クレイも薬品を売ったが、売れゆきはかんばしくなかったようである）。

本と文具の結びつきがそうであったように、本と薬品の結びつきも特別珍しいことではない。すでに一七世紀の頃からおこなわれており、一七〇〇年頃になると多くのブックセラーが「スタウトン長寿薬」を販売している。特許薬品自体の歴史も長く、一八世紀に新聞が全国的な広告媒体として機能するようになると、一層盛んになった。ある意味で薬品販売の歴史は書籍販売の歴史と似たところがある。両者とも新聞の広告によって、また新聞販売人がエイジョントになることによって顧客が開拓される。また両者ともロンドンの供給者から業界の条件で仕入れて販売していたという点である。出版者と同様、薬品製造業者も法律で守られた独占業者であった。

書籍業の流通システムはイギリス全土を網羅していたから、特許薬製造者にとって利用価値の高いものであった。薬の販売は地方だけではなく、ロンドンの代表的なブックセラーもおこない、本と薬の結びつきは一層強固なものになった。

その代表的なひとりがジョン・ニューベリーである。かれは児童用の本の出版者としてよく知られており、一七四六年に「ジェイムズ博士の解熱剤」の特許所有者となって以来、その財産は一挙に増大した。おそらくこの薬ほどよく知られた特許薬はないであろう。なにしろゴールドスミスを殺し、ジョージ三世を狂気に追いやり、クリストファー・スマートの命を救ったという特許薬である。ニューベリーは宣伝も巧みで、自分が出した最も有名な『Little Goody Two-Shoes』の主人公にこの薬を飲ませて命びろいさせる。ロンドン書籍業界の「名士」といわれたストランドのトマス・ベケットも長寿薬の特許を持っていた。一七八〇年に出た『ノーザンプトン・マーキュリー』の広告がそれを伝えている。

保険のエイジェント

以上のように、全国的な広告媒体と流通システムが本の販売と薬の販売を結びつけた。同様のことは全国的なスケールで仕事をするサーヴィス提供者についてもいえる。

一七一〇年にロンドンで設立されたサン保険会社は、顧客を獲得するために一七二〇年代「ライディング・オフィサー」を地方へ送った。しかし、満足すべき結果が出ず、代わりに地元の業者をエイジェントにすることにした。採用されたエイジェントは商店主が多く、なかでも多かったのがブックセラーである。初期にはデヴォンシャー、トットネスのブックセラー、リチャード・レガシック（一七二九）、アイレスベリーのブックセラー一族デヴェロール・ダグナル（一七三九）、ノーザンプトンシャー、ケタリングのブックセラー、トマス・コリス（一七四四）などが名を連ね、それ以後もノッティンガムのジョージ・バーベッジ（一七八六）、チェルムスフォードのウィリアム・クラッチャー（一七八五）、レスターのジョン・プライス（一七九七）、ライのジョン・ホグベンなどがエイジェントとなった。ホグベンは一七五五年に初めてサン保険会社のエイジェントになっている。

保険会社のエイジェントになったのはブックセラーだけではない。しかし、かれらがエイジェントになった最大のグループであったことはたしかである。サンとそれにつづく保険会社は、ロンドンとの接触をもつ地方のブックセラーをうまく利用したのである。

エイジェントのなかには新聞発行人もいた。かれらは新聞という広告媒体を持つばかりでなく、自身のエイジェントやニューズマンを利用して販路を拡大することができた。『ノッティンガム・クロニクル』の発行人バーベッジ、『ベリー・セント・エドモンズ・アンド・ベリー・ポスト』の発行人ピーター・ゲッジ（一七八九年から）、『チェルムスフォード・クロニクル』の共同経営者クラッチャー（一七八五年から）などがそうである。一八〇〇年には『ハロップス・マンチェスター・マーキュリー』を父から継いだマンチェスター最大のブックセラー、ジェイムズ・ハロップがブリティッシュ火災保険会社のエイジェントになっている。

雑貨商

薬品の販売と保険の代理業は地方のブックセラーの代表的なサイド・ビジネスであった。それ以外では食料雑貨商がある。『ユニヴァーサル・ブリティッシュ・ディレクトリー』を見ると、食料雑貨商が多数リストされており、そのなかには雑貨商だけで生計をたてていた者もいたと思われるが、ブックセラーと雑貨商とのあいだにはある種の必然的な結びつきがあった。一八世紀の雑貨商には都会の貧しいひとたちの基本的食料よりも、贅沢品を販売する者が多かった。ティーや砂糖などの輸入品がその主たるもので、これらはロンドンの輸入業者が独占的に仕入れ業者に提供した。地方で提供されるのに都合のよい立場にあったのがブックセラーであり、ゆえにかれらは地方における最大の販売人になったのである。ブックセラーが雑貨商を兼ね、もしくは雑貨商がブックセラーを兼ねたといってもよい。

第十章　書籍業の仕事（その二）

印紙の販売

もうひとつの書籍業と密接に関係のあった副業が印紙（duty stamp）の販売である。多くのブックセラーやステイショナーがこれをおこなっていた。これは一八世紀の末頃、印紙による納税が広くおこなわれ、あらゆる税の支払いに利用されたことと関係がある。もとはといえば、ウィリアム三世の戦費を賄うために利用されたが、やがて税収入の大きな支えになったのである。当時、税は多くのものにかけられていた。出生証明書から死亡証明書にいたるまで、金銭やり取りの書類、保険の書類から免許書や遺言書にいたるまでじじつ上すべての書類に税がかけられていた。もちろん新聞やパンフレットも例外ではない。ジョージ三世の最後の数年間に税金合理化の試みがなされたが、それでもシドニー・スミスは「すべての物にかけられる税金」の負担にはげしい怒りをおぼえた。

印紙の売り上げは、通常は年四回の決算が決まりだが、しばしば一年ないしそれ以上遅れて印紙局に届けられた。その間、売上金は地方で不足しがちな流動資金として有効に利用された。そればかりではない。書籍業者は売り上げにたいして一定割合のマージンを要求できた。アヴァディーン選出の革新派国会議員ジョゼフ・ヒュームによれば、かれらは結構いい収入があったという。一八二一年の演説で、ヒュームは平均年収一〇六八ポンドの販売人のなかに五〇〇〇ポンドの収入をあげた者がいたことを報告している。当時、印紙販売人はイギリスとウェールズで六八人おり、一八世紀全般を通して約五〇人を数えたが、ヒュームによれば政府を特別支援するためにその数を増やしたという。販売制度はときに政治目的に利用され、よく知られているのはウィリアム・ワーズワス（ヒュームはかれを「怠惰な詩人」と呼ぶ）のばあいである。しかし、この仕事でかれは年間二〇〇ポンドを得たにすぎなかった。

ここで注目すべきは、一七九〇年代、イギリスとウェールズの印紙販売人の約四〇パーセント、もしくはイギリスの販売人の約五〇パーセントが、ブックセラーであったという点である。その理由は簡単である。前述のように税金は各種の書類にかけられていたから、筆記用の用紙であれ、印刷された書類であれ、それらはすべてブックセラーやステイショナーを通して売られたからである。初めて税金が導入されたとき、ロンドンの業界は利益が少ないという理由で大蔵省への協力を拒否したが、地方のブックセラーは進んで税金の取り立て人となった。かれらは販売制度に対する自身の意見を主張できる強い立場にあったのである。

かくして、地方都市の大手のブックセラーはこぞって印紙販売人になった。マンチェスターのハロップ、バーミンガムのスウィニー、トマス・ピアーソン、トマス・ウッド、ブリストルのウィリアム・ブラウンなどのほか、発展途上のストックトン・オン・ティーズのクリストファーとジェネットなど、かれらはその都市の最大のブックセラーであった。同様に、ハンプシャー、ポーツマスで印紙を売ったウィリアム・ドナルドソンも近隣の海岸町で最大のブックセラーであり、チェルムスフォードのクラチャーもそうであった。しかし、近くのコルチェスターのばあい多少事情が違っていた。ここで印紙を売ったのはサミュエル・ギブス（かれは同時に保険のエイジェントでもあった）だったが、この町の最大のブックセラーはウィリアム・ケイマーで、一八世紀半ばに創業し、一族は一八二一年まで経営をつづけた。

ブックセラーになる法

地方の大手のブックセラーといえども、キャンベルが雄弁に語った理想像からはかなりの隔たりがあった。たしかに在庫が豊富で、繁栄している店もあった。しかし、地方都市で本を売る者は優れた在庫以上のものが必要であった。文具、特許薬品、保険の販売であり、その他各種の商品の販売である。これはラッキントンの「詩神の殿堂」から遠く離れた世界であった。店内には紙やビンやティーの傍らに、聖書、祈禱書、チャップブック、教科書、その他の本が置かれ、そのなかには販売用ではない貸本用の本もあった。

比較的大きなブックセラーでも、規模においてはともかく、性格においては似たようなものであった。かれらのうち少なくとも二、三〇人は裏部屋や離れ屋に二、三台の手引き印刷機を置き、新聞を印刷していた。新聞は書籍業界発展の推進力となり、地方都市に独自の文化をもたらした。

さて、ひとはどのようにしてブックセラーになるのだろうか。成功の確率は？　失敗の見返りは？　社会的ステータスは？

どの業界でもそうだが、ブックセラーの世界に入る最も簡単な方法は家業を継ぐことである。オックスフォードのジョージ・ウェストは一七〇四年に六五〇ポンドを三人の娘に与え、ブックセラーの仕事と遺産の残りを息子に遺した。息子のジョージは成功し、二五年後の一七二九年に遺言を書いたとき、市外のガーシントンに土地が買えるほどの財産をのこした。

業界に入り成功するもうひとつの方法は結婚である。一六九五年から一七二一年までバースとデヴェイズでブックセラーを営んでいたヘンリー・ハモンドの娘はジョン・リークの息子ジェイムズ・リークと結婚する。ジョン・リークはエリザベス一世の時代まで遡るロンドンの老舗のブックセラーであった。一六八六年生まれの息子のジェイムズはマーチャント・テイラーのもとで働いたのち、一七〇二年に徒弟になり、一七〇九年にステイショナーズ・カンパニーのフリーマンになっている。一七二〇年にはclothedされている。ハナ・ハモンドとの結婚は彼女の父の死の年にバース修道院でおこなわれ、ジェイムズはただちに義父の仕事を継いだ。生涯にわたり仕事は順調で、ロンドンとのコネも大いに利用した。一七三三年に義理の妹のエリザベスが父（ジョン・リーク）のかつての徒弟サミュエル・リチャードソン（『パミラ』の作者である）と結婚したことが余計にさいわいした。リークは遺言で全家族に十分に遺産を与え、雇用人のひとりに一〇ポンド（年収以上）を残した。結婚が財産を増やすという見事な例証である。

地方のブックセラーの結婚をいくつか見ておこう。一七七一年、ダラムのパトリック・サンダーソンの娘はダラムシャー、ダーリントンのブックセラー、マーシャル・ヴェッシーと結婚している。しかし、これはヴェッシーにとって割りのいい投資とはいえなかった。七年後の一七七八年にサンダーソンは破産しているからである。ノリッジのチェイシィズ一家の仕事は、一七一五年から一七八八年まで三代にわたって父から子へと受け継がれた（ただし一七四四年から一七五〇年までの六年間は第二代ウィリアムの未亡人が経営にあたっている）。第三代ウィリアムには男の跡取りがなかったが、娘がジョナサン・マチェットと結婚し、ジョナサンの死後はウィリアム・スティーヴンソンと再婚した。一七八五年以後、スティーヴンソンは同じノリッジのブックセラー、ジョン・クルーズとパートナーを組み、『ユニヴァーサル・ブリティッシュ・ディレクトリー』では「クルーズ、スティーヴンソン、マチェット」として記載されている。このパートナーシップは一七九六年になんらかの理由で解消されるが、一家の長年にわたるビジネスは業界で最も成功した例として知られている。

まず徒弟から

継ぐ家業も、結婚も、コネもない者にとって、残された道は徒弟になることである。徒弟制度も、しかし、一八世紀の半ば頃から徐々に力を失い、多くの場合、徒弟期間を経なくても希望の仕事につけるようになってきた。若者は自分の郷里にとどまることを望み、世襲でフリーダム（特権名誉市民）を獲得するケースが多くなったのである。たとえば、エクスターでは世紀を通して三五人のブックセラーがフリーマンになったが、そのうち一六人は世襲で、三人は市長と市議会の命令でフリーマンになっている。徒弟期間を経たのちフリーマンになった一六人のうち八人は一七四〇年以前になっており、その頃は世襲でなった者は五人しかいなかった。ヨークでは同様のことがもっと早くからおこっている。一七〇〇年から一七四〇年にかけてフリーマンになった二六人のブックセラーのうち六人が徒弟を経て、一七人が世襲によるものであった。一七五四年頃になると、世紀初頭からそれまでにフリーマンになった四一人のうち、一三人しか徒弟を経験していない。

年季奉公契約書に必要な印紙税（一七一〇年に導入）の記録から徒弟制度の実態のいく分かを知ることができる。それによれば徒弟制度はずいぶん高くつき、二〇ポンドが平均的な契約金であった。親方はじじつ上無給の労働力を獲得するから、契約金以上のものを手にすることになる。

かれらの大部分は生まれた土地か最寄りの町の親方に弟子入りするが、遠くまで行った者のなかにはクレイ（ダービーからダヴェントリーへ）、コーンブルックのジョン・ファンコート（ケンブリッジへ）、シロップシャー、ストーク・セント・ミルバラのウィリアム・パークス（ウスターへ）などがいる。移動の理由は仕事上、もしくは個人的なコネによるものであった。じじつそのようなコネの記録がいくつか残っている。ヨークのセス・ハーディはニューカースル・アポン・タインのジョン・ホワイトに弟子入りしているが、ホワイトはヨークのプリンターの息子で、ヨークに支店を持っていたのでヨークからハーディを呼ぶことができた。同じくヨークのジョン・メイスはハルのトマス・ライルに弟子入りしているが、これはライルが『ヨーク・クーラント』のエイジェントとしてヨークの業界と密接な関係を持っていたからである。ただし、徒弟期間を経て、ジャーニーマンを目指すすべての若者がフリーマンになったわけではない。また、徒弟に入った者でも将来業界に入るとはかぎらず、その割合は僅かである。

徒弟に入った者の父親の職業については不完全な記録しか残っていない。わずかに一一八人のうち一六人については記録が残っており、そのうちのひとりは紳士、ひとりは郷士、三人はヨーマンであった。ともに群小のジェントリーの息子であり、少なくともひとりはジェントリーであっても貧しかった。一七一七年にウィリアム・コスリーの郷士の父リチャードはブリストルのリチャード・フォーセットに契約金を三ポンドしか払えなかった。牧師の息子がひとりおり、他は商人、煉瓦職人、肉屋、機織り職人、宿屋の主人、時計職人、その他であった。契約金のことを考えれば、多くは富裕な家の出であり、このことは書籍業は成功した一家の息子にふさわしい職業だと考えられていたことを物語る。

さて、仕事をおぼえた若者は自分で仕事を始めるか、他人のもとで働くか、いずれかを選択することになる。といっても、じじつ上かれらにはほとんど選択の余地は残されていなかった。自分で仕事を始めるには相当な資金と場所が必要だったからである。店舗を借りると、都市部では年間約一〇ポンドが必要であった。一七二一年にオックスフォードの店舗は一〇ポンドが相場だとヘンリー・クレメンツは考えた。そして一七九〇年代の大インフレーションまで、これが典型的な家賃として定着した。ジョン・ミンシュルはチェスターで同様の店舗に一〇ギニを払い、一七六二年、ノッティンガムシャーのサミュエル・クレスウェルの小さな印刷工房は年間一五ポンド一〇シリングであった。若者が自分の店を持つのが難しかったことがわかる。

在庫本の値打ち

書店の在庫はどれほどの価値があったのか。これを知る手掛かりになるのが保険の掛け金だが、カタログも役に立つ。一七五四年、ケントの温泉地タンブリッジ・ウェルズのエドマンド・ベイカーは一八二二点をカタログに載せたが、これは総額三七〇ポンド一五シリングに相当する。当時の地方のブックセラーのカタログを代表するものであり、このなかには地元のふたりの物故者の蔵書、諸分野の新刊本——多くは歴史、地理、旅行記——を含んでいる。似たようなものに、一七九〇年のノッティンガムのサミュエル・タップマンのカタログ（一六七五点、四五〇ポンド一七シリング九ペンス相当）と一七八九年のレスターのアン・アイルランドのカタログ（二四〇二点、二七四ポンド一二シリング相当）がある。両者とも内容はベイカーのものと似ており、タップマン自身によれば「新刊・古本ともに、各種の代表的な刊行物」ということになる。一八世紀の終わりになると、地方の大手のブックセラーの在庫五〇〇〇ポンドはそれほど多いものではなくなる。一七八九年、リーズのジョン・ビンズは、カタログに二〇〇〇ポンド以上の本をリストし、そのうち四〇〇ポンド以上にイラスト入りの説明があり、レンブラントやルイスデールと思われる絵が一枚ずつある。ほかに一五〇ポンド相当の楽譜と楽器もあり、ハープシコードふたつ、当時導入された「ピアノ・フォルテ」ふたつが含まれている。中規模のブックセラーではウィンチェスターのジョン・バーデンを挙げることができる。一七九三年には一五〇〇ポンドの保険を在庫にかけている。オックスフォードのジョシュア・クックも同じ年に八〇〇ポンドの保険をかけている。

ブックセラーの社会的地位

一八世紀の商人の経済的成功をはかる物差しとして便利なのが土地の所有権である。これは比較的容易に入手でき、しかもそれによって社会的地位を誇示できる数少ない投資形態のひとつであった。ロンドンやブリストルの大商人や新興産業資本家とは比べようもないとはいえ、小さなブックセラーでも、必要以上に土地が買えるほど儲けがあり、土地のほかに家や株に投資し、相当な富をたくわえる者もいた。グロースターシャーのサイレンセスターのような裕福な町で、二〇〇〇ポンドを投資できるサミュエル・ラダーは一般市民から敬意をもって遇された。このような社会的上昇指向は、金があれば地位も権力も買えた産業革命時代の大きな特徴である。自分の力でジェントルマンになったテシマンのごときブックセラーは地方においてはユニークな存在だった。

他方、都会におけるブックセラーの社会的地位はどこへいっても明らかであった。たとえば、ノッティンガムでは、ふたりのプリンターが市の傑出した人物になっている。ジョゼフ・ヒースは一七六七年に収入役、一七六九年と一七八九年に州長官になり、新聞発行人ジョージ・バーベッジは一七七二年に収入役、一七七三年に州長官、一七九三年と一七九四年には市長任命委員会のメンバーになっている。

この他にもフリーマンから高い地位へ登るブックセラーがいた。一七〇七年以後シュルーズベリのブックセラーであったジョン・ロージャーズは一七三四年に市長になり、ハモンドは一七〇六年にヨークの収入役に、カンタベリーのジェイムズ・シモンズは世紀末に市の長官になった。シモンズはその後一八〇六年にカンタベリーの国会議員になり地方の業界では最高の政治的キャリアーを持つにいたった。

オーソドックスなのはサウサンプトンのブックセラー、トマス・ベイカーのキャリアーである。かれは一七九一年から一八〇三年まで市の寡頭政治反対グループのリーダー格であり、仲間には銀行家や自由化を危惧する他の業者たちがいた。結局、この争いは市の歳入源とその使用に関するもの、とくに税関の収入に係わるものであり、ベイカーは市のために重要な働きをしたのであった。

ベイカーやシモンズはかれらの共同体社会のなかで偉大な存在であった。成功したブックセラーは、ジェントルマンの称号がなくとも、自分たちの社会で傑出した地位を獲得できるという見本であろう。

慈善への関心

社会的ステータスは市の仕事以外からもやってきた。さきに言及したロバート・ゴードビーは慈善に大金を投じている。ゴードビーは英国国教会の福音主義の一派に属し（この点では『グロースター・ジャーナル』の発行者、若きロバート・レイクスと同じである）、ハナ・モアとともに日曜学校運動を起こしたひとりであった。ブリストルのフェリックス・ファーリーはウェスリー兄弟に一ギニずつ与え、「私の名誉ある立派な友人・牧師である」と称賛した。オックスフォードでは、エルダー・ウェストが一七〇四年にセント・メアリー・ザ・ヴァージン教区の貧しいひとたちに三〇シリングを残している。ユーティリタリアンとして知られる非国教徒のウィリアム・ハットンは、一七九一年のバーミンガムの暴動で八〇〇〇ポンド以上の土地を失い、同じ暴動でジョゼフ・プリーストリーは実験室を破壊されている。信仰による災難というべきであろう。おそらく最も特異な例は四半世紀以上にわたって貸本屋兼書店として成功したバースのサミュエル・ハザードのばあいであろう。かれは一七三〇年代にイギリスに渡来したセクト、モラヴィアンのメンバーであり、この宗派は都市部の中流階級に多くの信者を持っていた。かれの死後、ハザードの財産は「イギリス西部のモラヴィアン・ビショップ」トマス・モアに委託された。ハザードもモアも同じ宗派の信者によって高い評価を受けたひとたちである。ブックセラーたちのあいだに非国教徒やエヴァンジェリズムへの強い傾向があったのは興味深い。これは商人のあいだでは一般的であり、ちょうどシモンズやベイカーが表明したウィッギズムへの政治的傾斜と似ている。

地方業者の倒産

いうまでもなく、すべてのブックセラーが成功するわけではない。一八世紀の終わり頃には、倒産が目立って増えている。しかし、かなり深刻なケースでも、法律の介入を極力避けようとする傾向があった。一七八八年七月二〇日、オックスフォードのブックセラー、セルウィン・ラムはロンドンのトマス・ヴァーナーに手紙を書いて、ヴァーナーから来た本の代金が払えないと訴えた。払えない理由は「顧客の裏切り行為」によるもので、長期の猶予を申し出たようである。それにたいするヴァーナーの返事は残っていないが、ラムに同情的な手紙を書いたことは想像できる。なぜなら、ラムのつぎの手紙は一七九〇年二月二八日まで書かれていないからである。この手紙はオックスフォードからではなく、他の債権者を避けるために身を隠したウッドストックから出したものであった。このなかでラムは一ポンドにつき一シリングしか払えないと書き、深刻な状態にあったことがわかる。一七九〇年四月にピアズ・ウォルシュがヴァーノン宛てに書いた手紙は同情に値する。

それによるとラムは「窮余の策として友人たちに当たった」らしい。その結果、ウォルシュがラムの在庫と借金をかぶり、かれのためにいま債権者と交渉をしている。八月にはヴァーノンに一ポンドにつき五シリングを払うことができるし、もう五シリングを期待できる、ただし、「確信はもてないが」とウォルシュは書く。この事件で大切なところは、ラムの借金の大きさ、釈明、明らかな支払い能力の欠如、積極的に打開策を講じようとしない態度にもかかわらず、同情のあまり大法官庁裁判所に頼ろうとしなかった点である。

ほかのばあいも似たようなものである。ダラムシャー、ストックトン・オン・ティーズのロバート・クリストファーが一七九七年に財政難に陥ったときも、裁判を避け、財産を抵当に入れ、かつて徒弟であったトマス・ジェネットから借金をし、かれをパートナーにしている。大金が伴うばあいだけ倒産という正式な法律措置が取られたものと考えられる。

世紀前半の最大の倒産といえば、おそらくバーミンガムのトマス・ウォレンのそれであろう。一七二七年バーミンガムに来て二年目に印刷を始め、たぶん一七三二年一一月にこの町で最初の新聞『バーミンガム・ジャーナル』を発行する。サミュエル・ジョンソンはウォレンのもとに住み込み、この新聞に寄稿したが、現物は残っていない。ジョンソンが一七三五年に最初に出版したロボの『アビシニアへの旅』の翻訳もウォレンの勧めによるものであった。一七四〇年代、ウォレンが財政難に陥ったとき、ジョンソンはこれを助け債権者とのあいだに立って仲介を努めている。

ウォレンの困難は書籍業の仕事からきたものではない。発展する町の新聞発行人として、かれは成功への道を歩んでいた。つまづきはルイス・ポールとの関係に端を発する。ポールは一七三八年に免許を取った糸紡ぎ機の発明者であった。最初の糸紡ぎ工場を建て仕事を始めるためにポールは大金を借り、一七四〇年にウォレンからも一〇〇〇ポンドを借りた。ウォレンはこれを投資と考えたが、ポールは金を返せなかった。代わりに発明の最もかなめになる五〇本の紡錘の販売権を譲渡することを申し出た。しかし、いまやウォレン自身が深刻な資金難に陥っていた。一七四一年三月頃、かれはロンドンのブックセラーたちの信用を失い、悲観的な手紙をポールに書いている。「もし私が一〇ないし二〇ポンドの信用貸しの支払い猶予期間を与えられないなら、間違いなく店を閉めなければならない」。さらに事態を悪化させたのは、ポールがひとから借金するためにジョンソンの好意にたよったことである。『ジェントルマンズ・マガジン』のエドワード・ケイヴ、解熱剤の発明者ジェイムズ博士などが名を連ねている。一七四二年にポールが破産したとき、ウォレンも破産した。ウォレンの破産は一七四三年一月三日に正式なものとなり、破産管財人は紡錘への部分株をオークションにかけた。これによる収入によってウォレンは仕事を再開し、その後一七六七年の死にいたるまで順調に仕事をつづけ、つぎの一九世紀まで存続した。

ウォレンの破産は書籍販売以外に法外な投資をしたことが原因であった。かれは創業から十数年後には一〇〇〇ポンドを投資できるほど成功していたのだから。これは注目に値するが、ウォレンは事業を拡張させようとする野心家でもあった。

一八世紀前半にもうひとり破産者がいた。ヨークのシーザー・ワードで、かれもまた判断の悪さの犠牲者であった。一七三四年頃からかれは『ヨーク・クーラント』でリチャード・チャンドラーとパートナーを組んだ。しかし、一七四〇年頃チャンドラーが離脱したとき、深刻な借金をかかえ、「世間にたいして卑劣な人間になるより、また牢獄の悲惨を耐えるより、ピストルで頭を打ち抜いた方がましだ」と考えた。あげく一七四四年にチャンドラーは自殺し、その一年半後にワードも破産した。自殺と破産の原因は、チャンドラーが大胆にも一二巻の『王政復古期以後の下院の歴史』（一七四一―四三）を企画したことによる。ゲントがいうように、チャンドラーの「思いは高すぎ、借金によって財産は底をついた」のである。さきのウォレンのように、ワードは順調なブックセラーだったが、パートナーを見誤り破産した。その後かれは事業を再開させ、一九世紀まで生きのびた。

ウォレンとワードは地方業者の破産の典型的な例であった。もうひとつの破産は野心と既存のライヴァルにたいする向こう見ずな挑戦が原因であった。クリストファー・エサリングはヨークで一四年間書籍業を営み、一七七二年に数台の印刷機を購入し『ヨーク・クロニクル』を発行した。ヨークのような大きな町でもふたつの新聞を支える読者はおらず、先行の『ヨーク・クーラント』に太刀打ちできなかった。一七七七年に倒産し、業界から消えるが、皮肉にも同名の新聞がのちに復刊され、こんどは成功している。

ドーセットのシャーボーンでは、ウィリアム・クラットウェルがゴードビーのウィッグ派の

『ウェスタン・フライング・ポスト』に対抗して、一七六五年にトーリー派の『クラットウェルズ・シャーボーン・ジャーナル』を発行した。しかし、市場はこれを支えきれず、一七七八年一〇月に倒産する。しかし、他の同業者と同じように、かれもまた復活し、その事業は一八二四年までつづいた。クラットウェル自身はサマセットシャーの農場の他かなりの資産を残している。

といっても、すべての破産者が復活したわけではない。一七七八年二月にその破産が官報に載ったサウサンプトンのジェイムズ・リンデンは、町のふたりのブックセラーのひとりであった。かれはもうひとりのベイカーに対抗して、人口の増大しつつある海岸リゾートに貸本屋を開店するため互いに激しく争った。負けたのはリンデンの方で、破産後は書籍業から身を引き、かつて設立に協力した「ジェントルマン・アカデミー」（一七七三年）その他の事業に専念した。

以上の破産はいずれも自分の誤りによるものであったが、ニューカースル・アポン・タインのウィリアム・チャーンリーのばあいは違っていた。かれは、一七二六年以後この町で書籍業を営むマーティン・ブライソンのもとで働き、その後パートナーとなった。一七五五年のブライソンの引退後、順調な仕事を受け継ぎ、一七五七年に貸本屋を始め、事業を発展させた。ところがタイン川の古い橋の上にあった店は一七七一年の大洪水で橋が押し流され、在庫もろとも消えてしまった。なんとか財産を取り戻そうとして、貸本屋の残された部分をリチャード・フィッシャーに売ったが、ついに一七七三年二月に倒産した。しかし、そのとき皮肉にも仕事は復活しつつあり、借金を返済したのち仕事を再開させた。未亡人、息子、孫があとを継ぎ、大洪水から二〇年も生きのび、一八八一年に店を閉じた。

このような失敗談でこの章を終えるのは縁起が悪い。もっともそれを抜きにして地方のブックセラーは語れないのだが。にもかかわらず、残された証拠のほとんどはブックセラーがかなり成功したことを物語っている。大成功した者もいる。かれらは各種の商品を売り、その多くは本のようにロンドンから取り寄せた小部数の商品である。一七〇〇年の時点ではその種の品物はたいへん少なかったが、一八〇〇年頃になると変化する地方経済のなかで、商品はロンドンからのみならず、ランカッシャーや近辺の陶磁器産業都市からくるようになった。しかし、本の流通システムと、それと関連する広告や他の商品の販売パターンは一九世紀初期までほとんど変わらず、一八四〇年代の鉄道敷設による流通革命のときまで、深刻な障害に会うことはなかった。

書籍業の仕事は多様で複雑だが、それにふさわしい人物が当たれば、地位と利益を手にすることができたのである。

あとがき

第一部の「パトロンの時代」から、第二部の一八世紀から一九世紀にかけての出版流通に関する記述は出来るかぎり細部にわたってのべてきたつもりである。

とくに第二部第二章については小見出しを多用して内容が分かりやすいようにと心がけた。

本章では、一八世紀から一九世紀の地方の出版、流通に関する多くの問題を取り扱った。中心になるのは新聞の発行と本の流通の問題であり、新聞については新聞発行人（当時の印刷業者の多くは新聞を発行し、地域文化の担い手であった）、ディストリビューター、エイジェント、ニューズマンなどに触れ、それらとの関連で出版者（書籍販売業者を兼ねる）と、かれらが従事する副業（特許薬品、保険、雑貨の販売等）について、また新聞を発行しない印刷業者の主な仕事（チャップブック、バラッド、広告やパンフレットなど一過性印刷物の刊行）にも触れた。また、地方の業者とロンドンの業者との関係については、それが相互扶助の関係にあったことも述べた。両者の関係が最も顕在化するのは、海賊版をいかに駆逐するかという大問題にロンドンの出版社が腐心していたときであり、ドナルドソン対ミラーの裁判もけっきょくは両者が決定的にぶつかり合い傷つけ合うところまではいたっていない。相互に良好な関係を保つ方が得策であることを知っていたからである。それこそイギリス的良心、イギリス紳士の見識というものではなかったか。

私がいま残念に思うのは、イギリスの地方の出版流通に関して、当初予定していた北部のニューカースル・アポン・タインを本格的に論じなかったことである。資料の点でいまだ十分とはいえず、正面から論じるには時期尚早だと考えたからである。しかし、本文中の随所でニューカースルに言及し、この町の重要性について述べているので、それらを総合すればある程度のことはわかるであろう。当然のことながら今後の課題はさらに資料を収集して本格的な調査研究をおこなうことである。ロンドンとニューカースル。イギリス南北のこのふたつの町は相互に刺激し交流し合いながらイギリス文化発展に少なからぬ貢献をしてきた。「本の町ニューカースル」への言及なしに地方の出版文化について、またロンドンの出版文化について語ることはできないだろう。

ところで、私は本書のなかで、あるひとつのことばを比較的あいまいに使ってきた。それは「出版者」ということばである。さきにも書いたように一八世紀においては出版者は同時に書籍販売業者を意味することばである。英語ではブックセラーを使い、書籍販売業者の方を採用しているが、内実は同時にパブリッシャーでもあった（ただしパブリッシャーの一八世紀的な意味は現代のそれと違う）。私があいまいに使ったというのはこれで、あるときは出版者を、またあるときは書籍販売業者（ときには書店）を使った。また英語のブックセラーを使ったこともあり、一貫していないのである。しかし、これらはすべて同じものであり、そのときのコンテクストによっていずれかを使用することになった。たとえば、新聞発行人のもとで働くエイジェントの話をするとき、かれらの多くは書籍販売業者であったと私は書いた。これは新聞販売を仕事とする者が出版者であると書くのはいささか違和感があったからである。ちなみに、一九世紀になるとブックセラーはパブリッシャーとブックセラーに分かれ、今日にいたる分業体制ができあがった。

最後に感謝しなければならないことがある。この企画に長期にわたって情熱と愛情を持って編集の仕事にあたってくれ、本文中の誤記や修正箇所を注意深く指摘してくれた勉誠出版の豊岡愛美さんには深甚の謝意を伝えたい。なお、豊岡さんの後をひきついでくれた坂田亮氏にも感謝したい。

――ありがとう。あなたが本好きなおひとだということを痛感させられました。

二〇一九年九月

清水一嘉

参考文献

本書を書くにあたってはつぎの文献を参照した。なお＊印を付した文献はとくに参照するところが多かったものである。

第一部

＊Bell, H. E., "The Price of Books in Medieval England", *The Library*, VI, 17 (1936), 312-32.

Bennett, H. S., "The Author and his Public in the Fourteenth and Fifteenth Centuries", *E&S*, 23 (1938), 7-24.

Bennett, H. S., "Caxton and his Public", *RES*, 19 (1943), 113-19.

Bennett, H. S., "The Production and Dissemination of Vernacular Manuscripts in the Fifteenth Century", *The Library*, V, 1 (1946). 167-78.

Bennett, H.S., *English Books and Readers 1475 to 1557*. Cambridge University Press (1969).

Collins, A.S., *Authorship in the Days of Johnson*, R. Holden & co. (1927).

Deanesly, M., "Vernacular Books in England in the Fourteenth and Fifteenth Centuries", *MLR*, 15 (1920), 349-58.

De Bury, Richard, *Philobibom*, ed. E. C. Thomas, rev. M. Maclagan, Oxford (1960).

Gamzue, B. B., "Elizabeth and Lierary Patronage", *PMLA*, 49 (1934), 1041-49.

Henning, E. B., "Patronage and Style in the Arts", *JAAC*. 18 (1959-6), 464-71.

Holzknecht, K.J., *Literary Patronage in the Middle Ages*, Philadelphia (1925).

Laurenson, D.& A. Swingewood, *The Sociology of Literature*, London (1972).
Lucas, P.J.,"A Fifteenth Century Copyist at Work under Authorial Scrutiny : An Incident from John Capgrave's Scriptorium", *SB*, 34 (1981), 66-95.
Lucas, P. J.,"The Growth and Development of English Literary Patronage in the Later Middle Ages and Early Renaissance", *The Library*, VI, 4 (1982), 219-48.
Moore, S., "General Aspects of Literary Patronage in the Middle Ages", *The Library*, III, 4 (1913), 79-105.
Pollard, G., "The Company of Stationers before 1557", *The Library*, IV, 18 (1937), 1-38.
*Root, R. K., "Publication before Printing", *PMLA*, 28 (1913), 417-31.
Rosenberg, E., *Leicester, Patron of Letters*, Columbia University Press (1955).
Saunders, J. W., *The Profession of English Letters*, Routlege and Kegan Paul (1964).
Sheavyn, P., *The Literary Profession in the Elizabethan Age*, Manchester University Press (1909).
Smith, D., "Authors and Patrons", in *Shakespeare's England*, Oxford (1916), II, 821-211.
Thomson, P., "Literature of Patronage, 1580-1630", *EC*, 2 (1952), 267-84.

第11部

Morgan, P., "The Provincial Book Trade before the End of the Licensing Act", *Six Centuries of the Provincial Book Trade in Britain,* Winchester (1950)
Plomer, H.R. et al., *A Dictionary of the Printers and Boolsellers who were at Work in England, Scotland and Ireland from 1688 to 1723,* Oxford University Press (1922).
Pollard, G., "The English Market for Printed Books", *Publishing History*, 4 (1978).
Duff, E.G., *A Century of the English Book Trade,* Cambridge University Press (1903).

Duff, E.G., *The English Provincial Printers, Stationers and Bookbinders to 1557*, Cambridge University Press (1912).

McKenzie, D.F., *Stationers' Company Apprentices, 1605-1640*, Bibliographical Society of the University of Virginia (1961)

McKenzie, D.F., *Stationers' Company Apprentices, 1641-1700*, Oxford Bibliographical Society Publications (1974)

McKenzie, D.F., *The London Book Trade in the Later Seventeenth Century*, Cambridge University Press (1976).

Bragden, C., *The Stationers' Company: A History 1403-1959,* Stanford University Press (1960).

Carter, H., *A History of the Oxford University Press*, 1, Oxford University Press (1975).

Feather, J., *The Provincial Book Trade in Eighteenth Century England,* Cambridge University Press (1985).

Feather, J., "The Country Trade in Books," in Myers, H. and Harris, M., *Spreading the Word: The Distribution Networks of Print 1550-1850*, St Paul's Bibliographies (1990).

Crump, M. and Harris, M. eds., *Searching the Eighteenth Century,* The British Library Publishing Division (1983).

Baker, N., "The Rise and the Provincial Book Trade in England and the Growth of a National Transport System," Barber, F. et al, *L'Europe et le Livre,* Paris (1996).

Ferdinand, C.Y., "Local Distribution Networks in 18th-Century England", in Myers, H. and Harris, M., *Spreading the Word: The Distribution Networks of Print 1550-1850,* St Paul's Bibliographies (1990).

Hunt, C.J., *The Book Trade in Northumberland and Durham to 1860*, Newcastle-upon-Tyne (1975).

Wiles, R.W., *Freshest Advices. Early Provincial Newpapers in England,* The Ohio State University Press (1965).

Plant, M., *The English Book Trade* (3rd ed.), Allen & Unwin (1974).

Patterson, R., *Copyright in Historical Perspective,* Vanderbilt University Press (1968).

Spuford, M., *Small Books and Pleasant Histories: Popular Fiction and its Readership in Seventeenth-Century England,* Cambridge University Press (1981).

Nichols, J., *Literary Anecdotes of the Eighteenth Century,* London (1812-15).

Cranfield, G.A., *The Development of the Provincial Newspaper,* Oxford University Press (1962).

Carlson, C. L., *The First Magazine: A History of The Gentleman's Magazine,* University of Illinois Press (1938).

Timperley, C.H., *Encyclopaedia of Literary and Typographical Anecdote,* London (1842).

Hunter, J., ed., *The Life of Thomas Gent, Printer, of York*, London (1832).

著者略歴

清水一嘉（しみず・かずよし）

1938年神戸市生まれ。東北大学文学部卒業、同大学文学研究科修士課程修了。専攻は英文学、英国文化史。

現在、愛知大学文学部名誉教授。

著書に、『作家への道―イギリスの小説出版』、『イギリス出版史』（ともに日本エディタースクール出版部）、『イギリスの貸本文化』（図書出版社）、『イギリス近代出版の諸相』（世界思想社）、『挿絵画家の時代―ビクトリア朝の出版文化』（大修館書店）、『自転車に乗る漱石―百年前のロンドン』（朝日新聞社、朝日選書）、『漱石とその周辺―100年前のロンドン』（松柏社）、『懐かしき古本屋たち』（風媒社）など。

編著に、『第一次大戦とイギリス文学―ヒロイズムの喪失』、『読者の台頭と文学者―イギリス一八世紀から一九世紀へ』（ともに世界思想社）など。

翻訳に、ジョージ・ジェファーソン『エドワード・ガーネット伝―現代イギリス文学を育てた生涯』（日本エディタースクール出版部）などがある。

英《えい》国《こく》の出《しゅっ》版《ぱん》文《ぶん》化《か》史《し》
——書物の庇護者たち

著者　清水一嘉
発行者　池嶋洋次
発行所　勉誠出版㈱
〒101-0051 東京都千代田区神田神保町三-一〇-二
電話　〇三-五二一五-九〇二一㈹
二〇一九年九月三十日　初版発行
印刷
製本　中央精版印刷

ISBN978-4-585-22251-4　C1022

戦争と図書館
英国近代日本語コレクションの歴史

敵国語としての日本語教育や、敵国財産として接収された日本語書籍などの遺産によって支えられた図書館の発展を、戦争とのかかわりから読み解く。

小山騰 著・本体三八〇〇円（＋税）

ケンブリッジ大学図書館と近代日本研究の歩み
国学から日本学へ

ケンブリッジ大学図書館が所蔵する膨大な日本語コレクション。柳田国男も無視できなかった同時代の西洋人たちによる学問発展の過程を辿る。

小山騰 著・本体三二〇〇円（＋税）

書物学 第11巻
語りかける洋古書

シェイクスピア戯曲の本文、版毎に記述が変わるタイトルページ、尾崎紅葉とアメリカの娯楽小説――。現存する洋古書の声を聴き、書物の文化とその様相を垣間見る。

編集部 編・本体一五〇〇円（＋税）

書物学 第5巻
洋古書の愉悦

ホリンシェッド『年代記』、深淵なる「目録」の世界…。多くの貴重な書籍は、どのように印刷・出版され、蒐集され、今に伝わったのか。洋古書の魅力にせまる。

編集部 編・本体一五〇〇円（＋税）